Nachzahlung bei Selbstanzeige

Europäische Hochschulschriften
Publications Universitaires Européennes
European University Studies

Reihe II
Rechtswissenschaft

Série II Series II
Droit
Law

Bd./Vol. 3094

PETER LANG
Frankfurt am Main · Berlin · Bern · Bruxelles · New York · Oxford · Wien

Friedrich Zimmermann

Nachzahlung bei Selbstanzeige

PETER LANG
Europäischer Verlag der Wissenschaften

Die Deutsche Bibliothek - CIP-Einheitsaufnahme

Zimmermann, Friedrich:

Nachzahlung bei Selbstanzeige / Friedrich Zimmermann.
Frankfurt am Main ; Berlin ; Bern ; Bruxelles ; New York ;
Oxford ; Wien : Lang, 2001
(Europäische Hochschulschriften : Reihe 2,
Rechtswissenschaft ; Bd. 3094)
Zugl.: Greifswald, Univ., Diss., 1999
ISBN 3-631-37751-7

ISSN 0531-7312
ISBN 3-631-37751-7

www.peterlang.de

Nachzahlung bei Selbstanzeige

Inauguraldissertation

zur Erlangung des akademischen Grades

eines Doktors der Rechte

der Rechts- und Staatswissenschaftlichen Fakultät

der Ernst-Moritz-Arndt-Universität Greifswald

vorgelegt von

Friedrich Zimmermann

aus Stuttgart

Berlin 2000

Dekan:	Prof. Dr. Claus Dieter Classen
Erstgutachter:	Prof. Dr. Wolfgang Joecks
Zweitgutachter:	Prof. Dr. Jürgen Regge
Tag der mündlichen Prüfung:	15.12.1999

Meinen Eltern

Vorwort

Die vorliegende Arbeit wurde im Wintersemester 1999/2000 vom Fachbereich Rechts- und Staatswissenschaft der Ernst-Moritz-Arndt-Univertsität Greifswald als Dissertation angenommen.

Ich danke herzlichst Herrn Prof. Dr. Wolfgang Joecks für die Betreuung der Arbeit und für seine hilfreiche Unterstützung. Mein Dank gilt auch Herrn Prof. Dr. Regge für die zügige Erstellung des Zweitgutachtens.

Berlin, im Januar 2001 Friedrich Zimmermann

Inhaltsübersicht

Inhaltsverzeichnis

Abkürzungsverzeichnis

a.A.	anderer Ansicht
a.a.O.	am angegebenen Ort
Abs.	Absatz
a.E.	am Ende
a.F.	alte Fassung
AfA	Absetzung für Abnutzung
AG	Aktiengesellschaft
AktG	Aktiengesetz
allg.	allgemein
Alt.	Alternative
Anm.	Anmerkung
AO	Abgabenordnung
AR	Aufsichtsrat
Art.	Artikel
Aufl.	Auflage
BayObLG	Bayrisches Oberstes Landesgericht
BB	Der Betriebsberater
Bd.	Band
Begr.	Begründung
Beschl.	Beschluß
BFH	Bundesfinanzhof
BFH/NV	Sammlung amtlich nicht veröffentlichter Entscheidungen des BFH
BGB	Bürgerliches Gesetzbuch
BGBl.	Bundesgesetzblatt
BGH	Bundesgerichtshof
BGHSt	Entscheidungen des Bundesgerichtshofs in Strafsachen
BGHZ	Entscheidungen des Bundesgerichtshofs in Zivilsachen
BK	Bonner Kommentar zum Grundgesetz
BMF	Bundesministerium der Finanzen
BStBl.	Bundessteuerblatt
BT-Drucks.	Bundestags-Drucksache
BuStra	Bußgeld- und Strafsachenstelle
BVerfG	Bundesverfassungsgericht
BVerfGE	Entscheidungen des Bundesverfassungsgerichts
BVV	Beweisverwertungsverbot
bzw.	beziehungsweise

DB	Der Betrieb
ders.	derselbe
d.h.	das heißt
Diss.	Dissertation
DM	Deutsche Mark
DRLex	Deutsches Rechts-Lexikon
DStJG	Deutsche steuerjuristische Gesellschaft
DStR	Deutsches Steuerrecht
DStZ	Deutsche Steuerzeitung
Einl.	Einleitung
EL	Ergänzungslieferung
ErbStG	Erbschaftsteuer- und Schenkungsteuergesetz
EStG	Einkommensteuergesetz
evtl.	eventuell
f.	folgende (Seite)
FA	Finanzamt
Fallk.	Fallkommentar
ff.	folgende (Seiten)
Fn.	Fußnote
FS	Festschrift
FuSt	Fahndungs- und Strafsachenstelle
GA	Goltdammer`s Archiv für Strafrecht
GbR	Gesellschaft mit beschränkter Haftung
gem.	gemäß
GenG	Genossenschaftsgesetz
GewStG	Gewerbesteuergesetz
GG	Grundgesetz
ggf.	gegebenenfalls
GmbHG	Gesetz betreffend die Gesellschaften mit beschränkter Haftung
GmbHR	GmbH-Rundschau
GrEStG	Grunderwerbsteuergesetz
HansOLG	Hanseatisches Oberlandesgericht
HGB	Handelsgesetzbuch
HHSp	Hübschmann/Hepp/Spitaler
h.M.	herrschende Meinung
Hrsg.	Herausgeber
HS	Halbsatz
HV	Hauptversammlung

i.d.R.	in der Regel
i.E.	im Ergebnis
inkl.	inklusive
i.S.d.	im Sinne des
i.S.v.	im Sinne von
i.V.m.	in Verbindung mit
JA	Juristische Arbeitsblätter
JR	Juristische Rundschau
Jura	Juristische Ausbildung
JuS	Juristische Schulung
JZ	Juristen-Zeitung
KG	Kommanditgesellschaft
KStG	Körperschaftsteuergesetz
LDC	Leise / Dietz / Cratz
LG	Landgericht
LK	Leipziger Kommentar
Lsg.	Lösung
m.	mit
m.w.N.	mit weiteren Nachweisen
NJW	Neue Juristische Wochenschrift
NJW-RR	NJW-Rechtsprechungs-Report Zivilrecht
NStZ	Neue Zeitschrift für Strafrecht
NT-Prinzip	Nemo-tenetur-Prinzip
ÖStGB	Österreichisches Strafgesetzbuch
OFD	Oberfinanzdirektion
o.g.	oben genannt
OHG	Offene Handelsgesellschaft
OLG	Oberlandesgericht
R/A	Roth / Altmeppen
RAO	Reichsabgabenordnung
RGBl.	Reichsgesetzblatt
RGSt	Amtliche Sammlung der Entscheidungen des Reichsgerichts in Strafsachen
Rn.	Randnummer

ROW	Recht in Ost und West
S.	Seite
SK	Systematischer Kommentar zum Strafgesetzbuch
s.o.	siehe oben
sog.	sogenannt
StB	Der Steuerberater
StBp	Steuerliche Betriebsprüfung
StGB	Strafgesetzbuch
StPO	Strafprozeßordnung
str.	strittig
StV	Strafverteidiger
StuW	Steuer und Wirtschaft
s.u.	siehe unten
u.a.	unter anderem
Urt.	Urteil
USt	Umsatzsteuer
UStDV	Umsatzsteuer-Durchführungsverordnung
UStG	Umsatzsteuergesetz
usw.	und so weiter
u.U.	unter Umständen
v.	vom
vgl.	vergleiche
VSF	Vorschriftensammlung Bundesfinanzverwaltung
VZ	Veranlagungszeitraum
WM	Wertpapier-Mitteilungen
wistra	Zeitschrift für Wirtschaft, Steuer, Strafrecht
z.B.	zum Beispiel
ZfZ	Zeitschrift für Zölle und Verbrauchsteuern
ZGR	Zeitschrift für Unternehmens- und Gesellschaftsrecht
ZPO	Zivilprozeßordnung
ZRP	Zeitschrift für Rechtspolitik
z.T.	zum Teil
zust.	zustimmend

A. Problemstellung

Wer eine Steuerhinterziehung begangen oder sich an einer Steuerhinterziehung beteiligt hat, kann eine Bestrafung verhindern, wenn er Selbstanzeige erstattet und dabei die Voraussetzungen des § 371 III AO beachtet. Die Straffreiheit aufgrund ergangener Selbstanzeige ist nach § 371 III AO davon abhängig, daß der an der Steuerhinterziehung beteiligte Anzeigeerstatter „die zu seinen Gunsten hinterzogenen Steuern innerhalb der ihm bestimmten angemessenen Frist entrichtet".

Ob Steuern zugunsten eines Täters oder Teilnehmers hinterzogen wurden, wenn ein anderer als der Steuerschuldner an der Steuerhinterziehung beteiligt war und dieser Selbstanzeige erstattet, kann oft nicht ohne genauere Auslegung festgestellt werden. So treten z.B. dann Auslegungsschwierigkeiten auf, wenn ein Angestellter oder Steuerberater des Steuerschuldners lediglich seinen Arbeitsplatz bzw. sein Mandat retten wollte oder für die Tatbeteiligung nur in geringem Umfang bezahlt wurde.

Auch bei der Steuerhinterziehung zugunsten von Gesellschaften treten Probleme in der Auslegung des § 371 III AO auf. Zeigen Gesellschafter an, daß Steuern zugunsten der Gesellschaft hinterzogen wurden, ist zur strafrechtlichen Beurteilung zu klären, ob sich die Gesellschafter an der Hinterziehung nicht nur zugunsten der Gesellschaft, sondern auch zu eigenen Gunsten beteiligten. Daß sich der finanzielle Vorteil, den die Gesellschaft durch die Steuerhinterziehung erlangte, auch finanziell zum Vorteil des Gesellschafters auswirkt, kann erst dann eindeutig bejaht werden, wenn der Vorteil dem Gesellschafter in Form einer Gewinnausschüttung oder einer Entnahme zufließt. Vor tatsächlichem Vorteilszufluß beim einzelnen Gesellschafter ist die Zurechnung des Vorteils der Gesellschaft zum Vermögen der Gesellschafter insbesondere dann problematisch, wenn die Gesellschaft eine eigene zivilrechtliche Rechtspersönlichkeit hat oder der Gesellschafter nicht (alleine) bestimmen kann, wie der solchermaßen erhöhte Gewinn verwendet wird.

Weitere Probleme treten bei der Frage auf, in welcher Höhe von Selbstanzeigenden Nachzahlung zu verlangen ist, wenn mehrere Täter oder Teilnehmer in Anspruch genommen werden können. Das Gesetz sieht nicht ausdrücklich vor, ob bei mehreren Beteiligten eine Art Gesamtschuld vorliegt oder die Nachzahlungspflicht der Betroffenen auf den Betrag beschränkt ist, der ihnen durch die Straftat zugute kam.

Die Lösung der aufgeworfenen Probleme liegt in der Auslegung des Merkmals „zu seinen Gunsten" nach dem Wortlaut und der Geschichte der Vorschrift, der Systematik und dem Sinn und Zweck der Selbstanzeige. Daß die Tatbestandsmerkmale des § 371 III AO in der Literatur sehr verschieden ausgelegt werden, liegt u.a. daran, daß der Sinn der Selbstanzeige bzw. der Grund, warum es die Selbstanzeige im Steuerstrafrecht gibt, sie aber nicht für alle Vermögensdelikte vorgesehen ist, nicht eindeutig festgestellt werden kann. Dies deutet schon darauf hin, daß der Meinungsstreit um den Sinn und Zweck der Selbstanzeige auch die Frage umfaßt, ob die Selbstanzeige in das deutsche Strafrechtssystem eingeordnet werden kann. Um eine nähere Bestimmung der Tatbestandsmerkmale vornehmen zu können, muß daher zuerst das Telos der Selbstanzeige ermittelt und geklärt werden, ob die Selbstanzeige – wie oft behauptet – wirklich einen Fremdkörper im Strafrecht darstellt[1].

Obwohl nach dem Wortlaut des § 371 III AO keine Ausnahme von der Nachzahlungspflicht vorgesehen ist, wenn der Selbstanzeigende Steuern zu eigenen Gunsten hinterzogen hat, könnte bei Beachtung des Nemo-tenetur-Prinzips die Straffreiheit in bestimmten Fällen nur von der Anzeige der Hinterziehung, nicht aber von der Nachzahlung abhängen. Bei der Frage, ob der Konflikt mit dem Nemo-tenetur-Prinzip durch Gesetzesauslegung oder durch Rechtsfortbildung behoben werden kann, ist auch auf die Systematik, die Geschichte, den Wortlaut und den Sinn und Zweck der steuerstrafrechtlichen Vorschriften abzustellen.

---

1 Westphal S. 13.

B. Allgemeine Auslegungskriterien

I. Geschichte der Selbstanzeigevorschriften

Die historische Auslegung knüpft primär an die Entstehungsgeschichte der auszulegenden Norm an. Zur Entstehung des Instituts Selbstanzeige soll nur angeführt werden, daß die Selbstanzeige bereits Ende des letzten bzw. Anfang des neuen Jahrhunderts in Patikulargesetzen einiger deutscher Länder vorgesehen war[2]. Diese Regelungen entstanden in Zusammenhang mit der zunehmenden Einführung steuerstrafrechtlicher Gesetze. Einen besonderen Anlaß für die Schaffung von der Selbstanzeige entsprechenden Normen gab es nicht.

Der Grund für die Einführung reichseinheitlicher Regelungen über die Selbstanzeige ab dem Jahre 1906 ist darin zu sehen, daß erst zu dieser Zeit das reichseinheitliche Steuerrecht an Bedeutung gewann[3]. Rückschlüsse aus der Entstehung des Instituts der Selbstanzeige lassen sich kaum ziehen. Erwähnenswert erscheint aber der Umstand, daß bereits seit Ende des 19. bzw. Anfang des 20. Jahrhunderts – und damit schon mit dem Beginn der Bedeutungserlangung des Einkommensteuerrechts im Steuerstrafrecht – eine auf der Selbstanzeige beruhende Strafbefreiung vorgesehen wurde, die von den allgemeinen Strafrechtsnormen, wie etwa des Rücktritts und der tätigen Reue, abweicht.

Äußerungen der historischen Gesetzgeber zum Grund dafür, weshalb Selbstanzeigevorschriften erlassen oder abgeändert wurden, sind selten[4]. Daher ist anhand der historischen Auslegung nur wenig über den Sinn und Zweck der Selbstanzeige an sich herauszufinden. Für die Auslegung relevante Gründe können eher aus den Motiven der Gesetzgeber, die zu Veränderungen des Wortlauts der Selbstanzeigevorschriften führten, gelesen werden. Diese betreffen aber in der Regel nur die Auslegung einzelner Tatbestandsmerkmale und geben keinen Aufschluß über den allgemeinen Sinn und Zweck der Selbstanzeige.

1. Historische Auslegung zum Sinn und Zweck der Selbstanzeige

Äußerten sich der Gesetzgeber bzw. die an der Gesetzgebung Beteiligten zum Sinn der Selbstanzeige überhaupt, wurde hauptsächlich auf die Hebung der Steu-

---

2 Breyer S. 97 ff. m.w.N.

3 Breyer S. 100.

4 Frees S. 32 ff.

ermoral abgestellt. Auf diesen Sinn der Selbstanzeige hat der nachkonstitutionelle Gesetzgeber mehrfach (nämlich in Begründungen zum Gesetz zur Änderung des § 410 der RAO vom 7. Dezember 1951[5] und zum Zinssteueramnestiegesetz vom 25. Juli 1988[6]) hingewiesen. Er wurde aber dem Grunde nach auch schon in den Motiven für § 1 des Gesetzes über die Steuernachsicht vom 3. Januar 1920 genannt, als auf die Appellfunktion zur Rückkehr zur Steuerehrlichkeit abgestellt wurde[7]. In den Motiven zu diesem Gesetz heißt es außerdem, daß mit der Selbstanzeige Steuerquellen erschlossen werden sollen, die ohne die Möglichkeit der Selbstanzeige verborgen bleiben würden und daß die Selbstanzeige der Hilflosigkeit der Finanzbehörden gegenüber der Steuerhinterziehung Rechnung trage[8].

2. *Auslegung einzelner Merkmale*

§ 371 III AO setzt nach seiner aktuellen Fassung[9] für die Straffreiheit des Selbstanzeigenden voraus, daß „er die zu seinen Gunsten hinterzogenen Steuern … entrichtet". Nach der vorherigen Formulierung des § 395 III RAO 1968 mußte ein Selbstanzeigender „die verkürzten Steuern, die er schuldet" nachzahlen, um straffrei zu werden. Mit dieser Änderung durch die AO 1977 wollte der Gesetzgeber regeln, daß auch derjenige Steuerhinterzieher nachzahlen soll, der zwar nicht selbst Steuerschuldner ist, der aber dennoch zum eigenen Vorteil hinterzogen hat[10].

Nach § 410 III RAO 1965 hing die Straffreiheit des Steuerhinterziehers noch davon ab, daß er „die verkürzten Steuern" zahlt. Mit der Regelung in § 395 III RAO 1968 stellte der Gesetzgeber klar, daß die strafbefreiende Wirkung der Selbstanzeige eines Täters, der fremde Steuern hinterzogen hat, nicht davon abhängt, daß der Täter die zum Vorteil eines anderen hinterzogenen Steuern nachzahlt[11].

Mit § 410 III RAO 1965 wurde der Wortlaut des § 410 III RAO 1951 abgeändert, nach dem die Straffreiheit noch davon abhängen sollte, daß „der Täter die Sum-

---

5 BT-Drucks. I/2395 S. 2.

6 BGBl. I, 1093, 1128.

7 Nationalversammlung Verhandlungen, Bd. 331, S. 4136 ff. (132. Sitzung vom 17.12.1919).

8 Vgl. vorhergehende Fn.

9 Ab Geltung der AO 1977.

10 BT-Drucks. VI/1982 S. 195.

11 BT-Drucks. V/1812 S. 24 – vgl. Joecks § 371 Rn. 10.

me, die er schuldet", entrichtet, um klarzustellen, daß Hinterziehungszinsen nicht erfaßt werden sollten[12].

II. Die steuerrechtliche Selbstanzeige im deutschen Strafrechtssystem

Der systematischen Auslegung liegt die Vorstellung zugrunde, daß eine zusammenhängende Regelung (grundsätzlich) in sich keinen Widerspruch aufweist[13]. Ausgangspunkt der Auslegung sind die Stellung des Merkmals in der Vorschrift, die Stellung der Vorschrift im Gesetz und die Stellung des Gesetzes in der gesamten Rechtsordnung.

Es stellt sich demnach die Frage, ob die Selbstanzeige in das System des deutschen Strafrechts eingegliedert werden kann. Dabei muß die Selbstanzeige mit dem System[14] um den Rücktritt vom Versuch (§ 24 SGB), der tätigen Reue und anderen Vorschriften (insbesondere § 46 a StGB) verglichen werden, die auf dem Gedanken beruhen, daß strafbares Verhalten nicht zu einer Bestrafung führt, wenn der Schaden abgewendet oder wiedergutgemacht wird. Der Gedanke, daß auch nach Vollendung eines Delikts Handlungen vorgenommen werden können, die dazu führen, daß von einer Bestrafung abgesehen wird, ist im deutschen Strafrecht am deutlichsten in § 371 III AO umgesetzt. Bei vergleichbaren Vermögensdelikten fehlt ein solcher persönlicher Strafaufhebungsgrund. Das deutsche Strafrecht weist bei der Frage, wie sich die Beseitigung des verursachten Schadens auswirkt, kein einheitliches System auf. Die Schadenswiedergutmachung führt nach § 46a StGB grundsätzlich zu einer Strafmilderung, kann aber auch unter den Voraussetzungen des § 46a StGB a.E. die Nichtbestrafung zur Folge haben. Straffreiheit als obligatorische Rechtsfolge – wie z.B. nach §§ 261 IX, 266a V StGB und § 371 III AO – ist dagegen nur ausnahmsweise vorgesehen[15].

In § 46a StGB kommt zum Ausdruck, daß im allgemeinen Strafrecht der Wiedergutmachungsgedanke zählt. § 46a StGB, dessen Anwendung nicht auf bestimmte Straftatbestände beschränkt ist, sieht zwar vor, daß die Bestrafung eines Straftäters auch davon abhängt, ob er sich um die Wiedergutmachung des Schadens bemüht. Im Gegensatz zu § 371 III AO ist die Straffreiheit des Ausgleichenden je-

---

12 BT-Drucks. IV/3189 S. 12.

13 Larenz/Canaris S. 145 f.; Zippelius S. 49 und S. 53.

14 Zu diesem System zählen die §§ 24, 46a, 87 III, 98 II 1, 129 VI HS 2, 139 IV 2, 158, 163 II, 261 IX, 266a V, 310, 316a II StGB.

15 Im österreichischen Strafrecht gibt es dagegen die Möglichkeit der strafbefreienden Selbstanzeige für alle Vermögensdelikte, die im Gegensatz zu § 46 a StGB obligatorisch zur Straffreiheit führt, vgl. § 167 ÖStGB.

doch in § 46a StGB nicht zwingend vorgesehen. Trotzdem weist das deutsche Strafrecht den Grundsatz auf, daß bei Abwendung bzw. Wiedergutmachung des Schadens ein geringeres Strafbedürfnis besteht und u.U. sogar von einer Bestrafung abgesehen werden muß.

Die Selbstanzeige kann dann in das aufgezeigte System eingeordnet werden, wenn auch sie primär auf dem Gedanken beruht, daß von einer Bestrafung bei Wiedergutmachung des Schadens abgesehen wird. Daß der Wiedergutmachungsgedanke in § 371 III AO zum Ausdruck kommt, ist allgemeine Meinung[16]. Bezweifelt wird lediglich, daß der eigentliche Sinn und Zweck der Selbstanzeige der Gedanke ist, daß von einer Strafe abgesehen wird, wenn der Schaden wiedergutgemacht wird. Die überwiegende Meinung[17] sieht vielmehr das eigentliche Telos der Selbstanzeige in außerstrafrechtlichen Erwägungen. Als Konsequenz betrachtet diese Meinung die Selbstanzeige als Fremdkörper, der nicht in das Strafrechtssystem eingegliedert werden kann[18]. Zur Klärung der Frage, ob die Selbstanzeige in die Strafrechtssystematik eingegliedert werden kann, muß daher zuerst der primäre Sinn und Zweck der Selbstanzeige ermittelt werden. Wenn die Selbstanzeige primär auf den Wiedergutmachungsgedanken gestützt werden kann und das deutsche Strafrecht bei der Umsetzung des Wiedergutmachungsgedankens nicht einheitlich ausfällt, dient § 371 AO auch als Vorlage für das Reformkonzept, daß bei Vermögensdelikten das Prinzip der obligatorischen Straffreiheit bei Wiedergutmachung des Schadens eingeführt werden soll[19].

III. Sinn und Zweck der Selbstanzeige

1. Das mit der Norm verfolgte Ziel

Der Wille des Gesetzgebers zu § 371 III AO ist nicht eindeutig. In den Begründungen[20] zu § 371 III AO kommt lediglich zum Ausdruck, daß mit der Einführung des § 371 III der AO 1977 der Kreis der Nachzahlungspflichtigen erweitert werden sollte. Nicht nur der Steuerschuldner, sondern jeder Beteiligte, der Steu-

---

16 Joecks § 371 Rn. 23; Engelhardt in HHSp § 371 Rn. 20; Kratzsch DStJG 6, 291.

17 Kohlmann § 371 Rn. 10 ff.; Engelhardt in HHSp § 371 Rn. 13 f., jeweils m.w.N.; BGH v. 24.10.1984, wistra 1985, 74.

18 S.o. Fn. 1.

19 Löffler S. 130 m.w.N.

20 BT-Drucks. VI/1982 S. 195.

ern zu eigenem Vorteil hinterzogen hat, soll nachzahlen müssen, um Straffreiheit zu erlangen.

Entscheidend für die Auslegung der Tatbestandsmerkmale des § 371 III AO ist auch, welchen Sinn und Zweck die Selbstanzeige objektiv verfolgt. Über das Telos der Selbstanzeige besteht jedoch ein Meinungsstreit, der hauptsächlich daher rührt, daß in anderen Gebieten des Strafrechts kein derartiger persönlicher Strafaufhebungsgrund eingeführt wurde. Die überwiegende Meinung[21] geht deshalb davon aus, daß die Möglichkeit der Selbstanzeige überwiegend aus außerstrafrechtlichen Gründen eingeräumt wurde. Ein „Rücktritt" nach vollendeter Tat sei dem deutschen Strafrecht fremd, was auf einen außerhalb des Strafrechts liegenden Grund für die Einräumung der Möglichkeit der Selbstanzeige spreche. Diesen Grund findet die h.M. im fiskalischen Interesse des Staates und dem Anreiz zur Offenlegung dem Fiskus bislang unbekannter Steuerquellen. Daher wird die Selbstanzeige auch als „Fremdkörper" im deutschen Strafrechtssystem angesehen.

Dieser Meinung wird entgegengesetzt, daß die strafbefreiende Selbstanzeige eine auf rein strafrechtlichen Erwägungen basierende Figur sei, die auf dem Gedanken beruht, daß von einer Bestrafung nach rechtzeitiger Selbstanzeige abgesehen werden soll, wenn der Schaden wiedergutgemacht wurde. Die Selbstanzeige könne demnach in das System um den Rücktritt vom Versuch und die tätige Reue eingeordnet und daher mit allgemeinen strafrechtlichen Erwägungen erklärt werden.

Die Vermutung liegt nahe, daß steuerstrafrechtliche Vorschriften sowohl dem Interesse des Staates an seinen Steuergeldern dienen sollen als auch allgemeine strafrechtliche Grundsätze befolgen. Das Steuerstrafrecht darf allein schon wegen der Zugehörigkeit zum Strafrecht nicht dem allgemeinen Strafrecht widersprechen oder dem Strafzweck entgegenstehen. Bei der Ermittlung des Zwecks der Selbstanzeige muß aber auch beachtet werden, daß das geschützte Rechtsgut des Steuerstrafrechts die Einnahmen des Staates sind[22]. Dies spricht für den Ansatz, daß sowohl das fiskalische Interesse als auch strafrechtliche Überlegungen das Steuerstrafrecht prägen[23].

---

21 Kohlmann § 371 Rn. 10 ff.; auch BGHSt 12, 100; BayObLG NJW 1954, 244; Bilsdorfer wistra 1984, 93; Wassmann S. 23.

22 Holper (Diss. S. 82) sieht neben dem Anspruch des Steuergläubigers auch die Steuermoral als geschütztes Rechtsgut an.

23 H.M., vgl. Joecks § 371 Rn. 21 f.

Für die teleologische Auslegung strittiger Tatbestandsmerkmale ist jedoch entscheidend, ob die Selbstanzeige überwiegend aus strafrechtlichen oder außerstrafrechtlichen Erwägungen eingeräumt wird.

a) Strafrechtlicher Ansatz

Da das Steuerstrafrecht zumindest aufgrund seiner vorgesehenen Sanktionen mehr dem Strafrecht als dem Steuerrecht angehört, muß vorerst geklärt werden, ob die Selbstanzeige in die Systematik des deutschen Strafrechts – insbesondere das System um den Rücktritt vom Versuch und die tätige Reue – eingegliedert werden kann. Erst wenn festgestellt wurde, daß die dem Steuerstrafrecht zugrunde liegende Systematik mit der des sonstigen Strafrechts nicht übereinstimmt, müssen Ansätze untersucht werden, die auf einem außerstrafrechtlichen Sinn und Zweck der Selbstanzeige beruhen.

Mit der Selbstanzeige könnte der Gedanke zum Ausdruck kommen, daß trotz Deliktsvollendung keine Bestrafung des Beteiligten eintritt, wenn der Beteiligte den Schaden wiedergutmacht. Für die Straffreiheit dieses Beteiligten könnte auch sprechen, daß der allgemeine Strafzweck (Prävention) keine Bestrafung erfordert und das Schuldprinzip einer Bestrafung entgegensteht.

(1) Vergleich mit dem Rücktritt

Die Selbstanzeige unterscheidet sich von den Rücktrittsvorschriften zumindest dadurch, daß die Straftat bereits vollendet wurde. Gerade bei Vermögensdelikten wie der Steuerhinterziehung kann aber auch nach Vollendung des Delikts der Zustand wiederhergestellt werden, der vor der Deliktsbegehung bestand. Entscheidend ist, daß der sowohl den Rücktrittsvorschriften als auch der Selbstanzeige zugrunde liegende Gedanke der Abwendung bzw. Wiedergutmachung des Schadens den Strafzwecken genügt[24].

(2) Der Wiedergutmachungsgedanke

Von Wiedergutmachung im eigentlichen Sinne ist dann die Rede, wenn sowohl Handlungs- als auch Erfolgsunrecht beseitigt werden. Das Handlungsunrecht kann der an der Selbstanzeige Beteiligte bereits dadurch kompensieren, daß er die Steuerstraftat anzeigt. Das Erfolgsunrecht zeigt sich in den ausgebliebenen Steuereinnahmen und muß durch Zahlung der hinterzogenen Steuern ausgeglichen werden. § 371 III AO sieht für den Beteiligten, der die Steuern nicht zu seinen

24 Zum Rechtsgrund für den Rücktritt Schönke/Schröder § 24 Rn. 2 ff.; Lackner § 24 Rn. 2.

Gunsten hinterzogen hat, Straffreiheit auch dann vor, wenn er die hinterzogenen Steuern nicht bezahlt. Die Selbstanzeige setzt in diesem Fall lediglich die Beseitigung des Handlungsunrechts, nicht aber die des Erfolgsunrechts voraus, obwohl der Schaden des Fiskus durch die Beseitigung des Handlungsunrechts alleine noch nicht behoben ist. Daher stellt sich die Frage, ob die Selbstanzeige in ihrer geltenden Fassung überhaupt dem Wiedergutmachungsgedanken entspricht[25].

Die überwiegende Meinung[26] versteht den Wiedergutmachungsgedanken so, daß bei dessen konsequenter Durchführung auch von dem Täter, der nicht zu seinen Gunsten hinterzogen hat, die Nachzahlung der hinterzogenen Steuern verlangt werden müßte, wenn dieser straffrei werden will.

Löffler, der sich auch auf die Argumente des BGH[27] stützt, hat dem entgegengesetzt, zur Wiedergutmachung der Tat sei nicht erforderlich, daß der uneigennützig handelnde Tatbeteiligte einen Erfolg kompensiert, dessen Gegenwert sich nicht in seinem Vermögen verwirklicht hat, und daß das bisher von der Tat nicht positiv betroffene Vermögen eingesetzt wird[28].

Daß der Wiedergutmachungsgedanke so eng ausgelegt werden muß, wie dies von der überwiegenden Meinung vertreten wird, ist zumindest nicht offensichtlich. Nach dem Wiedergutmachungsgedanken könnte auch gerade derjenige, der den finanziellen Nutzen aus der Tat gezogen hat, diesen Vorteil zur Wiedergutmachung einzusetzen haben. Zwar hat nicht nur derjenige, der die hinterzogenen Steuergelder für sich behält, sondern auch der Täter, der für einen anderen hinterzieht, den Erfolg mitverursacht. Eine andere Frage ist jedoch, ob dies auch zur Konsequenz hat, daß jeder Selbstanzeigende den kompletten Schaden des Fiskus beseitigen muß, um den Anforderungen des Wiedergutmachungsgedankens zu entsprechen. Daß jeder Beteiligte für die kompletten hinterzogenen Steuern nach § 71 AO in Anspruch genommen werden kann, hat mit der strafrechtlichen Beurteilung des Verhaltens des Beteiligten und den Anforderungen des Wiedergutmachungsgedankens nichts zu tun[29]. Die zu klärende Frage ist, ob der Wieder-

---

25 Vgl. Joecks § 371 Rn. 24 und Rn. 104.

26 Joecks § 371 Rn. 24 m.w.N. Anders sieht dies u.a. Pfaff (StBp 1984, 68), der den Schaden nur dann als wiedergutgemacht ansieht, wenn die gesamten Steuern nachentrichtet wurden. Eine nähere Begründung dafür liefert Pfaff jedoch nicht.

27 BGHSt 29, 37 (42); vgl. auch BGH wistra 1987, 343.

28 Löffler S. 189; so auch Joecks Rn. 105: „Wenn es um Schadenswiedergutmachung ... geht, ist diesem Aspekt genüge getan, wenn der Täter nachzahlungspflichtig in dem Umfange ist, wie er von der Tat profitiert hat." So auch BFH v. 19.8.1982, BStBl. 1983 II, 8; BFH/NV v. 21.6.1990, 91, 88 (zu § 71 AO).

29 In diesem Fall hat jedoch ein Ausgleich nach den Grundsätzen des Gesamtschuldnerausgleichs bzw. nach Bereicherungsrecht zwischen dem in Anspruch genommenen Steuerhin-

gutmachungsgedanke erfordert, daß der Schaden des Fiskus auf jeden Fall behoben sein muß, bevor ein Selbstanzeigender Straffreiheit erlangen kann oder ob mit dem Wiedergutmachungsgedanken nur das Ziel der Beseitigung des Erfolgsunrechts angestrebt wird und jeder Beteiligte seinen erlangten Vorteil einzusetzen hat. Nach Letztgenanntem müßte der Selbstanzeigende, der ausschließlich zu fremden Gunsten handelte, nicht nachzahlen, um dem Wiedergutmachungsgedanken Genüge zu tun.

Löfflers Argumente, daß der Selbstanzeigende sich in die Herrschaft des Rechts zurückbegibt und der Grad der Normerschütterung geringer ist, wenn der Beteiligte Selbstanzeige erstattet[30], betreffen nicht den Wiedergutmachungsgedanken, sondern andere allgemeine strafrechtliche Erwägungen. Diese Argumente können höchstens dafür sprechen, daß der Wiedergutmachungsgedanke aufgrund anderer strafrechtlicher Erwägungen nicht uneingeschränkt gelten kann. Den Nachweis, daß der Wiedergutmachungsgedanke an sich vom uneigennützig Handelnden nicht die Beseitigung des Erfolgsunrechts verlangt, hat Löffler damit jedoch nicht geliefert.

Der Wiedergutmachungsgedanke an sich spricht schon in den meisten Fällen dagegen, daß die Straffreiheit des nichtbegünstigten Beteiligten von der Zahlung der hinterzogenen Steuern abhängt. Würde sowohl der Selbstanzeigende aus strafrechtlichen Gründen als auch der Steuerschuldner aufgrund der steuerlichen Anspruchsgrundlage oder der Haftungsschuldner in voller Höhe in Anspruch genommen, erforderte die Wiedergutmachung, daß dem Fiskus im Ergebnis mehr gezahlt wird, als ihm nach Steuerrecht zusteht. Der Wiedergutmachungsgedanke beinhaltet jedoch, daß die Zahlung insgesamt nicht die Steuerschuld übersteigen darf.

Außerdem spricht für das Ergebnis, daß nach dem Wiedergutmachungsgedanken der nicht begünstigte Beteiligte nicht zahlen muß, da primär die Beute zur Wiedergutmachung einzusetzen ist. Dies gilt auch dann, wenn der begünstigte Beteiligte selbst keine Selbstanzeige erstattete. War der Steuerschuldner selbst nicht an der Hinterziehung beteiligt, muß dieser nach dem Wiedergutmachungsgedanken trotzdem die hinterzogenen Steuern zahlen. Insbesondere läßt der Wiedergutmachungsgedanke nicht das Ergebnis zu, daß der Steuerschuldner dadurch einen steuerlichen Vorteil erlangt, daß ein anderer Steuern zugunsten des Steuerschuldners hinterzieht. Da § 371 III AO eine Verfallsvorschrift darstellt, erlischt die

terzieher und dem Steuerschuldner stattzufinden, wenn der an der Steuerhinterzieher Beteiligte für sämtliche hinterzogenen Steuern in Anspruch genommen wurde, obwohl sich die Hinterziehung auch zugunsten des Steuerschuldners auswirkte.

30 Löffler S. 188 ff.

Steuerschuld in der Höhe, in der eine Nachzahlung vom Steuerhinterzieher zur Erlangung der Straffreiheit einging. Im Ergebnis will § 371 III AO jedoch nicht die Besserstellung eines Steuerschuldners bewirken, sondern dafür sorgen, daß ein Steuerhinterzieher nur dann straffrei wird, wenn er seine erlangten Vorteile zurückgibt und insoweit den Schaden des Fiskus wiedergutmacht.

(3) Allgemeiner Strafzweck / Prävention

Zur Klärung der Frage, ob die Selbstanzeige primär auf strafrechtlichen Erwägungen beruht, muß bei der Auslegung des § 371 III AO auch berücksichtigt werden, ob den Strafzwecken Rechnung getragen wird. Das gesamte deutsche Strafrecht zielt auf Prävention von Straftaten ab[31]. Dabei ist zwischen General- und Spezialprävention zu unterscheiden.

Unter Generalprävention ist die Weckung und Bestärkung des allgemeinen Rechtsbewußtseins und – sekundär – die Abschreckung vor der Begehung von Straftaten zu verstehen[32]. Das allgemeine Rechtsbewußtsein wird bereits dadurch gestärkt, daß die Steuerhinterziehung aufgedeckt wird. Selbst wenn die Hinterziehung durch eine Selbstanzeige offengelegt wird, kommt doch zum Ausdruck, daß der Selbstanzeigende gegen die Rechtsordnung verstieß. Außerdem ist aus generalpräventiven Gründen erforderlich, vor Beteiligungen an Steuerhinterziehungen abzuschrecken. Es stellt sich daher die Frage, ob die generalpräventive Funktion der Strafe erfordert, daß auch nichtbegünstigte Selbstanzeigende sich finanziell an der Tat beteiligen müssen. Der nichtbegünstigte Beteiligte wird sich – wie bereits vom BGH und von Löffler zutreffend festgestellt – in der Regel aufgrund sozialer Abhängigkeit vom Steuerschuldner an der Steuerhinterziehung beteiligt haben[33]. Insbesondere Angestellte könnten sich ohne eigenes finanzielles Interesse an einer Hinterziehung zugunsten des Arbeitgebers beteiligen, um ihre Treue zu ihm zu beweisen. Erstattet der Arbeitnehmer Selbstanzeige, belastet er dadurch den Steuerschuldner, also seinen Arbeitgeber. Aufgrund der Selbstanzeige hat der Arbeitnehmer daher mit unangenehmen Folgen für sein Arbeitsverhältnis zu rechnen. Der Allgemeinheit wird der Eindruck entstehen, daß sich die Beteiligung für den nichtbegünstigten Arbeitnehmer nicht gelohnt hat. Außerdem ist zur Wiederherstellung des Geltungsanspruchs der Strafnorm nicht erforderlich, daß der uneigennützig handelnde Tatbeteiligte einen Erfolg kompensiert,

---

31 Maurach/Zipf § 7 Rn. 6.

32 Maurach/Zipf § 7 Rn. 8.

33 Löffler S. 188; BGH a.a.O.

dessen Gegenwert sich gar nicht in seinem Vermögen verwirklicht hat[34]. Den generalpräventiven Anforderungen ist somit Rechnung getragen.

Die Spezialprävention besteht aus Abschreckung, Besserung und Sicherung[35]. Der nichtbegünstigte Selbstanzeigende kann auch alleine dadurch zur Legalität zurückkehren, daß er sein Handlungsunrecht beseitigt und dadurch die Beseitigung des Erfolgsunrechts (durch eine höhere Steuerfestsetzung) ermöglicht. Sein eigenes, bisher von der Tat nicht positiv betroffenes Vermögen muß er dagegen nicht zur Schadenswiedergutmachung einsetzen. Der Schaden muß vielmehr von dem durch die Tat Begünstigten behoben werden.

In diesem Fall genügt die Beseitigung des Handlungsunrechts, um zu zeigen, daß keine Besserungsmaßnahme vonnöten ist. Die Spezialprävention, insbesondere der Abschreckungsgedanke, erfordert in erster Linie, daß der Beteiligte nicht im Besitz der Beute bleiben darf[36]. Außerdem wird sich aus den genannten Gründen[37] für den uneigennützigen Beteiligten auch das Bild ergeben, daß er durch seine Beteiligung an der Steuerhinterziehung nur Nachteile erlitten hat.

Die gesetzgeberische Entscheidung, daß die Straffreiheit des nichtbegünstigten Beteiligten nicht von der Zahlung der hinterzogenen Steuern abhängt, widerspricht also nicht dem allgemeinen Strafzweck. Aus präventiven Gründen darf der Täter lediglich nicht das strafrechtliche Risiko ausschalten und sich gleichzeitig die Vorteile der Tat sichern können[38].

(4) Argument Unrecht und Schuld

Weiterhin ist zu prüfen, ob die Schuld des uneigennützig Handelnden so weit gemindert ist, daß seine Bestrafung aufgrund der Schuldproportionalität[39] der Strafe bereits bei Offenlegung der Straftat entfallen muß. Nach der Rechtsprechung des BGH[40] kann die Privilegierung des uneigennützig Handelnden durchaus mit strafrechtlichen Überlegungen erklärt werden. Unter Beachtung des geminderten Unrechts und der geminderten Schuld des uneigennützig Handelnden sei es sachgerecht, diesem Täter die Rückkehr ins Recht einfacher zu gestalten als dem eigennützig Handelnden. Löffler fügt den Argumenten des BGH hinzu,

---

34 Löffler S. 189.

35 Maurach/Zipf a.a.O.

36 Löffler S. 189; BGH a.a.O.

37 Vgl. Argumentation bei Generalprävention.

38 BT-Drucks. VI 1982 S. 195.

39 Maurach/Zipf § 7 Rn. 16.

40 BGHSt 29, 37 (42).

daß der Grad der Normerschütterung bei dem uneigennützig Handelnden geringer sei[41].

Zum Argument für die verringerte Schuld aufgrund des fehlenden eigenen finanziellen Interesses kommt noch hinzu, daß sich der Nichtbegünstigte regelmäßig in sozialer Abhängigkeit befand und daher nicht frei entscheiden konnte, ob er sich an der Tat beteiligte.

(5) Zwischenergebnis zum rein strafrechtlichen Ansatz

§ 371 III AO kann insgesamt mit rein strafrechtlichen Erwägungen erklärt werden. Das Ergebnis, daß der uneigennützig handelnde Beteiligte alleine durch die Beseitigung des Handlungsunrechts Straffreiheit erlangt, kann auf den Wiedergutmachungsgedanken gestützt werden. Außerdem widerspricht die Straffreiheit aufgrund der Selbstanzeige insgesamt nicht dem allgemeinen Strafzweck. Es bedarf keiner zusätzlichen außerstrafrechtlichen Erklärung.

b) Steuerpolitischer Ansatz

Die überwiegende Meinung sieht den Sinn und Zweck der Selbstanzeige dagegen primär in außerstrafrechtlichen Gründen[42]. Eine steuerpolitische Erklärung der Selbstanzeige kann sowohl auf das rein fiskalische Interesse des Staates an seinen Steuereinnahmen abstellen als auch auf den Anreiz, dem Fiskus bislang unbekannte Steuerquellen offenzulegen.

(1) Anreiz zur Offenlegung unbekannter Steuerquellen

Im Gegensatz zum Wiedergutmachungsgedanken erfordert der Anreiz zur Offenlegung unbekannter Steuerquellen lediglich die berichtigende Angabe, nicht jedoch die Nachzahlung der hinterzogenen Steuern. Da keine Nachzahlung vorgesehen ist, wenn der Beteiligte ausschließlich zugunsten eines anderen tätig wurde, sei unverkennbar, daß es dem Gesetz auf die Offenlegung aller Steuertatbestände ankommt[43].

Das Ziel, einen Anreiz zur Offenlegung neuer Steuerquellen zu schaffen, kann am besten dadurch verwirklicht werden, daß die Selbstanzeige in möglichst vielen Fällen nur aus der Offenlegung (also aus der Berichtigung des Handlungsunrechts) besteht und nicht durch das Nachzahlungserfordernis erschwert wird.

---

41 Löffner, S. 190.

42 Vgl. oben Fn. 17.

43 Göggerle/Müller S. 92; Kohlmann § 371 Rn. 11 m.w.N.

(2) Rein fiskalischer Ansatz

Der Sinn und Zweck der Selbstanzeige kann jedoch auch darin gesehen werden, daß der Staat seinen Steueranspruch erfüllt bekommen soll. Im Gegensatz zum Ziel der Offenlegung der Steuerquellen stehen hier die tatsächlichen Einnahmen im Mittelpunkt. Dem fiskalischen Interesse (auf das Interesse an Einnahmen beschränkt) wird am besten dadurch Rechnung getragen, daß die Selbstanzeige in möglichst vielen Fällen von der Nachzahlung abhängt und der Selbstanzeigende den gesamten Schaden des Fiskus beheben muß, um straffrei zu werden. Dies könnte dann auch ohne Offenlegung der Hinterziehung und durch anonyme Überweisung der hinterzogenen Steuern geschehen.

(3) Mittelweg

Diese beiden Ziele können jedoch nicht getrennt voneinander verfolgt werden. Die Offenlegung dient nämlich hauptsächlich dem fiskalischen Interesse; das fiskalische Interesse kann nicht ohne die Offenlegung effektiv durchgesetzt werden. Eine außerstrafrechtliche Erklärung muß daher beide Ziele im Visier haben. Daß das Ziel der Offenlegung bislang unbekannter Steuerquellen die Selbstanzeige nicht ausschließlich prägt, ergibt sich bereits aus dem Gesetzeswortlaut. Wenn es dem Gesetzgeber bei der Selbstanzeige nur auf die Offenlegung der Quellen, nicht aber auf die Nachzahlung ankommen würde, hätte er für die Selbstanzeige § 371 III AO nicht vorgesehen[44]. Die nicht gezahlten Steuern hätte er trotzdem im Steuerverfahren eintreiben können. Zumindest der Steuerschuldner, der zu eigenen Gunsten Steuern hinterzieht, kann nicht bereits dadurch Straffreiheit erreichen, daß er die Steuerquellen dem Finanzamt (FA) anzeigt. Er muß diese Quellen auch zum Fließen bringen.

Es stellt sich folglich die Frage, wie eine Auslegung aussehen soll, die sowohl das fiskalische Interesse als auch die Offenlegung berücksichtigt. Weder kann darauf abgestellt werden, daß immer noch daß niemals eine Nachzahlungspflicht besteht. Die beiden Ziele könnten aber jeweils mit dem einen bzw. dem anderen der genannten Wege am besten verfolgt werden. Das bedeutet, daß auch nach diesem außerstrafrechtlichen Ansatz ein Mittelweg gewählt werden muß.

---

44 Das Nachzahlungserfordernis bestand auch schon nach den „Vorgängern" des § 371 III AO 1977.

c) *Verfassungsrechtliche Erwägungen*

Der Sinn und Zweck der Selbstanzeige wird auch darin gesehen, daß dem Steuerpflichtigen die Rückkehr zur Steuerehrlichkeit ermöglicht wird[45]. Aus verfassungsrechtlicher Sicht muß z.B. dem Steuerpflichtigen die Rückkehr zur Steuerehrlichkeit eingeräumt werden, der bei der Abgabe von Steuererklärungen u.a. wegen des Bilanzzusammenhangs mit der Aufdeckung früherer Steuerhinterziehungen rechnen muß[46]. Ohne die Möglichkeit, durch eine Selbstanzeige Straffreiheit zu erlangen, würde der Steuerpflichtige also unter Strafandrohung dazu angehalten, eine Steuererklärung abzugeben, in der er sich einer Straftat bezichtigt, für die er strafrechtlich verfolgt werden könnte.

Das verfassungsrechtliche Gebot zur Einräumung der strafbefreienden Selbstanzeige ergibt sich in solchen Fällen aus dem Nemo-tenetur-Prinzip[47]. Dem Gesetzgeber ist in diesem Bereich aus verfassungsrechtlichen Gründen nur ein geringer Spielraum überlassen[48].

2. *Teleologische Auslegung im weiteren Sinne*

Bei der teleologischen Auslegung müssen auch allgemeine Rechtsgedanken wie die Rechtssicherheit, die Gleichbehandlung, die Ausgewogenheit und Sachgemäßheit einer Regelung beachtet werden[49]. Dabei können auch allgemeine Gerechtigkeitsüberlegungen Einfluß haben. Innerhalb der teleologischen Auslegung muß insgesamt beachtet werden, daß die Norm verfassungskonform ausgelegt wird.

3. *Zwischenergebnis zur teleologischen Auslegung*

§ 371 III AO kann insgesamt mit rein strafrechtlichen Erwägungen erklärt werden, wobei dabei der Wiedergutmachungsgedanke im Vordergrund steht[50]. Allerdings können neben diesen strafrechtlichen Gesichtspunkten auch fiskalische, steuerpolitische und verfassungsrechtliche Aspekte den Sinn und Zweck der Selbstanzeige mitbestimmen. Diesen kommt im Vergleich zu den strafrechtlichen Aspekten jedoch nur eine untergeordnete Rolle zu. Um die verschiedenen Ausle-

---

45 Bringewat JZ 1980, 349.

46 Kratzsch DStJG 6, 291 m.w.N. in Fn. 39.

47 Näheres zum Nemo-tenetur-Grundsatz s.o. Abschnitt F.

48 Joecks § 371 Rn. 26.

49 Larenz/Canaris S. 153 f.; Zippelius S. 49 und S. 57 f.

50 Vgl. oben S. 8.

gungsergebnisse zu den Tatbestandsmerkmalen des § 371 III AO nachvollziehen zu können, müssen auch die Meinungen beachtet werden, die den Sinn und Zweck der Selbstanzeige primär in außerstrafrechtlichen Gründen sehen.

Die Meinung, die das Telos der Selbstanzeige in steuerpolitischen Erwägungen sieht, muß sowohl den Anreiz zur Offenlegung unbekannter Steuertatbestände als auch das Interesse des Staates an seinen Einnahmen berücksichtigen. Es muß demnach ein Mittelweg zwischen diesen Zielen gefunden werden. Selbst wenn auf das fiskalische Interesse und den Anreiz zur Offenlegung bislang unbekannter Steuerquellen abgestellt wird, könnte sich kein anderes Ergebnis bei der Auslegung ergeben, als wenn richtigerweise auf den strafrechtlichen Ansatz abgestellt wird.

Mit der Selbstanzeige wird auch das verfassungsrechtliche Ziel verfolgt, daß dem Steuerhinterzieher insbesondere dann die Rückkehr zur Steuerehrlichkeit ermöglicht werden muß, wenn seine Steuererklärungspflicht mit dem Nemo-tenetur-Prinzip kollidiert[51].

IV. Ergebnis

Bei der historischen Auslegung ist zu beachten, daß der Gesetzgeber der AO 1977 den Kreis der Nachzahlungspflichtigen gegenüber dem nach alter Rechtslage erweitern wollte[52].

Da § 371 III AO mit rein strafrechtlichen Überlegungen – insbesondere mit dem Wiedergutmachungsgedanken – erklärt werden kann, läßt sich die Selbstanzeige in das System des deutschen Strafrechts einordnen, das darauf beruht, daß bei Abwendung bzw. Wiedergutmachung des Schadens von einer Bestrafung des wiedergutmachenden Beteiligten abgesehen werden kann. Diese Tatsache wirkt sich sowohl auf die teleologische als auch auf die systematische Auslegung des § 371 III AO aus. § 371 III AO stellt daher keinen Fremdkörper im Strafrechtssystem dar. Als Konsequenz muß die Auslegung umstrittener Tatbestandsmerkmale primär nach strafrechtlichen Kriterien erfolgen.

Die Auslegung des Tatbestandsmerkmals „zu seinen Gunsten" hat Auswirkung auf die Fragen,

---

51 Vgl. oben S. 15.

52 Vgl. oben S. 3 ff.

- ob von dem an der Hinterziehung Beteiligten neben der Abgabe der Berichtigungserklärung auch die Zahlung der hinterzogenen Steuern Voraussetzung zur Erlangung der Straffreiheit ist und
- falls die erste Frage bejaht wird, in welcher Höhe ihn eine Nachzahlungspflicht trifft (d.h. ob er die hinterzogenen Steuern in voller Höhe oder nur zum Teil entrichten muß).

In den nächsten beiden Kapiteln soll zuerst bestimmt werden, wer Begünstigter i.S.d. § 371 III AO sein kann. Daran anschließend wird die Höhe der Nachzahlungspflicht behandelt werden.

C. Der durch die Steuerhinterziehung Begünstigte

I. Problemumriß

§ 371 III AO bestimmt lediglich, daß der an der Steuerhinterziehung Beteiligte nachzahlen muß, wenn er Steuern zu seinen Gunsten hinterzogen hat. Wie diese Begünstigung geartet sein muß, hat der Gesetzgeber dagegen nicht näher bestimmt. Nicht nur der Steuerschuldner, sondern auch der Haftungsschuldner kommt als Begünstigter i.S.d. § 371 III AO in Frage, insbesondere dann, wenn der Haftungsschuldner mit einer Inanspruchnahme rechnen mußte. Aber auch ein Dritter, der für die Steuerschuld nicht in Anspruch hätte genommen werden können, könnte die Steuern zu seinen Gunsten hinterzogen haben, wenn er sich aus eigenem Interesse an der Tat beteiligt hat. Zwischen dem Steuerschuldner und dem Haftungsschuldner muß unterschieden werden, da der Steuerschuldner im Gegensatz zum Haftungsschuldner immer mit einer Inanspruchnahme rechnen muß. Der Haftungsschuldner wird grundsätzlich nur subsidiär in Anspruch genommen[53]. Daher könnte er erst dann begünstigt sein, wenn er in Anspruch genommen worden wäre.

1. Der Steuerschuldner

Bei Steuerhinterziehungen mit sehr einfachen Sachverhalten kann die Klärung der Frage, ob der Beteiligte durch die Hinterziehung begünstigt wurde, oft leicht beantwortet werden. Das ist insbesondere der Fall, wenn der Selbstanzeigende Steuern hinterzog, die er als alleiniger Steuerschuldner hätte entrichten müssen und dazu auch wirtschaftlich in der Lage gewesen wäre.

Beispiel 1: Der Angestellte A hat neben seinen Einkünften aus nichtselbständiger Arbeit Einkünfte aus Vermietung und Verpachtung. Letztere verschweigt er gegenüber dem FA in der Absicht, sie nicht zu versteuern. Das FA setzt daraufhin die Steuerschuld des A zu niedrig an. A begleicht seine Steuerschuld nur in der vom FA festgesetzten Höhe. Jahre später erstattet A Selbstanzeige.

Unstreitig hinterzieht der Steuerschuldner Steuern zu seinen Gunsten. Wer Steuerschuldner ist, ergibt sich grundsätzlich aus den Einzelsteuergesetzen, § 43 AO.

---

53 Bei einer Inanspruchnahme nach § 71 AO kann es Abweichungen von diesem Grundsatz geben.

Fehlt eine Regelung in den Einzelsteuergesetzen, ist der Steuerschuldner nach allgemeinen Kriterien zu bestimmen. Steuerschuldner ist demnach derjenige, der die objektiven und subjektiven Merkmale des Steuertatbestands in seiner Person verwirklicht[54], oder das Rechtssubjekt eines Steuergesetzes, dem das Steuerobjekt dieses Gesetzes kraft gesetzlicher Anordnung zugerechnet wird[55]. Davon abzugrenzen ist der Steuerpflichtige i.S.d. § 33 AO. § 33 I AO deklariert nicht nur den Steuerschuldner, sondern u.a. auch den für die Steuer Haftenden als Steuerpflichtigen[56].

In *Beispiel 1* ist A Steuerschuldner nach § 1 I i.V.m. § 21 EStG. Bereits durch die zu niedrige Festsetzung der Steuerschuld des A trat eine Steuerverkürzung ein (§ 370 IV 1, 2. Alt. AO). Indem A weniger (nur die festgesetzten) Steuern zahlte, als er tatsächlich schuldete, hat er einen wirtschaftlichen Vorteil in Höhe der Differenz aus der tatsächlichen Steuerschuld und den gezahlten Steuern erlangt. Folglich hat er Steuern zu seinen Gunsten hinterzogen. Um straffrei zu werden, muß er nach § 371 III AO die hinterzogenen Steuern entrichten.

Schwieriger wird bereits die Entscheidung, ob ein Selbstanzeigender nachzahlungspflichtig ist, wenn er als Personengesellschafter Steuern hinterzog, die im Zusammenhang mit einer Tätigkeit der Gesellschaft entstanden. Bei der Frage, ob der Personengesellschafter selbst Steuerschuldner ist und damit eindeutig zu seinen Gunsten Steuern hinterzogen hat, muß auf die verschiedenen Einzelsteuergesetze abgestellt werden.

Beispiel 2: Der an der X-OHG beteiligte C hinterzieht USt, die aufgrund einer unternehmerischen Tätigkeit des Unternehmens der X-OHG entstand.

Beispiel 3: Der an der X-OHG beteiligte C begeht eine Hinterziehung von ESt, indem er Einnahmen der Gesellschaft gegenüber dem FA nicht angibt, weshalb der Gewinn der Gesellschaft nicht in voller Höhe besteuert wird.

Muß C in den beiden Beispielsfällen Steuern nachzahlen, um straffrei zu werden?

Die Entscheidung dieser Fälle gestaltet sich wesentlich schwieriger als die des ersten Beispiels. Während sich im ersten Beispiel ohne ausführliche Auslegung feststellen läßt, daß A als Steuerschuldner Steuern zu seinen Gunsten hinterzog,

---

54 Boeker in HHSp § 33 Rn. 3.

55 Tipke/Lang § 7 Rn. 10.

56 Irreführend ist insoweit die Bestimmung in § 36 IV 1 EStG, daß der Steuerpflichtige Steuerschuldner ist. Die Definition des Steuerpflichtigen i.S.d. AO deckt sich jedoch nicht mit den Definitionen in den Einzelsteuergesetzen, Hoffmann in Koch, § 33 Rn. 3.

muß in den *Beispielen 2* und *3* zuerst geklärt werden, wer Steuerschuldner der einzelnen Steuerarten ist. Steuerschuldner[57] ist das Rechtssubjekt – und damit Steuersubjekt –, das alle Voraussetzungen eines Steuertatbestands erfüllt.

Während in einigen Einzelsteuergesetzen[58] bei der Frage, wer Steuerrechtssubjekt sein kann, an die zivilrechtliche Rechtsfähigkeit von Gesellschaften angeknüpft wird, weichen andere Steuergesetze[59] von dieser Bewertung ab und behandeln auch bürgerlich-rechtlich nichtrechtsfähige Gebilde als Steuerrechtssubjekt. Eine Einheit des Rechtssystems besteht in dieser Hinsicht nicht. Soweit der Personengesellschaft in den einzelnen Steuergesetzen Rechtsfähigkeit zugesprochen wird, erlangt der einzelne Gesellschafter keinen unmittelbaren steuerlichen Vorteil aus der Hinterziehung, da er selbst nicht die Steuern der Gesellschaft schuldet. Eine andere Frage ist, ob er trotzdem für die Steuern der Gesellschaft neben der Gesellschaft in Anspruch genommen werden kann.

Selbst wenn dies der Fall ist, läßt sich nicht ohne genauere Auslegung feststellen, daß der Gesellschafter Steuern „zu seinen Gunsten" hinterzog[60], da nicht feststehen muß, ob der Gesellschafter auch tatsächlich für die Steuern in Anspruch genommen worden wäre. Dieses Problem stellt sich auch bei der Beurteilung von Steuerhinterziehungen durch Anteilseigner einer Kapitalgesellschaft. Die Hinterziehung von Steuern aufgrund von Gesetzen, die nur natürliche und juristische Personen besteuern, nicht aber zivilrechtlich nichtrechtsfähige Personengesellschaften, kommt dagegen dem Personengesellschafter unmittelbar zugute, da er selbst die Steuern schuldet.

Zu *Beispiel 3*: Der einkommensteuerrechtliche Gewinn der X-OHG verringert sich durch das Verschweigen der steuerbaren Einnahmen der Gesellschaft. Wie sich aus § 15 I Nr. 2 EStG ergibt, wird der Gewinn der OHG[61] im ESt-Recht bei den Gesellschaftern besteuert. Steuerschuldner sind also die Gesellschafter, nicht

---

57 Vgl. Definition oben Fn. 54.

58 Z.B. knüpft das EStG an die zivilrechtliche Unterscheidung zwischen rechtsfähigen und nichtrechtsfähigen Personenvereinigungen an.

59 Zur Rechtsfähigkeit der GbR: BFH BStBl. II, 1987, 183 u. 325; 1988, 377; 1992, 202. Die GbR kann Schuldnerin von Umsatz- und Gewerbesteuer und damit insoweit „Steuerpflichtige" sein, nicht aber hinsichtlich der ESt: BFH BStBl. II, 1991, 272; Paulus DStR 1994, 544.

60 Näher dazu Abschnitt D.

61 Ebenso z.B. bei den anderen Mitunternehmerschaften (§ 15 I Nr. 2 EStG). Nichtrechtsfähige Personenvereinigungen und Vermögensmassen des privaten Rechts sind nach § 3 I i.V.m. § 1 I Nr. 5 KStG nur dann körperschaftsteuerpflichtig, wenn ihr Einkommen weder nach dem EStG noch nach dem KStG unmittelbar bei einem anderen Steuerpflichtigen versteuert werden muß.

die Gesellschaft an sich. Die OHG[62] wird im ESt-Recht nicht als Steuerschuldner behandelt. Die Steuerschuldnereigenschaft des Personengesellschafters ergibt sich aus § 1 I i.V.m. § 15 EStG.

Durch die Hinterziehung wird auch der zu versteuernde Gewinnanteil des C niedriger festgesetzt. Dieser Fall unterscheidet sich dem Grunde nach nicht vom *Beispiel 1*. Lediglich bei der Bestimmung der Höhe der Begünstigung des C treten Besonderheiten gegenüber dem *Beispiel 1* auf.

Anders dagegen bei *Beispiel 2*. Wer Steuerschuldner der Umsatzsteuer (USt) ist, ergibt sich aus § 13 II UStG. Der praktisch wichtigste Fall ist der des Unternehmers als Steuerschuldner (§ 13 II Nr. 1 UStG). Für den Unternehmerbegriff findet sich in § 2 UStG eine Legaldefinition. Darunter können neben natürlichen und juristischen Personen auch nichtrechtsfähige Personenvereinigungen fallen. Die Gesellschafter einer Gesellschaft, die umsatzsteuerrechtlich als Unternehmer zu qualifizieren ist, sind in ihrer Eigenschaft als Gesellschafter keine Unternehmer. Steuerschuldner der USt ist daher nicht der Gesellschafter C, sondern die X-OHG. Ob der hinterziehende Gesellschafter trotzdem Steuern zu seinen Gunsten hinterzogen hat, läßt sich nicht ohne weitere Auslegung bestimmen.

2. *Der Haftungsschuldner*

In anderen Fällen kann ohne Auslegung nicht ohne weiteres festgelegt werden, ob Steuern „zu Gunsten“ eines Täters oder Teilnehmers hinterzogen wurden – insbesondere dann nicht, wenn ein anderer als der Steuerschuldner an der Steuerhinterziehung beteiligt war und dieser als Haftungsschuldner (z.B. nach § 191 I AO) für die hinterzogenen Steuern hätte in Anspruch genommen werden können.

Eine Haftung für die Steuerschuld kommt nach folgenden Vorschriften in Betracht:

Nach steuerrechtlichen Vorschriften: sowohl nach der AO (§§ 69 ff.) als auch nach Einzelsteuergesetzen (§ 42 d EStG; § 44 V EStG, § 55 UStDV).

Nach Zivilrecht: kraft Gesetzes (§ 191 I AO) z.B. der Gesellschafter nach §§ 128, 161 HGB und kraft Vertrages (§ 48 II AO), z.B. der Bürge.

Beispiel 4: Der Gesellschafter A der C-OHG hinterzieht USt zugunsten der C-OHG. Das Vermögen der Gesellschaft hätte ausgereicht, um die Steuerschuld zu begleichen.

---

62 Und die anderen von § 15 EStG erfaßten Personenvereinigungen, vgl. vorangehende Fn.

Variante 1: A wollte mit der Hinterziehung der Gefahr aus dem Wege gehen, für die Steuerschuld der C-OHG als Gesellschafter in Anspruch genommen zu werden. Für andere Steuern der Gesellschaft (die nicht hinterzogen wurden) wurde u.a. A in Anspruch genommen, da das Vermögen der Gesellschaft nicht ausreichte, um die Steuerschuld zu begleichen. Bei Kenntnis der wahren Sachlage hätte das FA von A auch die hinterzogenen Steuern verlangt.

Variante 2: Als A Steuern zugunsten der Gesellschaft hinterzog, war nicht absehbar, ob die Umsatzsteuerschuld mit dem Gesellschaftsvermögen hätte beglichen werden können. Außerdem kann im nachhinein nicht ermittelt werden, ob das FA A für rückständige Steuern in Anspruch genommen hätte.

Wenn vertreten wird, es komme bei der Begünstigung auch darauf an, ob der Selbstanzeigende für die hinterzogenen Steuern hafte, kann dabei nicht auf die Haftungsvorschriften der §§ 69 ff. AO abgestellt werden – zumindest nicht in den Fällen, in denen die Haftung nach §§ 69 ff. AO erst durch die zu beurteilende Steuerhinterziehung entstand. Einen steuerlichen Vorteil erlangt der Hinterzieher durch die Tat nämlich nicht, wenn er ohne die Hinterziehung nicht in Anspruch hätte genommen werden können. Wieso soll es jedoch überhaupt auf die Eigenschaft als Haftender ankommen? Kann alleine die theoretische Möglichkeit, den Beteiligten in Anspruch zu nehmen, etwas darüber aussagen, ob er einen meßbaren Vorteil aus der Tat erlangte[63]. Es könnte vielmehr darauf ankommen, ob der Beteiligte tatsächlich in Anspruch genommen worden wäre.

In *Beispiel 4* ergibt sich jedenfalls keine Besonderheit dadurch, daß A für die Steuern der Gesellschaft nach § 128 HGB i.V.m. § 191 AO haftet. Das FA hätte bei Kenntnis des wahren Steuersachverhalts nicht A mit seinem Privatvermögen, sondern die C-OHG mit ihrem Gesellschaftsvermögen in Anspruch genommen. Ob A als Gesellschafter der C-OHG Steuern nachzahlen muß, um straffrei zu werden, hängt daher in diesem Fall nicht von der Frage ab, ob er für die Steuern haftet, sondern ob er durch die Tat begünstigt wurde, obwohl ihm kein steuerlicher Vorteil erwuchs. Diese Frage soll erst später behandelt werden[64].

In *Variante 1* hat A dagegen einen eigenen steuerlichen Vorteil erlangt, da das FA ihn auch für die hinterzogenen Steuern (teilweise) in Anspruch genommen hätte. Er ist daher wie ein Steuerschuldner zu behandeln. Das bedeutet, daß eine Selbstanzeige des A nur dann zur Straffreiheit führt, wenn A die zu seinen Gun-

---

63 So kann jedenfalls der BGH in wistra 1985, 104 (mit ablehnender Anm. von Joecks) verstanden werden.

64 S.u. Abschnitt D.

sten hinterzogenen Steuern entrichtet[65]. Die Höhe der Nachzahlungspflicht wird erst an anderer Stelle diskutiert[66].

In *Variante 2* steht dagegen noch nicht fest, ob A in Anspruch genommen worden wäre. Genau darauf könnte es aber ankommen. Andererseits könnte auch die Tatsache genügen, daß er in Anspruch genommen werden könnte.

Teile der Literatur[67] und der Rechtsprechung[68] stellen bei der Begünstigung u.a. darauf ab, ob der Gesellschafter auch für die Steuern der Gesellschaft haftet. Der Gesellschafter, der auch für die Steuern in Anspruch genommen werden kann, sei durch eine Steuerhinterziehung unmittelbar begünstigt. Göggerle[69] unterscheidet dabei aufgrund des unterschiedlichen Haftungsumfangs zwischen den Gesellschaftern einer Personengesellschaft und denen einer Kapitalgesellschaft. Der persönlich haftende Gesellschafter sei wie ein Einzelkaufmann zu behandeln.

Allein der Vorteil, möglicherweise aufgrund der Hinterziehung nicht in Anspruch genommen zu werden, führt nicht dazu, daß A Steuern zu seinen Gunsten hinterzog. Unter Begünstigung i.S.d. § 371 III AO ist nur ein meßbarer wirtschaftlicher Vorteil zu verstehen[70]. Ungewisse, nicht meßbare Vorteile dürfen nach dem Grundsatz „in dubio pro reo" nicht zu Lasten des Steuerhinterziehers als tatsächliche Vorteile ausgelegt werden. Sowohl der zivilrechtlich beschränkt als auch der unbeschränkt haftende Gesellschafter hat daher Steuern nur dann zu seinen Gunsten hinterzogen, wenn er für die hinterzogenen Steuern tatsächlich in Anspruch genommen worden wäre.

Es bleibt daher festzuhalten, daß es nicht auf die mögliche Haftung des Steuerhinterziehers, sondern darauf ankommt, ob er für die hinterzogenen Steuern in Anspruch genommen worden wäre.

---

65 Zu einem anderen Ergebnis würde höchstens Dumke kommen. Seiner Meinung soll es gerade darauf ankommen, daß der Steuerschuldner einen Vorteil erlangt. Siehe dazu unten S. 33 ff.

66 S.u. Abschnitt E.

67 Für die Relevanz der Haftung: Göggerle; Meine wistra 1983, 62; Kohlmann § 371 III Rn. 89.9.

68 BGH wistra 1985, 104.

69 Göggerle/Müller S. 99 (Lösung des Beispiels c); Göggerle GmbHR 1980, 176.

70 Joecks wistra 1985, 151.

3. *Der eigennützig Beteiligte, der weder Steuerschuldner noch Haftungsschuldner ist*

Beispiel 5: Der nicht an der Gesellschaft beteiligte (einfache) Angestellte F der G-GmbH ist an einer Steuerhinterziehung zugunsten der G-GmbH beteiligt. Zur Teilnahme entschied sich F, um den Konkurs der Gesellschaft abzuwenden und dadurch seinen Arbeitsplatz zu sichern. Die festgesetzten Steuern der G-GmbH wurden aus dem Vermögen der Gesellschaft beglichen[71].

Der wirtschaftliche Vorteil kommt vorerst der G-GmbH zugute, da die Gesellschaft nach § 49 I KStG i.V.m. § 36 IV EStG Schuldner des Steueranspruchs ist[72]. Dadurch wird regelmäßig auch den Gesellschaftern ein wirtschaftlicher Vorteil erwachsen, indem ihre Gesellschaftsanteile an Wert zunehmen oder ein höherer Gewinn ausgeschüttet werden kann. Dem nicht an der Gesellschaft beteiligten F kommen solche Vorteile nicht zu. Im weitesten Sinne wurden die Steuern aber auch zugunsten des F hinterzogen. Auch er profitiert von der Hinterziehung, da er seinen Arbeitsplatz sichern konnte. Ob die Steuern deshalb zu seinen Gunsten i.S.d. § 371 III AO hinterzogen wurden, läßt sich dagegen nicht auf den ersten Blick ins Gesetz eindeutig bestimmen.

4. *Der uneigennützige Beteiligte*

Es gibt eine zweite Kategorie von Fällen, die ohne nähere Auslegung des Merkmals „zu seinen Gunsten“ entschieden werden kann. Im Gegensatz zu den eingangs genannten Fällen zum Nachzahlungserfordernis des Steuerschuldners[73] kann in den folgenden Fällen die Begünstigung des Steuerhinterziehers unstrittig abgelehnt werden.

Beispiel 6: Der steuerkundige S hilft seiner Freundin F beim „Frisieren“ der Steuerbilanz der F. Diese Beihilfe begeht S, ohne dafür bezahlt zu werden. Für ihn handelt es sich dabei um einen Freundschaftsdienst.

Hat der Selbstanzeigende überhaupt keinen wirtschaftlichen Vorteil aus der Steuerhinterziehung erlangt, kann ohne weitere Auslegung festgestellt werden, daß der Beteiligte Steuern nicht zu seinen Gunsten hinterzog[74].

---

71 Ebenso kann auf den lediglich angestellten Geschäftsführer einer GmbH abgestellt werden; vgl. Joecks, Praxis des Steuerstrafrechts S. 66

72 Nach § 36 IV 1 EStG ist der Steuerpflichtige (i.S.d. EStG) Steuerschuldner. Steuerpflichtig sind nicht die Anteilseigner, sondern nach §§ 1-6 KStG die juristische Person.

73 S.o. S. 18.

74 Beispiel von Dumke in Schwarz § 371 Rn. 131.

5. *Zusammenfassung*

Nur beim hinterziehenden Steuerschuldner und beim uneigennützigen Beteiligten kann eindeutig entschieden werden, ob sie Steuern zu ihren Gunsten hinterzogen haben und ob sie demnach die hinterzogenen Steuern entrichten müssen, um straffrei zu werden.

Es stellt sich die Frage, ob § 371 III AO schon von demjenigen die Steuerzahlung verlangt, der in irgendeiner Weise von der Hinterziehung profitiert. Darunter würde auch der Angestellte fallen, der seinen Arbeitsplatz sichern will. Auf der anderen Seite könnte § 371 III AO auch nur für den Steuerschuldner das Erfordernis der Nachzahlung vorsehen. Zumindest aber könnte derjenige als Begünstigter in Frage kommen, dem der steuerliche Vorteil unmittelbar zukommt. Dies sind ausschließlich der Steuerschuldner und der Haftungsschuldner, der in Anspruch genommen worden wäre. Außerdem kommen Auslegungen in Frage, die zwischen diesen Auffassungen über das Merkmal „zu seinen Gunsten" liegen. Daß die Tatbestandsmerkmale des § 371 III AO in der Literatur und Rechtsprechung sehr verschieden ausgelegt werden, wurde bereits oben festgestellt[75]. Bei den Meinungen über die richtige Auslegung des § 371 III AO lassen sich drei Hauptgruppen bilden.

Während ein Teil der Literatur[76] nur die Straffreiheit desjenigen von der Nachzahlung abhängig macht, dem der *steuerliche Vorteil* direkt zukommt, sehen andere[77] das Erfordernis der Nachzahlung für jeden Steuerhinterzieher vor, der einen *wirtschaftlichen Vorteil* aus der Tat erlangte. Nach letztgenannter Meinung kann daher auch ein konkreter wirtschaftlicher Vorteil mittelbarer Art zum Erfordernis der Nachzahlung führen. Die h.M.[78] stellt dagegen darauf ab, ob der Beteiligte einen *unmittelbaren wirtschaftlichen Vorteil* aus der Tat erlangte.

Von der Thematik, ob die Straffreiheit des Steuerhinterziehers von der Zahlung der hinterzogenen Steuern abhängt, ist die Frage abzugrenzen, ob der an einer Steuerhinterziehung Beteiligte für die hinterzogenen Steuern aufkommen muß[79]. Dies bestimmt sich nicht nach den strafrechtlichen, sondern nach den haftungsrechtlichen Vorschriften der AO (z.B. § 71 AO).

---

75 S.o. S. 2.

76 Dumke in Schwarz § 371 Rn. 130 ff.; Bringewat JZ 1980, 347 ff.

77 Meine wistra 1983, 62; Bilsdorfer wistra 1984, 135 und BB 1981, 493.

78 BGHSt 29, 37; BGH v. 22.7.1987 wistra 1987, 343; Joecks § 371 Rn. 99; Kohlmann § 371 Rn. 89; Engelhardt in HHSp § 371 Rn. 156.

79 Dazu sind insbesondere auch die steuerrechtlichen und zivilrechtlichen Haftungsvorschriften zu beachten.

II. Allgemeiner Teil der Auslegung

Bevor die aufgeworfene Frage behandelt wird, nach welchen Kriterien zu entscheiden ist, ob der Vorteil des Selbstanzeigenden auch zu einer Nachzahlungspflicht nach § 371 III AO führt, werden noch Fallgruppen behandelt, bei denen fraglich ist, ob der Beteiligte überhaupt einen (meßbaren) wirtschaftlichen Vorteil erlangt hat. Die Straffreiheit des Beteiligten hängt nach dem Wortlaut des § 371 III AO jedenfalls dann nicht von der Nachzahlung der hinterzogenen Steuern ab, wenn er überhaupt keinen Vorteil aus der Tat erlangt hat.

1. Nachteil des Fiskus als Mindestvoraussetzung der Nachzahlungspflicht nach § 371 III AO

a) Schadensverursachung

Ob der Beteiligte überhaupt einen Vorteil erlangt hat, hängt u.a. davon ab, ob er über Vermögen verfügt, mit dem die Steuerschuld hätte beglichen werden können. Steht fest, daß der Steuerschuldner die Steuern auch dann nicht bezahlt hätte, wenn er eine vollständige Steuererklärung abgegeben hätte und seine Steuerschuld richtig festgesetzt worden wäre, hat er eventuell keinen – jedenfalls keinen wirtschaftlichen – Vorteil aus der Steuerhinterziehung erlangt.

Beispiel 7: Der zahlungsunfähige A gibt eine unvollständige Steuererklärung ab. Mangels Masse wurde kein Insolvenzverfahren gegen ihn eröffnet. Aufgrund der falschen Steuererklärung wird seine Steuer zu niedrig festgesetzt. A kann jedoch selbst die zu niedrig festgesetzten Steuern nicht bezahlen. Hat sich A einer Steuerhinterziehung strafbar gemacht? Muß er Steuern nachzahlen, wenn er nach § 371 III AO straffrei werden will?

Hat sich A einer Steuerhinterziehung strafbar gemacht, stellt sich die Frage, ob er zur Erlangung der Straffreiheit nach § 371 III auch die hinterzogenen Steuern nachzahlen muß. Zu seinen Gunsten hat A die Steuern jedoch nur dann hinterzogen, wenn ihm Vorteile aus der Tat entstanden. Einen finanziellen Vorteil hat A jedoch nicht erlangt, da er auch ohne die Tatbegehung die Steuern nicht bezahlt hätte und Vollstreckungsmaßnahmen gegen ihn nicht eingeleitet worden wären. Da selbst ein Insolvenzverfahren nicht eingeleitet wurde, wäre für den Fiskus kein Nachteil, für A kein Vorteil entstanden. Daher hat A die Steuern nicht zu seinen Gunsten hinterzogen.

Exkurs zur Frage, ob A eine Steuerhinterziehung beging:

A hat die Finanzbehörde über steuerlich erhebliche Tatsachen in Unkenntnis gelassen. Die Zahlungsunfähigkeit entbindet ihn nicht von der Pflicht, eine zutreffende Steuererklärung abzugeben. Er handelte daher auch pflichtwidrig i.S.d. § 370 I Nr. 1 AO. Daraufhin wurden Steuern nicht in voller Höhe festgesetzt und damit verkürzt (§ 370 IV 1 Alt. 2 AO). Die Steuerhinterziehung ist ein Erfolgsdelikt, nicht aber notwendigerweise ein Verletzungsdelikt. Wenn die Steuerhinterziehung keinen Schaden erfordert, dann doch zumindest eine Gefährdung des Steueranspruchs. Steht bei Tatbegehung jedoch bereits schon fest, daß der Steueranspruch nicht durchgesetzt werden kann, kann der Anspruch auch nicht mehr gefährdet werden. Daher ist fraglich, ob A überhaupt eine Steuerhinterziehung beging.

Festzuhalten bleibt, daß die Straffreiheit des Steuerschuldners, gegen den Steuern aufgrund einer unvollständigen Steuererklärung zu niedrig festgesetzt wurden, nicht von der Nachzahlung der nicht festgesetzten Steuern abhängt, wenn der Schaden des Fiskus auch ohne die Täuschung des Steuerpflichtigen eingetreten wäre.

b) Nachzahlungserfordernis bei Steuerhinterziehung ohne Schadenseintritt

In bestimmten Fällen kann eine Steuerhinterziehung vollendet sein, obwohl noch kein meßbarer wirtschaftlicher Schaden eingetreten und noch unklar ist, ob ein solcher jemals eintreten wird. Es stellt sich dann die Frage, ob die Straffreiheit des Selbstanzeigenden in diesen Fällen auch von der Zahlung der hinterzogenen Steuern abhängt.

Beispiel 8: Die Steuer des Steuerpflichtigen A wird zu niedrig festgesetzt, da A eine unvollständige Steuererklärung gegenüber dem FA abgab. A zahlt aber freiwillig „rechtzeitig", d.h. als ob die Steuer richtig festgesetzt worden wäre.

Lsg.: Es fehlte dem FA dann zwar eine Vollstreckungsgrundlage, um den Steueranspruch rechtzeitig zu vollstrecken. Die freiwillige rechtzeitige Zahlung verhindert jedoch einen tatsächlichen Schadenseintritt. A hat aber eine falsche Steuererklärung abgegeben. Daraufhin hat die Finanzbehörde vor Ablauf der Festsetzungsfrist einen (z.B. Einkommen-)Steuerbescheid erlassen, in dem die Steuerschuld falsch festgesetzt und entsprechend auch der zu niedrige Steuerbetrag erhoben wurde (durch Leistungsgebot). § 370 IV 1 Alt. 2 AO bestimmt, daß A bereits in dem Moment die Steuerverkürzung vollendet, in dem die Steuern nicht in voller Höhe festgesetzt wurden. A hat daher in der Höhe der Steuerersparnis Steuern hinterzogen.

Zu Schwierigkeiten in der Praxis dürfte dieser Fall jedoch nicht führen, da A's Rückkehr zur Steuerehrlichkeit mit Straffreiheit nach § 371 I, III AO belohnt wird[80].

Variante 1: A hat noch nicht gezahlt. Über die Strafbarkeit des A soll noch vor dem Zeitpunkt entschieden werden, zu dem er spätestens hätte zahlen müssen, bzw. in dem die Finanzbehörde gegen ihn Vollstreckungsmaßnahmen erlassen hätte, wenn seine Steuerschuld rechtzeitig festgesetzt worden wäre.

Lsg.: A hat sich einer vollendeten Steuerhinterziehung nach § 370 I Nr. 1 i.V.m. IV 1 Alt. 2 AO strafbar gemacht.

Die Festsetzung kann auch schon vor Ablauf der „normalen" Erklärungsfrist durchgeführt werden[81]. Die Steuerhinterziehung ist bereits mit der zu niedrigen Festsetzung vollendet, wenn auch die Erklärungsfrist in diesem Zeitpunkt noch nicht abgelaufen ist. Es stellt sich dann das Problem der Ermittlung, ob A Steuern zu seinen Gunsten i.S.d. § 371 III AO hinterzogen hat. Wenn A jedoch die hinterzogenen Steuern zu dem Zeitpunkt zahlen würde, zu dem sie bei einer vollständigen Steuererklärung hätten gezahlt werden müssen[82], wäre dem Fiskus kein Schaden entstanden. Hat er bis zu diesem Zeitpunkt nicht gezahlt, entsteht ihm zumindest ein Zinsvorteil. Entsprechend dem oben Geschriebenen könnten sich dann Probleme ergeben, wenn die strafrechtliche Beurteilung schon vor diesem Zeitpunkt abgeschlossen werden sollte, da dann noch nicht feststeht, ob dem Fiskus tatsächlich ein Schaden entsteht bzw. der Steuerschuldner einen Vorteil erlangte. Der Steueranspruch des Fiskus ist also nur gefährdet[83].

Nach der Ansicht Hübners[84] führt jede Gefährdung zu einer wirtschaftlichen Minderbewertung und daher auch zu einem meßbaren Schaden des Fiskus. Daraus könnte folgen, daß dem Steuerhinterzieher auch ein meßbarer Vorteil entstanden ist, der das Nachzahlungserfordernis nach § 371 III AO auslöst.

Aus rein wirtschaftlicher Sicht soll der Schaden nicht bezweifelt werden. Diese Ansicht beruht jedoch auf einer Fiktion. Ob eine ungewisse Forderung tatsächlich

---

80 Jedenfalls dann, wenn er neben der Beseitigung des Erfolgsunrechts auch sein Handlungsunrecht dadurch beseitigt, daß er die Steuerhinterziehung offenlegt und nicht nur anonym die hinterzogenen Steuern nachzahlt.

81 Vgl. dazu Koch vor § 155 und Joecks AS S. 6 Fall 2.

82 Beispiel: bei ESt ein Monat nach Bekanntgabe des Steuerbescheids, § 36 IV EStG.

83 Die Steuerhinterziehung ist zwar ein Erfolgsdelikt, aber nicht notwendigerweise auch ein Verletzungsdelikt, d.h., ein Vermögensvorteil muß (zumindest nach h.M.) nicht eingetreten sein. Vgl. dazu auch Joecks § 370 Rn. 39 ff.

84 In HHSp 1985 § 370 Rn. 55.

zu einer Mindereinnahme führt, steht eben noch nicht fest. Im Strafrecht sind solche Fiktionen zu Lasten des Beteiligten nicht mit dem Grundsatz „in dubio pro reo“ vereinbar. Ohne daß der Hinterzieher einen konkreten Vorteil aus der Tat erlangte, hat er Steuern daher nicht zu seinen Gunsten i.S.d. § 371 III AO hinterzogen.

Für das Zahlungserfordernis nach § 371 III AO könnte höchstens das allgemeine Sprachverständnis sprechen. Die Gefährdung des Steueranspruchs kommt im weitesten Sinne dem Steuerschuldner zugute. Die Auslegung hat aber auch anhand der Systematik und dem Telos zu erfolgen. Für das Ergebnis, daß der Täter nicht begünstigt wurde, sprechen auch die Theorien zum Sinn und Zweck der Selbstanzeige. Die Vertreter des fiskalischen Ansatzes stellen auf eine wirtschaftliche Betrachtungsweise[85] ab. Da noch nicht feststeht, ob im Zeitpunkt der Fälligkeit ein Unterschied zwischen dem Soll- und dem Ist-Zustand bestehen wird, entstand nach wirtschaftlicher Betrachtung kein konkreter Vorteil. Ob der Steueranspruch nicht vollständig und rechtzeitig beglichen wird, steht eben noch nicht fest. Die „strafrechtliche Zahlungspflicht“ könnte zu einer verfrühten Zahlungspflicht führen. Dies entspricht auch nicht dem fiskalischen Ansatz.

Die Meinungen, die auf den Wiedergutmachungsgedanken[86] oder den Anreiz zur Offenlegung unbekannter Steuerquellen[87] abstellen, kommen auch nicht zu dem Ergebnis, daß nachgezahlt werden muß, obwohl noch kein Schaden des Fiskus eintrat.

Angesichts der kurzen Zeit zwischen Festsetzung der Steuer und Fälligkeit (i.d.R. ein Monat) wird sich dieses Problem in der Praxis nicht stellen. Ein Konfliktfall würde nur dann entstehen, wenn der Steuerpflichtige innerhalb eines Monats nach Bekanntgabe des Steuerbescheids strafrechtlich beurteilt werden müßte. Das Strafverfahren wird jedoch nicht innerhalb eines Monats nach Festsetzung durch Urteil zum Abschluß gebracht werden können. Jedenfalls könnte dann von dem Steuerpflichtigen verlangt werden, die hinterzogenen Steuern nachzuzahlen, um Straffreiheit zu erlangen.

Zusammenfassend bleibt festzuhalten, daß es nach der geltenden Rechtslage zumindest den theoretischen Fall der Steuerhinterziehung ohne tatsächlichen Schadenseintritt bei der Finanzbehörde gibt. Die Steuerhinterziehung besteht dann in einer ausschließlichen Gefährdung des staatlichen Steueranspruchs. Solange durch die Steuerhinterziehung lediglich eine Gefährdung des Steueranspruchs des

---

85 BGHSt 29, 37; BGH v. 22.7.1987 wistra 343.

86 S.o. S. 8.

87 S.o. S. 13 (Anreiz zur Offenlegung unbekannter Steuerquellen).

Fiskus eingetreten ist, hängt die Straffreiheit des Hinterziehers nicht von der Zahlung der Steuern ab. Die Steuerhinterziehung kann auch bei einer Gefährdung des Steueranspruchs bereits vollendet sein, die Steuern wurden dann aber nicht „zu Gunsten" des Täters hinterzogen i.S.d. § 371 III AO. Das Problem wird sich jedoch in den wenigsten Fällen ergeben, da dem Fiskus regelmäßig durch Zinsausfall bzw. durch den Steuerausfall in Höhe der hinterzogenen Steuern ein Schaden entstanden ist.

2. *Wirtschaftlicher Vorteil des Selbstanzeigenden als Mindestvoraussetzung*

a) *Problemstellung*

Daß es auf die wirtschaftliche Besserstellung ankommt, ist einhellige Meinung und entspricht auch der wirtschaftlichen Betrachtungsweise des BGH[88]. Welche Gründe lassen sich jedoch für diese Auffassung heranziehen? Über das Kausalitätserfordernis lassen sich nur solche Fälle lösen, bei denen der Schaden des Fiskus nicht durch die falschen Steuerangaben erst verursacht wurde. Es bleibt aber das Problem des Beteiligten, der den Schaden mitverursachte, aber weder an der Beute beteiligt wurde noch sonst einen wirtschaftlichen Vorteil erlangte. Bei der Problematik, ob der Haftungsschuldner Steuern zu seinen Gunsten hinterzogen hat, wurde festgestellt, daß es darauf ankommt, ob der Beteiligte einen meßbaren konkreten (wirtschaftlichen) Vorteil erlangte. Diese Voraussetzung könnte nicht nur für den Haftungsschuldner, sondern allgemein für jeden Selbstanzeigenden gelten. Demnach wäre zumindest ein konkreter wirtschaftlicher Vorteil erforderlich. Nicht bereits jeder ideelle Vorteil des Selbstanzeigenden würde bedeuten, daß er Steuern nachzahlen muß, um straffrei zu werden.

Aus dem Grundsatz „in dubio pro reo" folgt, daß die Begünstigung feststehen muß. Nicht begünstigt ist, wer lediglich in Aussicht gestellt bekam, einen Vorteil zu erhalten. Ungewißheiten dürfen nicht zu Lasten des Beteiligten ausgelegt werden, d.h., der Vorteil muß konkret sein. Auch der Beteiligte, der einen rein ideellen Gewinn an der Steuerhinterziehung hat, könnte einen konkreten Vorteil erlangt und Steuern „zu seinen Gunsten" hinterzogen haben. Der Angestellte aus *Beispiel 5*[89], der sich an der Steuerhinterziehung beteiligte, um seinen Arbeitsplatz zu retten, hat keinen meßbaren wirtschaftlichen Vorteil, aber trotzdem einen eigenen Vorteil erlangt, wenn er tatsächlich seinen Arbeitsplatz retten konnte.

---

88 BGH a.a.O.

89 S.o. S. **Fehler! Textmarke nicht definiert.**.

Andere als wirtschaftliche Vorteile könnten gerade nicht meßbar sein und sich daher im Strafrecht nach dem Prinzip „in dubio pro reo" nicht zu Lasten des Beteiligten auswirken. Im Strafrecht wird aber auch auf andere als wirtschaftliche Vorteile abgestellt, die konkret festzustellen sind. Die Frage, ob es im Steuerstrafrecht nur auf wirtschaftlich relevante Sachverhalte ankommt, läßt sich daher nicht anhand des In-dubio-pro-reo-Grundsatzes beantworten.

b) Grammatische Auslegung

Der Wortlaut des § 371 III AO läßt nicht eindeutig erkennen, welcher Zusammenhang zwischen dem Schaden des Fiskus und dem Vorteil des Beteiligten bestehen muß. Die Auslegung, daß der Beteiligte die hinterzogenen Steuern nachzahlen muß, wenn er eine Begünstigung rein ideeller Natur erlangt hat, ist mit dem Wortlaut des § 371 III AO vereinbar. Allerdings widerspricht eine engere grammatische Auslegung ebenfalls nicht dem Wortlaut.

c) Sinn und Zweck der Selbstanzeige und Systematik

(1) Strafrechtlicher Ansatz

Wie bereits oben festgestellt wurde[90], ist nach dem Wiedergutmachungsgedanken primär der Steuervorteil zur Schadenswiedergutmachung einzusetzen. Die nichtwirtschaftlichen Vorteile können dagegen nicht zur Wiedergutmachung verwendet werden. Der Wiedergutmachungsgedanke erfordert daher nicht, daß der Beteiligte, der einen anderen als einen wirtschaftlichen Vorteil erzielte, das Erfolgsunrecht beseitigt, um eine Bestrafung nach § 371 III AO auszuschließen.

Wird von einem Beteiligten, der einen nichtwirtschaftlichen Vorteil erlangte, nicht die Nachzahlung verlangt, um straffrei zu werden, könnte jedoch der allgemeine Strafzweck der Prävention aufgegeben werden. Dies wäre zumindest dann der Fall, wenn der Eindruck entstünde, daß er Straffreiheit erlangt und gleichzeitig die Vorteile der Tat sichern kann. Der Beteiligte darf aber auf jeden Fall den Vorteil behalten, der nicht den Steuervorteil darstellt. § 371 III verlangt nicht den Einsatz des Vorteils, sondern die Zahlung der hinterzogenen Steuern. Der nichtwirtschaftliche Vorteil kann so erheblich sein, daß der Eindruck entstehen kann, die Tat habe sich gelohnt. Gerade der Vorteil des Arbeitnehmers, der seinen Arbeitsplatz rettet, kann größer sein als ein konkreter Vorteil in Geld. Dies könnte sowohl aus general- als auch aus spezialpräventiven Gründen erfordern, daß der Beteiligte nachzahlen muß. Dem selbstanzeigenden Arbeitnehmer entsteht jedoch

90 S.o. S. 8 (Wiedergutmachungsgedanke).

daraus ein Nachteil, daß er seinen Arbeitgeber einer Straftat bezichtigt. Da sich dies negativ auf das Arbeitsverhältnis auswirken wird, entsteht daher insgesamt nicht das Bild, die Hinterziehung habe sich gelohnt. Außerdem spricht aus präventiven Gründen gegen das Nachzahlungserfordernis, daß Arbeitnehmer oftmals zu ihrer Entscheidung, sich an der Tat zu beteiligen, von ihren Vorgesetzten „hingeführt" wurden und daher in ihrer Entscheidung nicht frei waren.

Insgesamt sprechen präventive Überlegungen daher eher dafür, daß nur ein meßbarer wirtschaftlicher Vorteil das Nachzahlungserfordernis auslöst. Hinzu kommt, daß Schuld und Unrecht des nichtwirtschaftlich Begünstigten oftmals vermindert sind, da er sich in sozialer Abhängigkeit befand und aus vermeintlicher Treue zu seinem Arbeitgeber handelte[91].

(2) Steuerpolitischer Ansatz

Nach dem steuerpolitischen Ansatz muß ein Mittelweg zwischen der rein fiskalisch orientierten Meinung, daß von möglichst vielen Beteiligten die hinterzogenen Steuern verlangt werden und der Meinung, daß der Anreiz zur Offenlegung unbekannter Steuerquellen nicht durch das Nachzahlungserfordernis unnötig verhindert werden darf, gefunden werden. Die Auffassung, daß jeder auch ideelle Vorteil zum Nachzahlungserfordernis führt, stellt keinen Mittelweg zwischen den genannten Meinungen dar.

3. Zusammenfassung

Sowohl nach dem strafrechtlichen als auch nach dem steuerpolitischen Ansatz zum Sinn und Zweck der Selbstanzeige ist die Straffreiheit des nichtwirtschaftlich Begünstigten nicht davon abhängig, daß er die hinterzogenen Steuern nachzahlt. Dieser Auslegung steht auch die Systematik, der Wortlaut und die Geschichte der Selbstanzeige nicht entgegen. Mindestvoraussetzung für eine Begünstigung i.S.d. § 371 III AO ist also ein konkreter wirtschaftlicher Vorteil.

Nachdem vorab geklärt wurde, daß jedenfalls nur wirtschaftliche Vorteile überhaupt zum Erfordernis der Nachzahlung nach § 371 III AO führen können, muß die eingangs aufgeworfene Frage, ob jeder konkrete wirtschaftliche Vorteil, nur der unmittelbare oder sogar bloß der steuerliche Vorteil des Beteiligten von dem Merkmal „zu seinen Gunsten hinterzogenen Steuern" umfaßt wird, aufgegriffen werden.

---

91 Löffler a.a.O.

III. Erste Meinung: Steuerlicher Vorteil nach § 371 III AO

Die Meinung, daß nur der steuerliche Vorteil zur strafrechtlichen Nachzahlungspflicht führt, wird insbesondere von Dumke[92], Hübner[93] und Bringewat[94] vertreten.

1. Darstellung der Auslegungen einzelner Vertreter

Nach der Meinung Dumkes hängt lediglich die Straffreiheit des Steuerschuldners, nicht aber die eines sonstigen Steuerpflichtigen[95] von der Zahlung der hinterzogenen Steuern ab. Von der Zahlungspflicht nach § 371 III AO nicht erfaßt würden demnach Steuerhinterzieher, die in den Genuß der hinterzogenen Steuern kämen, obwohl sie selbst nicht Steuerschuldner sind.

Hübner geht auch auf den Fall ein, daß ein Haftender (tatsächlich) in Anspruch genommen wird. Auch derjenige, auf den die Steuerlast abgewälzt wird, den also letztlich die Steuerlast trifft, erlange einen steuerlichen Vorteil[96].

Bringewat[97] ist auch der Ansicht, es müsse ein steuerlicher Vorteil erlangt werden. Damit sei aber nicht nur der Vorteil des Steuerschuldners gemeint. Dies ergebe sich aus dem veränderten Gesetzeswortlaut und dem darin zum Ausdruck kommenden Willen des Gesetzgebers.

2. Der steuerliche Vorteil

Was genau unter einem steuerlichen Vorteil zu verstehen ist, wird von den einzelnen Vertretern der dargestellten Meinung unterschiedlich beantwortet. Entweder wird lediglich darauf abgestellt, ob der Steuer*schuldner* einen steuerlichen Vorteil erlangt hat[98]. Oder es wird auch dann ein steuerlicher Vorteil angenommen, wenn zwar nicht der Steuerschuldner, aber ein sonstiger Steuerpflichtiger, genauer gesagt ein Haftungsschuldner, in Anspruch hätte genommen werden können bzw. in Anspruch genommen worden wäre.

---

92 Dumke in Schwarz § 371 Rn. 130 ff.; ders. BB 1981, 117 f.

93 Hübner in HHSp 1985 § 371 Rn. 51-53.

94 Bringewat JZ 1980, 347 ff.

95 So zumindest eindeutig in BB 1981, 118.

96 Hübner a.a.O.

97 Bringewat JZ 1980, 347 ff.

98 Dumke BB 1981, 117 f.

a) *Der Steuerschuldner*

Aus einer Steuerhinterziehung kann der Schuldner des Steueranspruchs unbestritten einen steuerlichen Vorteil erlangen. Bei der Frage, wer die Steuern schuldet, kommt es – wie bereits im Problemumriß geklärt wurde[99] – auf die Regelungen in den unterschiedlichen Steuergesetzen an. Wie bereits oben[100] festgestellt wurde, kann z.B. die GbR Schuldnerin von Umsatz- und Gewerbesteuer sein[101], nicht aber hinsichtlich der ESt. Wer steuerrechtsfähig und Steuerschuldner ist, läßt sich nicht für alle Steuerarten einheitlich bestimmen. Die steuerliche Rechtsfähigkeit deckt sich insbesondere nicht mit der Rechtsfähigkeit nach bürgerlichem Recht.

Steuerschuldner (Rechtsfähig) sind bei der

ESt: Natürliche Personen (§ 1 EStG)

KSt: Juristische Personen; nichtrechtsfähige Personenvereinigungen, die nicht der ESt unterliegen (§ 1 KStG)

USt: Unternehmer (§ 13 II UStG)

ErbSt: Natürliche Personen, Körperschaften, Personenvereinigungen, Vermögensmassen (§ 2 I ErbStG)

GewSt: Unternehmer (§ 5 GewSt)

GrESt: Die beteiligten Vertragsteile (§§ 5, 6 und 13 GrEStG)

b) *Sonstige Steuerpflichtige*

Als Begünstigter kommt neben dem Steuerschuldner auch der sonstige Steuerpflichtige nach § 33 AO in Betracht. Zumindest der Steuerpflichtige, auf den die Steuer abgewälzt wird, der also für den Steueranspruch gegen den Steuerschuldner in Anspruch genommen worden wäre, erzielt aus der Hinterziehung den steuerlichen Vorteil, den der Steuerpflichtige bei eigener drohender Inanspruchnahme aus der Hinterziehung erlangt hätte[102]. Für den Steueranspruch kann neben dem Steuerschuldner ausschließlich der Haftungsschuldner in Anspruch genommen werden. Mit anderen Worten, es kann also neben dem Steuerschuldner auch der Haftungsschuldner einen steuerlichen Vorteil erlangen.

---

99 S.o. S. 18 ff. (Der Steuerschuldner).

100 S.o. S. 18 ff. (Der Steuerschuldner).

101 BFH BStBl. II, 1991, 272; Paulus DStR 1994, 544.

102 S.o. S. 21 ff. (Der Haftungsschuldner).

c) *Vorteil jedes Steuerpflichtigen oder nur Vorteil des Steuerschuldners*

Daß der (steuerliche) Vorteil des Haftungsschuldners auch zur Nachzahlungsobliegenheit des Bevorteilten führt, wird zumindest von Dumke bestritten[103]. Die restlichen Vertreter der Meinung verstehen dagegen den Begriff weiter und lassen darunter zumindest auch den Vorteil des Haftungsschuldners fallen, der für die hinterzogenen Steuern in Anspruch genommen worden wäre. Als Argument für die Differenzierung zwischen Steuerschuldner und sonstigem Steuerpflichtigen führt Dumke den Wortlaut des § 371 III AO und die Systematik der steuerstrafrechtlichen Regelungen an. Nach Ansicht Dumkes könne § 371 III AO im Zusammenhang mit § 370 I und IV AO nicht anders verstanden werden[104]. Die Nachzahlungsobliegenheit bestehe, wenn Steuern zugunsten des Selbstanzeigenden nicht, nicht in voller Höhe oder nicht rechtzeitig festgesetzt bzw. Steuervorteile zu seinen Gunsten erlangt wurden. Eine solche Begünstigung könne nur beim Steuerschuldner eintreten. Dumke beruft sich darauf, daß nach Art. 103 II GG unzureichend konkretisierte Strafbestimmungen nicht durch erweiternde Auslegung ausgedehnt werden dürfen. An dem Ergebnis, daß nur der steuerliche Vorteil des Steuerschuldners zur strafrechtlichen Nachzahlungspflicht führe, ändere daher auch nichts, daß der Gesetzgeber einen anders lautenden Willen zum Ausdruck gebracht hat.

Die Auswirkungen der verschiedenen Meinungen zum Begriff des steuerlichen Vorteils können anhand der folgenden Beispiele verdeutlicht werden:

Beispiel 9: Der Gesellschafter A der C-OHG hinterzieht Steuern, die die Gesellschaft schuldet (z.B. USt). Im Zeitpunkt der Hinterziehung verfügt die OHG über kein eigenes Vermögen mehr. Der Gesellschafter A dagegen ist liquide.

Bei *Beispiel 4*[105] dagegen verfügt die C-OHG noch über Vermögen, mit dem die hinterzogenen Steuern bezahlt werden können.

Nach der „steuerrechtlichen Betrachtungsweise“ Dumkes hat der Gesellschafter sowohl im *Beispiel 4* als auch in *Beispiel 9* selbst keinen Steuervorteil erlangt und wird demnach allein durch die „Selbstanzeigehandlung“ nach § 371 I AO straffrei.

Folgt man der weiteren Auffassung zum steuerlichen Vorteil, ergibt sich folgendes Ergebnis: Auch nach dieser Meinung kam in *Beispiel 4* allein der Gesell-

---

103 Dumke BB 1981, 118.

104 Dumke BB 1981, 118.

105 S.o. S. 21 f. (Der Haftungsschuldner).

schaft der steuerliche Vorteil der Hinterziehung zu. Sie wäre als Steuerschuldnerin für die Steuern in Anspruch genommen worden.

Anders dagegen in *Beispiel 9*, da die Gesellschaft schon vor der Hinterziehung vermögenslos war. Der Gesellschafter ist zwar nicht Steuerschuldner, wohl aber Haftungsschuldner nach § 128 HGB. Zumindest bei dem in der Variante beschriebenen Sachverhalt mußte der Gesellschafter davon ausgehen, daß er als Haftender in Anspruch genommen worden wäre. Durch die Hinterziehung kam also ihm persönlich der Vorteil zu, nicht Steuern zahlen zu müssen. Mit der weiten Meinung kommt man daher zu dem Ergebnis, daß der Gesellschafter nach § 371 III Steuern nachzahlen muß, um straffrei zu werden.

3. Auslegung des Merkmals „zu seinen Gunsten"

Ob ein steuerlicher Vorteil tatsächlich nur dem Steuerschuldner erwachsen kann und ob die strafrechtliche Nachzahlungspflicht des Selbstanzeigenden überhaupt davon abhängt, daß er einen steuerlichen Vorteil erlangt hat, muß durch Auslegung ermittelt werden. Ausgangspunkt der Auslegung ist der Wortlaut des auszulegenden Gesetzes[106].

a) Grammatische Auslegung

Der mögliche Wortsinn stellt die äußerste Grenze bei der Auslegung des Tatbestandsmerkmals dar.

Nach der Ansicht Dumkes läßt der Wortlaut des § 371 III AO nur die Auslegung zu, daß ausschließlich ein steuerlicher Vorteil des Selbstanzeigenden zur strafrechtlichen Nachzahlungspflicht führt. Jede für den Steuerhinterzieher ungünstigere Auslegung verstoße gegen Art. 103 II GG. Insbesondere führt Dumke aus, daß durch die Meinungsvielfalt bezüglich der Auslegung des Merkmals „zu seinen Gunsten" ein für den Betroffenen nicht hinnehmbarer Rechtszustand geschaffen[107] wurde. Dies spreche dafür, daß § 371 III AO restriktiv auszulegen sei.

Die verschiedenen Meinungen können in der Tat zu einer Unsicherheit bei demjenigen führen, der sich mit ihnen auseinandersetzt. Art. 103 II GG schützt den Bürger jedoch nicht vor Auslegungsunsicherheiten jeder Art. Gesetze müssen zwar hinreichend bestimmt sein. Vor einer Meinungsvielfalt kann und will Art. 103 II GG aber nicht schützen. Allein das Bestehen einer Meinungsvielfalt schafft keine in rechtlicher Hinsicht bedenkliche Lage. Es kann höchstens Indiz

106 Larenz/Canaris S. 141.

107 BB 1981, 117 f.

dafür sein, daß der Gesetzgeber einen unzureichend bestimmten Rechtsbegriff wählte. Selbst wenn das Gesetz tatsächlich einen zu unbestimmten Rechtsbegriff verwendet, hat dies jedoch nicht zur Folge, daß der für den zu Bestrafenden günstigste Wortlaut gewählt werden muß. Folge wäre dann vielmehr, daß das Gesetz aufgrund eines Verstoßes gegen Art. 103 II GG verfassungswidrig ist.

Dumke[108] ist entgegenzuhalten, daß Art. 103 II GG nicht bereits dann verletzt ist, wenn ein Gesetz lediglich rechtsfehlerhaft ausgelegt wird. Eine objektiv unhaltbare und damit willkürliche Auslegung des Gesetzes verstößt jedoch gegen das Bestimmtheitsgebot[109]. Den Nachweis, daß die Auslegung, die das Erfordernis der Nachzahlung auch für andere Beteiligte als beteiligte Steuerschuldner vorsieht, willkürlich ist, hat Dumke jedenfalls nicht erbracht. Dieser Nachweis kann nicht glücken, da sachliche Gründe von den Vertretern der weitergehenden Meinungen aufgeführt wurden. Weitergehende Meinungen verstoßen daher jedenfalls nicht gegen Art. 103 II GG. Ob man mit der grammatischen Auslegung zu dem Ergebnis kommt, daß nicht nur der Steuerschuldner von der Nachzahlungspflicht umfaßt werden kann, ist jedoch eine andere Frage.

Nach Dumke[110] läßt die Auslegung anhand des möglichen Wortsinns nur den Schluß zu, daß lediglich derjenige Steuerstraftäter zu seinen Gunsten Steuern hinterzieht, der einen steuerlichen Vorteil aus der Straftat erlangt. Die Wortwahl des Gesetzgebers lasse darauf schließen, daß nicht nur bei § 370 I AO, sondern auch bei § 371 III AO zwischen dem Täter, der für sich und demjenigen, der für einen anderen Steuervorteile erlangt, differenziert wird. Diese einheitliche Differenzierung lasse einen Systemzusammenhang erkennen. Von der Nachzahlungspflicht könne demnach nur der Steuerschuldner, nicht aber ein sonstiger Steuerpflichtiger in Anspruch genommen werden.

Selbst wenn man mit Dumke eine Nachentrichtungspflicht als Voraussetzung für die Erlangung der Straffreiheit hinsichtlich der zu seinen Gunsten nicht, nicht in voller Höhe oder nicht rechtzeitig festgesetzten Steuern bzw. hinsichtlich der zu seinen Gunsten ungerechtfertigt erlangten Steuervorteile ansieht[111], folgt aus dem Wortsinn nicht zwingend, daß nur der Steuerschuldner von dieser Nachentrichtungspflicht getroffen werden kann. Mit diesem Wortlaut vereinbar ist auch die Auslegung, daß Steuern zugunsten eines Beteiligten hinterzogen wurden, der nicht Steuerschuldner ist, aber z.B. als Haftungsschuldner nicht für die hinterzo-

---

108 Vgl. oben Fn. 103.

109 BK zu § 103 II Rn. 88.

110 BB 1981, 118.

111 S.o. Fn. 110.

genen Beträge in Anspruch genommen wurde. Voraussetzung einer Haftung ist immer, daß die Steuern gegen den Steuerschuldner festgesetzt wurden („Akzessorietät der Haftung"). Wurden die Steuern aufgrund einer Hinterziehung nicht gegen den Steuerschuldner festgesetzt, profitiert davon auch der Haftungsschuldner, da die Haftungsvoraussetzungen nicht vorliegen. Einen eigenen steuerlichen Vorteil hat der Haftungsschuldner zumindest dann erlangt, wenn er bei richtiger Steuererklärung für die hinterzogenen Steuern in Anspruch genommen wäre. Die Steuern können damit auch „zu Gunsten" des Haftungsschuldners nicht festgesetzt worden sein.

Dumke hat lediglich eine in Frage kommende Auslegung des Wortsinns dargestellt. Die Auffassung der Rechtsprechung führt zu einer Ausdehnung der Straftatbestände gegenüber der von Dumke vertretenen Auffassung. Darin kann jedoch weder eine Verletzung des Art. 103 II GG noch ein Überschreiten der Wortlautgrenze gesehen werden.

Nach Hübner, Bringewat und Wassmann spricht der Wortlaut des § 371 III AO zwar nicht dafür, daß nur der Steuerschuldner Begünstigter sein kann. Die grammatische Auslegung ergebe aber, daß nur der Beteiligte Steuern zu seinen Gunsten hinterziehe, der einen eigenen steuerlichen Vorteil aus der Tat erlangt.

Dagegen kann vorerst eingewandt werden, daß eine rein grammatische Auslegung, die sich auf die Bedeutung der Worte „zu seinen Gunsten hinterzogene Steuern" beschränkt, nicht ergibt, daß nur der steuerliche Vorteil gemeint ist. Auch ein Steuerhinterzieher, der weder Steuerschuldner noch Haftungsschuldner ist, kann die Steuern zumindest dem reinen Wortsinn nach zu seinen Gunsten hinterzogen haben.

Beispiel 10: Der Alleingesellschafter einer (liquiden) Einmann-GmbH hinterzieht Steuern, die die Gesellschaft schuldet.

Der Alleingesellschafter ist weder Steuerschuldner noch ist er Haftungsschuldner, wenn keine besonderen Umstände hinzutreten[112] (die dann etwa zu einer Haftung nach §§ 69 ff. AO führen). Steuern werden z.B. nicht gegen ihn, sondern gegen die GmbH festgesetzt. Dies ändert nichts an der Tatsache, daß er durch die Festsetzung im weitesten grammatikalischen Sinne auch begünstigt wurde und er die Steuern dem Wortsinn nach zu seinen Gunsten hinterzogen hat, wenn durch die Hinterziehung der Wert seines Anteils am Gesellschaftsvermögen gestiegen ist.

---

112 Selbst der Allein-Gesellschafter einer Einmann-Kapitalgesellschaft haftet nur beschränkt. Einen Haftungsdurchgriff gibt es nur in Ausnahmefällen.

Gegen diese weite Auffassung des Begriffs „zu seinen Gunsten" wird eingewandt, daß sie gegen die Systematik der Steuerstrafgesetze verstoße[113]. Aus dem Zusammenhang mit § 370 I AO lasse sich erkennen, daß nur steuerliche Vorteile gemeint seien, wenn in § 371 III AO die Nachzahlung der zugunsten des Beteiligten hinterzogenen Steuern als Voraussetzung der Straffreiheit aufgeführt wird. Indem der Gesetzgeber bei § 371 III AO die Worte „zu seinen Gunsten hinterzogenen Steuern" eingeführt habe und bei den Steuervorteilen nicht wie bei § 370 I AO zwischen solchen für sich und solchen für andere unterscheidet, habe er zum Ausdruck gebracht, daß nicht die Steuervorteile für andere gemeint seien. Demnach komme es bei § 371 III AO gerade darauf an, ob der Selbstanzeigende einen steuerlichen Vorteil erlangt habe. Gegen diese grammatische und systematische Auslegung lasse sich auch nicht einwenden, daß lediglich beim Erlangen von ungerechtfertigten Steuervorteilen, nicht aber bei den Steuerverkürzungen ausdrücklich zwischen dem eigenen steuerlichen Vorteil und dem steuerlichen Vorteil eines anderen differenziert werde. Daß das Gesetz den Unterschied kennt, geht aus § 392 I RAO hervor. Obwohl das Gesetz die Differenzierung des § 392 I RAO nicht übernommen hat, gebe es die tatbestandliche Differenzierung auch nach der neueren Rechtslage[114].

An dieser Stelle zeigt sich eine Schwachstelle in der Argumentation dieser Meinung. Wenn der Gesetzgeber bei der Steuerverkürzungsvariante nicht zwischen eigenen und fremden steuerlichen Vorteilen unterscheidet, kann auch nicht auf eine einheitliche Systematik der Steuergesetze abgestellt werden. Indem diese Differenzierung in § 371 III AO weggelassen wurde, könnte auch nur zum Ausdruck gebracht werden, daß der Zusatz „für sich oder für andere" überflüssig – da selbstverständlich – ist. Außerdem spricht gegen die Meinung, daß der Gesetzgeber die Unterscheidung dadurch hätte kenntlich machen können, daß er die Unterscheidung „Steuervorteile für sich oder einen anderen" nicht einfach nur wegläßt, sondern ausdrücklich auf die „Steuervorteile für sich" beschränkt und nicht auf die Begünstigung abstellt (und damit einen neuen Begriff einführt).

In § 370 I AO wird nur klargestellt, daß eine Steuerhinterziehung auch von demjenigen begangen werden kann, der nicht Steuerschuldner ist. Da dies selbstverständlich ist, wurde seit der AO 1977 auf diese Klarstellung zumindest bei der Hinterziehung in der Variante der Steuerverkürzung verzichtet. Bei § 371 III AO geht es jedoch nicht lediglich um Klarstellung. Indem darauf abgestellt wird, daß die Nachzahlung erforderlich ist, wenn Steuern zu eigenen Gunsten hinterzogen wurden, wird der Wiedergutmachungsgedanke der Selbstanzeige zum Ausdruck

113 Vgl. oben Abschnitt D., S. 86.

114 Dumke BB 1981, 117.

gebracht. Die Differenzierung bei § 370 I AO zwischen dem eigenen und dem fremden Steuervorteil und das Merkmal „zu seinen Gunsten“ haben andere Intentionen und müssen daher auch nicht einheitlich ausgelegt werden. Dies hat der Gesetzgeber dadurch verdeutlicht, daß er in § 370 I und in § 371 III AO keine einheitliche Terminologie verwendet.

Daß die von Dumke beschriebene Systematik[115] keinen anderen Wortsinn zuläßt, als nur steuerliche Vorteile gemeint seien, haben die Vertreter der hier dargestellten Meinung behauptet, aber nicht überzeugend dargelegt. Bei einer rein grammatischen Auslegung der Vorschrift kommt man zu dem Ergebnis, daß nicht nur der steuerliche Vorteil, sondern auch andere wirtschaftliche Vorteile zur Nachzahlungspflicht führen. Selbst wenn man den Wortlaut des § 370 I AO zur Auslegung hinzuzieht, ändert dies nichts am Ergebnis. Dies entspricht auch der überwiegenden Meinung[116].

b) Historische Auslegung des § 371 III AO

Nach § 395 III RAO[117] mußte der Selbstanzeigende Steuern nachzahlen, „die er schuldet“, wenn er Straffreiheit erlangen wollte. Betrachtet man lediglich die Veränderung des Wortlauts der Selbstanzeigevorschrift (ohne dabei auf den Willen des Gesetzgebers abzustellen), kann nicht eindeutig festgestellt werden, ob mit der neuen Gesetzesfassung jeder Steuerstraftäter erfaßt wurde, der einen wirtschaftlichen Vorteil oder nur derjenige, der einen steuerlichen Vorteil aus der Tat erlangt hat. Die Worte „die zu seinen Gunsten hinterzogenen Steuern“ wurden aber nach dem Willen des Gesetzgebers eingeführt, um klarzustellen, daß die Straffreiheit auch dann von der Nachzahlung abhängen soll, wenn der Anzeigeerstatter zwar nicht Steuerschuldner ist, die Steuer aber dennoch zum eigenen Vorteil hinterzogen hat[118].

Beispiel 11[119]: Der Angestellte A gibt seinem Arbeitgeber gegenüber an, daß er den korrekten Steuerbetrag für ihn abführt. Dem FA gegenüber gibt er jedoch einen niedrigeren Betrag an und unterschlägt die Differenz.

Nach der Begründung des Bundestages[120] sei es nicht sachgerecht, dem Täter Straffreiheit nach erfolgter Selbstanzeige zuzubilligen, wenn er den vollen finan-

---

115 S.o. Fn. 114.

116 Kohlmann wistra 1982, 5 m.w.N.

117 In der Fassung ab 1968.

118 Begr. BT-Drucks. VI/1982 S. 195.

119 Begründung zu § 354 EAO 1974, BT-Drucks. VI/1982 S. 195.

120 BT-Begründung vgl. Fn. 119.

ziellen Nutzen aus der Tat gezogen hat, den erlangten Vorteil jedoch nicht zurückzahlt. Zumindest der Wille des Gesetzgebers läßt sich demnach eindeutig bestimmen. Nicht nur der Steuerschuldner und Haftungsschuldner, sondern jeder Selbstanzeigende, der einen wirtschaftlichen Vorteil aus der Tat erlangte, soll diesen wirtschaftlichen Vorteil an den Fiskus abführen müssen, wenn er mit seiner Selbstanzeige straffrei werden will.

Demnach müßte auch der Angestellte A, der selbst keinen steuerlichen Vorteil aus der Steuerhinterziehung erlangt, die hinterzogenen Steuern nachzahlen, um nach § 371 III AO straffrei zu werden.

c) Systematische Auslegung

Nach § 37 II AO müssen Steuern zurückgezahlt werden, wenn sie ohne rechtlichen Grund gezahlt wurden. Wird die Straffreiheit des Beteiligten, der einen nicht-steuerlichen Vorteil aus der Tat erlangte, von der Zahlung der Steuern abhängig gemacht, könnte das Ergebnis entstehen, daß der Beteiligte zahlt, obwohl der Fiskus keinen Behaltensgrund hat und die Steuern nach § 37 II AO zurückzahlen muß. § 371 III AO kann nicht als materieller Behaltensgrund angesehen werden[121]. Die Folge des fehlenden Behaltensgrundes könnte sein, daß jede Auslegung, die auch andere als steuerliche Vorteile zur Begünstigung des Steuerhinterziehers ausreichen läßt, gegen die Systematik der AO verstößt. Einen materiellen Behaltensgrund stellt jedoch § 71 AO dar, der die Haftung des Steuerhinterziehers und des Beteiligten für die verkürzten Steuern festlegt. Die Haftung nach § 71 AO erfaßt auch solche Beteiligte, die ohne Beteiligung an der Steuerhinterziehung nicht in Anspruch hätten genommen werden können, die also nicht nach den Steuergesetzen hätten zahlen müssen.

Nach § 71 AO hat der Beteiligte in dem Umfang zu haften, in dem durch sein Verhalten dem Fiskus ein Schaden entstanden ist[122]. Sind mehrere an der Steuerhinterziehung beteiligt, haften sie nach § 71 AO gesamtschuldnerisch. Jedenfalls kann auch der Beteiligte in vollem Umfang in Anspruch genommen werden, der keinen Vorteil aus der Tat erlangte. § 37 II AO kann daher nicht bei der Frage weiterhelfen, ob nur der steuerliche, der unmittelbare oder auch mittelbare wirtschaftliche Vorteil zur strafrechtlichen Nachzahlungspflicht führt.

---

121 Vgl. dazu auch Joecks § 371 Rn. 105.

122 Joecks wistra 1987, 248.

d) Teleologische Auslegung

Wie bereits einleitend festgestellt wurde, kann die Selbstanzeige mit dem Wiedergutmachungsgedanken bzw. zusätzlich mit sonstigen strafrechtlichen Prinzipien erklärt werden. Die Selbstanzeige kann insbesondere in das System um den Rücktritt eingeordnet werden[123].

Die Auffassung, daß nur ein steuerlicher Vorteil zur Nachzahlungspflicht i.S.d. § 371 III AO führt, stellt die für den Steuerhinterzieher günstigste dar. Folgt man der Meinung, daß nur Steuerpflichtige bzw. nur Steuerschuldner von der Nachzahlungspflicht getroffen werden können, kommt man zu dem Ergebnis, daß Dritte, die sich an der Tat beteiligten, nicht den wirtschaftlichen Vorteil abgeben müssen, um straffrei zu werden. Anhand der teleologischen Auslegung soll sich zeigen, ob sich dieses Ergebnis auf eine Meinung zum Sinn und Zweck der Selbstanzeige stützen läßt.

(1) Strafrechtlicher Ansatz

Der Wiedergutmachungsgedanke spricht (in keiner „Variante“[124]) für diese Lösung. Grundsätzlich erfordert er auch die Beseitigung des Erfolgsunrechts. Der Beteiligte, der den Schaden des Fiskus mitverursacht hat, muß diesen beseitigen, wenn er Straffreiheit nach § 371 III AO erlangen will. Für die Meinung, die lediglich auf den steuerlichen Vorteil abstellt, könnte sprechen, daß nach dem Wiedergutmachungsgedanken insgesamt nicht mehr gezahlt werden muß, als dem Fiskus nach Steuerrecht zusteht[125]. Wenn die Beute unter den Beteiligten aufgeteilt wurde, ist aber nicht ersichtlich, warum der Beteiligte, der den Vorteil vom Steuerpflichtigen vermittelt bekam, diesen nicht zur Wiedergutmachung einsetzen sollte. Insgesamt sollen die Beteiligten nur ihrem Anteil entsprechend zur Wiedergutmachung beitragen[126]. Aber auch ein Beteiligter, der anders als steuerlich durch die Tat begünstigt wurde und an der Beute teilhaben durfte, muß nach dem Wiedergutmachungsgedanken diesen Teil der Beute einsetzen. Wieso ein Täter den wirtschaftlichen Vorteil behalten dürfen soll, der die Beute der Tat darstellt, kann mit dem Wiedergutmachungsgedanken nicht erklärt werden.

Auch aus general- und spezialpräventiven Gründen ist nicht nur erforderlich, daß der steuerlich begünstigte Beteiligte die hinterzogenen Steuern zahlt, sondern auch zumindest der Beteiligte, der an der Beute teilhaben durfte. Ansonsten kann

---

123 S.o. S. 13.

124 S.o. S. 8 (Wiedergutmachungsgedanke).

125 S.o. S. 8.

126 S.o. S. 8.

das Bild entstehen, daß der Steuerhinterzieher das strafrechtliche Risiko ausschalten kann, ohne daß er die Beute zur Erlangung der Straffreiheit einsetzt[127]. Sowohl für den Selbstanzeigenden als auch für die Allgemeinheit könnte dann das Bild entstehen, daß die Steuerhinterziehung eben doch nur ein Kavaliersdelikt sei[128], das alleine durch die nachträgliche Korrektur der falschen Steuererklärung aus der Welt geschafft werden kann, ohne daß der Beteiligte wie ein normaler Straftäter behandelt wird. Auch sprechen Unrecht der Tat und Schuld des Beteiligten nicht für diese enge Auslegung. Die Schuld des Beteiligten, der zwar keinen eigenen steuerlichen Vorteil aus der Tat erlangte, aber trotzdem die Beute oder Teile davon für sich gewann, ist gegenüber der Schuld eines steuerlich Begünstigten grundsätzlich nicht vermindert. Dies zeigt sich gerade in *Beispiel 11*.

(2) Steuerpolitischer Ansatz

Selbst wenn auf das fiskalische Interesse und den Anreiz zur Offenlegung bislang unbekannter Steuerquellen abgestellt wird, läßt sich mit der Auffassung, daß lediglich ein steuerlicher Vorteil zur Nachzahlungspflicht führt, das Ziel, möglichst viele Steuern einzunehmen, nicht effektiv verfolgen. Dies gilt für die Untermeinung, daß Haftungsschuldner und Steuerschuldner einen steuerlichen Vorteil erzielen können und erst recht für die Meinung Dumkes, daß nur der Steuerschuldner von § 371 III AO erfaßt werde. Das Ziel, daß alle Steuerschulden beglichen werden, läßt sich besser mit einer Auslegung des § 371 III AO erreichen, die in möglichst vielen Fällen die Straffreiheit von der Nachzahlung abhängig macht.

4. Zusammenfassung

Daß die Vertreter der dargestellten Meinung zu einer zu engen Auslegung des Tatbestandsmerkmals kommen, liegt nicht zuletzt daran, daß sie bei der Auslegung auf den Sinn und Zweck der Selbstanzeige zurückgreifen und dabei als einzig tragenden Grund für die Existenz der Selbstanzeige die Erschließung bisher verheimlichter Steuerquellen für den Fiskus nennen[129]. Dabei übersehen sie, daß die Offenlegung bislang unbekannter Steuerquellen zumindest nicht allein die Selbstanzeige erklären kann.

Mit keinem Ansatz zu Sinn und Zweck der Selbstanzeige kommt man zu dem Ergebnis, daß nur ein steuerlicher Vorteil zur Zahlungspflicht nach § 371 III AO

---

127 Löffler a.a.O.

128 Löffler a.a.O.

129 Z.B. Dumke a.a.O.

führt. Sowohl nach grammatischer, historischer, systematischer und teleologischer Auslegung ist das Merkmal „zu seinen Gunsten“ nicht dahingehend auszulegen, daß nur der steuerliche Vorteil zur strafrechtlichen Nachzahlungspflicht nach § 371 III AO führt. Vielmehr erfaßt § 371 III AO auch andere wirtschaftliche Vorteile.

IV. Zweite Meinung: Jeder konkrete wirtschaftliche Vorteil

1. Beispiele

Beispiel 12: Der Steuerberater zahlt seinem Angestellten A zusätzlichen Lohn in Höhe von 1.000 DM dafür, daß sich der Angestellte an der Steuerhinterziehung zugunsten des Mandanten M beteiligt. Der Steuerberater erhält keinen konkreten wirtschaftlichen Vorteil. Der Steuervorteil in Höhe von 500 DM kommt ausschließlich dem M zugute. Der Steuerberater begeht die Tat nur, um dem Wunsch des Mandanten, Steuern zu hinterziehen, zu entsprechen und somit das Mandat zu sichern.

Beispiel 13: Der nicht an der GmbH beteiligte Geschäftsführer F hinterzieht Steuern zugunsten der G-GmbH. Er erhält für die Tat keine besondere Entlohnung. Außerdem ist er nicht am Gewinn der Gesellschaft beteiligt.

Beispiel 14[130]: F hinterzieht Steuern der X-GmbH, an der je zur Hälfte A und E, der Ehegatte der F, beteiligt sind.

Beispiel 15: Der einfache Angestellte A beteiligt sich an einer Steuerhinterziehung zugunsten seines Arbeitgebers und erhält dafür eine geringe zusätzliche Entlohnung.

2. Darstellung der Vertreter dieser Meinung

Im Allgemeinen Teil[131] wurde ermittelt, daß zumindest nur ein konkreter wirtschaftlicher Vorteil zu einer Begünstigung i.S.d. § 371 III AO führen kann. Ob allerdings jeder konkrete wirtschaftliche Vorteil zur Nachzahlungspflicht führt, wurde noch nicht geklärt. Bilsdorfer und Meine vertreten insoweit die weiteste Meinung zu der Frage, wer Begünstigter i.S.d. § 371 III AO ist.

---

130 Vgl. Bilsdorfer, wistra 1984, 135.

131 S.o. S. 32.

a) Bilsdorfer

Bilsdorfer[132] stellt darauf ab, ob sich ein *wirtschaftlicher Vorteil zugunsten des Täters konkretisiert* hat. Entscheidend sei die Frage, ob der an der Steuerhinterziehung Beteiligte *nach der Tat wirtschaftlich besser steht als vor der Tat*[133]. Damit seien alle Konstellationen zu lösen.

Der Angestellte A aus *Beispiel 5*[134], der lediglich seinen Arbeitsplatz sichern wollte, kann sowohl vor der Tat als auch danach lediglich seinen regulären Lohn empfangen. Dies stelle nach Bilsdorfer keine wirtschaftliche Besserstellung dar. Erst mit einer besonderen Entlohnung werde ein konkreter wirtschaftlicher Vorteil erzielt. Folglich kommt er auch in *Beispiel 13* zu dem Ergebnis, daß der hinterziehende Geschäftsführer ohne Nachzahlung straffrei werden kann, da er keine zusätzliche Entlohnung erhielt. Eine solche besondere Entlohnung wurde in *Beispiel 12* gezahlt. Nach der Ansicht Bilsdorfers ist A Begünstigter und daher nachzahlungspflichtig. Eine andere Frage ist, ob A lediglich in Höhe der hinterzogenen Steuern oder in Höhe seines Vorteils zahlungspflichtig ist. In dieser Hinsicht kann § 371 III AO jedoch nicht mißverstanden werden. Es müssen lediglich die hinterzogenen Steuern, also höchstens die 500 DM, nachgezahlt werden. Genauso kommt man mit Bilsdorfers Auffassung zu dem Ergebnis, daß der geringfügig entlohnte Angestellte aus *Beispiel 15* nachzahlen muß, wenn er nach § 371 III AO straffrei werden will. Die Höhe der Nachzahlungspflicht ist damit aber noch nicht geklärt[135]. Auch in solchen Fällen, in denen die Beteiligten es gerade darauf angelegt hätten, die eigene Begünstigung zu verschleiern[136] und Strohmänner einsetzten, käme man mit Bilsdorfer zu einem gerechten Ergebnis. Da nicht nur der unmittelbare, sondern jeder konkrete wirtschaftliche Vorteil die Nachzahlungspflicht auslöse, hinge auch bei *Beispiel 14* die Straffreiheit des hinterziehenden Ehegatten F von der Nachzahlung der hinterzogenen Steuern ab.

Mit dem Ansatz des BGH[137], der auf die Unmittelbarkeit des Vorteils abstellt, komme man zu dem unbefriedigenden Ergebnis, daß der Fiskus leer ausgehe, wenn nur eine juristische Person unmittelbar von der Steuerhinterziehung begünstigt wurde und diese in Konkurs fiel. Selbst wenn die an der Straftat Beteiligten mittelbar den wirtschaftlichen Vorteil abschöpfen konnten, käme man zu diesem

---

132 wistra 1984, 135 und BB 1981, 493.

133 Bilsdorfer BB 1981, 493.

134 S.o. S. **Fehler! Textmarke nicht definiert.**.

135 Siehe dazu unten Abschnitt E.

136 Bilsdorfer BB 1981, 493.

137 BGHSt 29, 37.

unbefriedigenden Ergebnis. Bilsdorfer stimmt dem Ansatz des BGH lediglich insoweit zu, als eine wirtschaftliche Betrachtungsweise vorzunehmen sei. Dieser Ansatz erfordere jedoch, daß entgegen der Meinung des BGH auch mittelbare Vorteile erfaßt werden.

b) Meine

Der Ansicht, daß bereits bei einem mittelbaren konkreten wirtschaftlichen Vorteil die Straffreiheit von der Nachzahlung abhängen kann, ist auch Meine[138], der dieses Auslegungsergebnis auf *§ 14 I StGB* stützt. Danach seien auch Organe einer juristischen Person usw. nach einem Gesetz zu bestrafen, das die Strafbarkeit von einem besonderen persönlichen Merkmal abhängig macht, wenn diese Merkmale zwar nicht bei ihnen, aber bei den Vertretenen vorlägen.

Meine geht davon aus, daß die Steuerschuldnereigenschaft dem Geschäftsführer der Gesellschaft über § 14 StGB zugerechnet werden kann, wenn er Steuern der Gesellschaft hinterzogen hat. Der Geschäftsführer sei damit so zu behandeln, als schulde er selbst die Steuern bzw. habe die Steuern auch zu seinen Gunsten hinterzogen. Dafür sei erforderlich, daß der Geschäftsführer auch im Interesse der Gesellschaft gehandelt habe[139]. Dies sei beim Geschäftsführer, der die Steuern der Gesellschaft verkürzt, immer der Fall. Voraussetzung der Anwendung des § 14 StGB sei weiter, daß das persönliche Merkmal keinen „stark personalen Bezug“ hat. Darunter fielen jedoch nicht soziale Pflichtenstellungen, die nicht höchstpersönlich sind und eine Vertretung zulassen. Da bei der Erfüllung der Pflichten als Steuerschuldner eine Vertretung nach der AO zulässig sei, könne die Steuerschuldnereigenschaft zugerechnet werden. Folglich führe bereits der steuerliche Vorteil der Gesellschaft zur Nachzahlungspflicht des hinterziehenden Geschäftsführers.

Das Ergebnis, daß die Angestellten aus *Beispiel 12* und *15* nachzahlungspflichtig sind, ergibt sich nach der Ansicht Meines, ohne daß es auf die Zurechnung nach § 14 StGB ankäme.

In *Beispiel 13* und *Beispiel 14* käme man mit Meine zu dem Ergebnis, daß die hinterziehenden Geschäftsführer die hinterzogenen Steuern nachzahlen müssen, obwohl ihnen selbst kein unmittelbarer Vorteil zugeflossen ist.

Dagegen führt auch Meines Ansatz in *Beispiel 5* nicht zum Erfordernis der Nachzahlung des Angestellten, da dieser schon keinen konkreten wirtschaftlichen

---

138 Meine wistra 1983, 62; Stellungnahme bei Wassmann ZfZ 1990, 41.

139 Meine wistra 1983, 62.

Vorteil erlangt hat und eine Zurechnung über § 14 StGB bei einfachen Angestellten nicht in Betracht kommt.

3. *Auslegung*

a) *Grammatische Auslegung*

Die Wortwahl „die zu seinen Gunsten hinterzogenen Steuern entrichtet" spricht nach einigen Kritikern[140] Bilsdorfers dafür, daß der Vorteil des Beteiligten im weitesten Sinne noch den Steuerausfall des Fiskus darstellen muß. Bei der grammatischen Auslegung zur Frage, ob auch ein ideeller Vorteil zum Nachzahlungserfordernis führt, wurde bereits das Ergebnis festgestellt, daß der Wortlaut nicht eindeutig erkennen läßt, welcher Zusammenhang zwischen dem Schaden des Fiskus und dem Vorteil des Beteiligten bestehen muß[141]. Die grammatische Auslegung, daß jeder konkrete wirtschaftliche Vorteil zur Nachzahlungspflicht führen kann, ist daher nicht ausgeschlossen.

Bilsdorfer nimmt schon dann eine Begünstigung des Beteiligten an, wenn ein Familienangehöriger oder eine sonstige Person als Strohmann eingesetzt wird und dieser bzw. diese einen konkreten wirtschaftlichen Vorteil erlangt hat[142]. Dies entspreche der vom BGH[143] geforderten wirtschaftlichen Betrachtungsweise.

Entweder ist der Fall so gelagert, daß auch der Beteiligte die wirtschaftliche Verfügungsmacht[144] über den hinterzogenen Betrag hat. Dann hat der Beteiligte einen eigenen konkreten wirtschaftlichen Vorteil erlangt[145]. Oder der Beteiligte selbst hat keine Verfügungsmacht über den hinterzogenen Betrag. Dann hat er aber auch keinen eigenen konkreten wirtschaftlichen Vorteil – auch nicht mittelbarer Art – erlangt. Der Vorteil hat sich dann lediglich zugunsten des Familienangehörigen oder des sonstigen Strohmanns konkretisiert. Bilsdorfer selbst ist

---

140 Vgl. grammatische Auslegungen bei den anderen Meinungen zur Auslegung des Begriffs „zu seinen Gunsten".

141 S.o. S. 31 (Grammatische und historische Auslegung).

142 Bilsdorfer BB 1981, 493.

143 BGHSt 29, 37.

144 Daß es auf die wirtschaftliche Verfügungsmacht ankommt und nicht nur auf den tatsächlichen Zufluß bzw. bereits auf die Erhöhung des Kapitalkontos, wird noch behandelt werden; siehe unten Abschnitt D. III.

145 Der aber auch den Steuervorteil verkörpert. Daher ergibt sich dann insofern keine Besonderheit gegenüber den anderen Meinungen, daß es auf den Schaden des Fiskus verkörpernden Vorteil ankommt.

aber der Ansicht, daß der Vorteil des Selbstanzeigenden zumindest konkreter wirtschaftlicher Art sein muß.

Bilsdorfers Meinung ist zu weit gefaßt, da der Vorteil nicht nur der Höhe nach konkret sein muß. Steht die Nachzahlungspflicht eines Beteiligten in Frage, muß auch geklärt werden, ob der Vorteil sich zu seinen Gunsten konkretisiert hat. Dies ergibt sich eindeutig aus dem Wortlaut des § 371 III AO. Zu diesem Ergebnis muß man auch entgegen der Ansicht Bilsdorfers mit der wirtschaftlichen Betrachtungsweise des BGH kommen. In *Beispiel 14* muß F daher entgegen der Meinung Bilsdorfers nicht nachzahlen, um straffrei zu werden, da es schon an einem konkreten wirtschaftlichen Vorteil der F fehlt.

Am Ansatz Meines kritisiert Wassmann[146], daß der Wortsinn des § 371 III AO überdehnt werde. Problematisch sei insbesondere, daß auch Fälle erfaßt würden, in denen Steuern nur zu fremden Nutzen hinterzogen werden, der hinterziehende Gesellschafter also keinen eigenen Nutzen aus der Tat zieht. Echte Fremdnutzungsfälle existierten nicht mehr[147].

Ob eine Zurechnung nach § 14 StGB möglich ist, kann nicht anhand der grammatischen Auslegung geklärt werden. Das Problem der Zurechnung stellt sich nämlich immer nur dann, wenn der Wortlaut der Vorschrift nicht bereits den betreffenden Fall erfaßt. Sonst wäre keine Zurechnung erforderlich. Der Wortlaut des § 371 III AO steht daher der Auslegung Meines nicht entgegen.

b) Systematische Auslegung

(1) Anteilige Haftung der Beteiligten

Die Beteiligten haben nach § 371 III AO nur in dem Umfang die hinterzogenen Steuern zu zahlen, in dem sie von der Tat wirtschaftlich profitieren[148]. Wird die Ansicht vertreten, daß jeder konkrete wirtschaftliche Vorteil zur Erlangung der Straffreiheit eingesetzt werden muß, kann das Ergebnis entstehen, daß mehr „Steuern“ gezahlt werden, als nach den Steuergesetzen geschuldet wird. Dieses Ergebnis kann z.B. dadurch zustande kommen, daß alle Beteiligten Selbstanzeige erstatten und neben den Vorteilen, die den Steuervorteil verkörpern, auch Vor-

146 Wassmann ZfZ 1990, 41.

147 Vgl. Franzen DStR 1983, 325.

148 S.u. S. 8. Wird dagegen Gesamtschuld angenommen, kann das Ergebnis entstehen, daß ein Täter straffrei wird, obwohl er nicht seine ganze Beute zur Wiedergutmachung einsetzte, wenn ein anderer auch Beträge einsetzen mußte, die nicht den Schaden des Fiskus verkörpern.

teile an den Fiskus abgeführt werden, die nicht aus den hinterzogenen Steuern stammen[149].

Die Selbstanzeige hat jedoch keinen Strafcharakter. Sie stellt vielmehr nach der h.M. einen persönlichen Strafaufhebungsgrund dar[150] und enthält gerade nicht den Inhalt, daß u.U. mehr Steuern gezahlt werden müssen, als steuerrechtlich vorgesehen ist. § 371 III AO sieht vor, daß jeder Beteiligte nur anteilig zurückzahlen soll und insgesamt die hinterzogenen Steuern gezahlt werden. Daß § 371 III AO höchstens die Zahlung der hinterzogenen Steuern erfordert, ergibt sich auch daraus, daß der Verspätungszuschlag und Zinsen nicht zu entrichten sind[151], um Straffreiheit zu erlangen. Daraus folgt, daß nicht bereits jeder konkrete wirtschaftliche Vorteil zum Erfordernis der Nachzahlung führt.

In *Beispiel 15* müssen daher nicht der Arbeitgeber die gesamten hinterzogenen Steuern und zusätzlich der Arbeitnehmer seine Entlohnung für die Beteiligung zurückzahlen, um straffrei zu werden. Erstatten beide Selbstanzeige, muß der Arbeitgeber lediglich die hinterzogenen Steuern abzüglich der an den Arbeitnehmer gezahlten Belohnung entrichten. Durch diese Zahlung wird dann auch die ursprüngliche Steuerschuld beglichen[152]. In dieser Konstellation kann daher das Ergebnis entstehen, daß der Steuerschuldner im Ergebnis weniger Steuern an das FA zahlt, als er ursprünglich schuldete, da der an den Beteiligten gezahlte Betrag angerechnet wird, wenn dieser seine Beute nach § 371 III AO abführen muß. Grund dafür ist der Umstand, daß der Fiskus im Ergebnis nicht mehr verlangen darf, als ihm steuerrechtlich zusteht. § 371 III AO stellt insoweit eine Verfallsvorschrift dar.

(2) Herausgabepflicht von im Zusammenhang mit Straftaten erlangten Vorteilen

Auf die Frage, ob es eine allgemeine, nach Strafrecht vorgesehene Pflicht gibt, die eine Herausgabe des wirtschaftlichen Vorteils aus Straftaten vorsieht, kommt es hier nicht an. § 371 III AO kann in dieser Frage jedenfalls eine klare Antwort geben: Es müssen nur die hinterzogenen Steuern gezahlt werden, nicht jedoch jeder aus der Tat erlangte wirtschaftliche Vorteil.

---

149 Vgl. dazu *Beispiel 12*.

150 Siehe stellvertretend Joecks § 371 Rn. 32 m.w.N.

151 Dumke in Schwarz § 371 Rn. 134 m.w.N.

152 Wenn die nicht hinterzogenen Steuern bereits gezahlt wurden.

(3) Argument § 14 StGB

Die Steuerschuldnereigenschaft kann nach der Ansicht Meines über § 14 StGB zugerechnet werden.

Engelhardt[153] dagegen verneint die Anwendbarkeit von § 14 StGB in diesem Zusammenhang. § 14 StGB erfasse nur strafbegründende, nicht jedoch strafmodifizierende Merkmale. § 371 III AO enthalte kein solches strafbegründendes Merkmal. Bei der Frage, ob § 14 StGB anwendbar sei, will Engelhardt auch eine Parallele zu dem Problem ziehen, ob § 34 AO im Rahmen von § 235 AO anwendbar sei[154]. Nach BFH[155] trifft die in § 34 AO genannten Personen nicht die Haftung nach § 235 I 3 AO. Auch diese Parallele spreche gegen die Anwendbarkeit des § 14 StGB bei er Frage, wer Nachzahlungspflichtiger i.S.d. § 371 III AO sei.

Des weiteren ist § 14 StGB keine allgemeine Regelung der strafrechtlichen Haftung natürlicher Personen für Pflichtverletzungen in Unternehmen, sondern in seinem Anwendungsbereich auf solche Tatbestände beschränkt, die nicht für jedermann gelten, sondern nur für (bestimmte) Personen Sonderpflichten begründen[156]. Zu prüfen ist mit Lackner, ob der in Frage stehende Tatbestand wirklich ein solches Sonderdelikt beschreibt und ob er keine dem § 14 StGB vorgehende Sonderregelung für Vertreter enthält[157]. Da von § 371 III AO nicht nur der Steuerschuldner bzw. der Haftungsschuldner von § 371 III AO erfaßt werden[158], stellt die Selbstanzeige kein Sonderdelikt dar.

Fraglich ist weiterhin, ob § 371 III AO überhaupt ein persönliches Merkmal i.S.d. § 14 StGB enthält. An die Steuerschuldnereigenschaft knüpft § 371 III AO jedenfalls nicht an. Entscheidend ist vielmehr, ob die Steuern zugunsten des Selbstanzeigenden hinterzogen wurden. Daß der Steuerschuldner zwar häufig, aber nicht immer der Begünstigte der Tat ist, wurde bereits oben dargelegt. Richtigerweise muß also gefragt werden, ob die Begünstigung der Gesellschaft ein besonderes persönliches Merkmal i.S.d. § 14 StGB darstellt und ob sie dem Geschäftsführer zugerechnet werden kann. Da jeder als Begünstigter in Frage kommt, muß dies verneint werden. Außerdem spricht gegen die Anwendbarkeit des § 14 StGB, daß

153 In HHSp § 371 Rn. 164.

154 In HHSp § 371 Rn. 165.

155 BFH v. 27.9.1991, VI R 159/89, BStBl. II 1992, 163; so auch Wallis in HHSp § 235 Rn. 15.

156 Lackner Rn. 1 zu § 14 StGB.

157 Siehe Fn. 156.

158 S.o. S. 30 f. (Problemstellung).

die Eigenschaft des Begünstigtseins bei anderen Vermögensdelikten auch nicht als besonderes persönliches Merkmal behandelt wird[159].

Auch der Umstand, daß § 14 StGB eingeführt wurde, um Strafbarkeitslücken zu schließen, spricht gegen die Anwendung des § 14 StGB. Strafbarkeitslücken können insbesondere im Nebenstrafrecht entstehen, wenn ein Gesetz nicht die Strafbarkeit von Vertretern regelt und die Straftaten gerade „von Unternehmen" o.ä. begangen werden (Beispiel: Umweltstrafrecht). Im Steuerstrafrecht kann eine solche Strafbarkeitslücke nicht bestehen, da die von der Tat profitierenden Gesellschafter des Unternehmens auch von § 371 III AO erfaßt werden können. § 371 III AO stellt gerade nicht auf die Steuerschuldnereigenschaft ab, sondern auf die Frage, ob die Steuern zu eigenen Gunsten hinterzogen wurden. Dies stellt den Unterschied zu anderem Nebenstrafrecht (insbesondere Umweltstrafrecht) dar.

Die Bereicherung kann daher nicht über § 14 StGB zugerechnet werden. Die Straffreiheit des Geschäftsführers aus *Beispiel 13* hängt also nicht davon ab, daß er die zugunsten der Gesellschaft hinterzogenen Steuern nachzahlt.

(4) Zwischenergebnis zur systematischen Auslegung

Die systematische Auslegung des Merkmals „zu seinen Gunsten" spricht weder für den Ansatz Bilsdorfers noch für die Ansicht Meines.

c) Teleologische Auslegung

(1) Strafrechtlicher Ansatz

Einleitend wurde das Ergebnis ermittelt, daß der Wiedergutmachungsgedanke die Einschränkung beinhaltet, daß insgesamt nicht mehr gezahlt werden muß, als dem Fiskus nach Steuerrecht zusteht[160]. Unter Berücksichtigung des strafrechtlichen Ansatzes, insbesondere des Wiedergutmachungsgedankens, kann in *Beispiel 12* daher nicht verlangt werden, daß A die 1.000 DM, S und zusätzlich M die 500 DM zur Erlangung der Straffreiheit einsetzen, wenn sie alle Selbstanzeige erstatten würden. Ansonsten würde das Ergebnis eintreten, daß dem Fiskus mehr zukommt als steuerrechtlich vorgesehen. Der Wiedergutmachungsgedanke spricht jedenfalls in diesem Beispiel dafür, daß nicht sowohl die 1.000 DM des A als auch die 500 DM des M eingesetzt werden müssen.

---

159 Vgl. dazu insbesondere den fremdnützigen Betrug und die Zueignungsproblematik beim Diebstahl.

160 Vgl. oben S. 8 ff.

Mit dem Wiedergutmachungsgedanken ist daher nicht jeder konkrete wirtschaftliche Vorteil, der in Zusammenhang mit der Tat steht, zu entrichten, um in den Genuß der Straffreiheit zu kommen. Sobald an der Tat Beteiligte Vorteile erlangen, die nicht den Steuervorteil selbst widerspiegeln, kann nicht jeder konkrete wirtschaftliche Vorteil von § 371 III AO erfaßt werden.

Der Wiedergutmachungsgedanke – wie er in § 371 III AO zum Ausdruck kommt – stellt eben nicht ausdrücklich darauf ab, daß jeder Vorteil der Beteiligten abgeschöpft werden soll. Entscheidend ist nicht, daß alles Erlangte zur Wiedergutmachung eingesetzt werden muß, sondern daß der Schaden beseitigt wird. Das Erfolgsunrecht könnte zwar auch durch die Herausgabe von Vorteilen wiedergutgemacht werden, die nicht den Schaden des Fiskus verkörpern. Dann könnte jedoch auch immer das Ergebnis entstehen, daß mehr geleistet wird als zur Schadensbehebung notwendig ist.

Die (auch hier vertretene) Meinung, die von der strafrechtlichen Natur der Selbstanzeige ausgeht, muß bei der Auslegung des § 371 III AO auch berücksichtigen, ob den Strafzwecken Rechnung getragen wird. Es stellt sich daher u.a. die Frage, ob sich die generalpräventive Funktion der Strafe auf die Auslegung des Merkmals „zu seinen Gunsten“ auswirkt. Die Funktion der Abschreckung der Allgemeinheit könnte erfordern, daß der Beteiligte jeden konkreten wirtschaftlichen Vorteil herauszugeben hat. Andererseits könnte die Abschreckung auch dadurch erreicht werden kann, daß nur der wirtschaftliche Vorteil zur Nachzahlungspflicht führt, der den Steuervorteil widerspiegelt.

Nach Löffler[161] sei es um die präventive Wirkung des Straftatbestands der Steuerhinterziehung endgültig geschehen, wenn der Täter sowohl die Vorteile der Tat behalten als auch Straffreiheit erlangen könnte. Allerdings geht auch Löffler davon aus, daß nur der unmittelbare Vorteil zum Erfordernis der Nachzahlung führt. Die Problematik, ob bereits jeder konkrete wirtschaftliche Vorteil eine Begünstigung i.S.d. § 371 III AO darstellt, behandelt er nicht.

Der Gesetzgeber[162] war der Meinung, es sei nicht sachgerecht, dem Täter Straffreiheit zuzubilligen, wenn er gleichzeitig die Vorteile der Tat sichern könne.

Obwohl die Vorteile des Angestellten aus *Beispiel 12* nicht aus der Tat stammen, sondern für die Tat gezahlt wurden, könnten sie aus den genannten Gründen zur Erlangung der Straffreiheit einzusetzen sein. Das Ziel der Abschreckung kann besser dadurch erreicht werden, daß jeder Vorteil herauszugeben ist, der aus der

161 Löffler S. 189; vgl. dazu auch a.a.O. Fn. 87.

162 BT-Drucks. VI 1982 S. 195.

Beteiligung an der Hinterziehung resultiert. Allerdings kann diese Frage nicht losgelöst vom Einzelfall entschieden werden. Ein typisches Beispiel für eine Vorteilserlangung, die nicht den Steuervorteil verkörpert, ist der Angestellte, der an der Hinterziehung mitwirkte, um nicht seinen Arbeitsplatz zu verlieren. Für Angestellte, die eine Beteiligung an einer Steuerhinterziehung anzeigen, an der auch ihr Arbeitgeber beteiligt ist, stellt sich jedoch das Problem, daß sie mit der Bekanntgabe der Steuerhinterziehung den Arbeitgeber einer Straftat bezichtigen und daher mit negativen Folgen für ihr Arbeitsverhältnis zu rechnen haben. Daher wird auch ohne das Erfordernis der Herausgabe des Vorteils, der nicht den Steuervorteil verkörpert, die allgemeine Meinung entstehen, daß sich die Beteiligung an der Tat „nicht gelohnt hat".

Außerdem gilt auch das Ziel der Prävention nicht schrankenlos. Es wird vielmehr durch das Schuldprinzip begrenzt, das die Strafe auf die Schuldproportionalität beschränkt[163]. In einem Fall[164] entschied der BGH[165] zu Recht, daß die Schuld des beteiligten Arbeitnehmers und das Unrecht vermindert seien, da sich die Arbeitnehmer oft in vermeintlicher Treue zum Arbeitgeber an der Tat beteiligten und zu diesem in einer sozialen Abhängigkeit stünden. Folglich besteht auch ein geringeres Strafbedürfnis.

Insgesamt ist festzustellen, daß das Merkmal „zu seinen Gunsten" auch dann nicht so verstanden werden muß, daß bereits jeder konkrete wirtschaftliche Vorteil zur Nachzahlungspflicht führt, wenn die Selbstanzeige als auf allgemeinen strafrechtlichen Erwägungen beruhend verstanden wird. Eine Zurechnung der Bereicherung über § 14 StGB steht nicht in Einklang mit dem Wiedergutmachungsgedanken und allgemeinen strafrechtlichen Erwägungen.

(2) Steuerpolitischer Ansatz

Folgt man dagegen dem rein fiskalischen Ansatz[166], so kommt man zu dem Ergebnis, daß das Merkmal „ zu seinen Gunsten" möglichst weit ausgelegt wird, um einen großen Kreis der Nachzahlungspflichtigen zu erreichen. Vertreter des rein fiskalischen Ansatzes kommen daher zu dem Ergebnis, daß jeder wirtschaftliche Vorteil zur Nachzahlungspflicht führt.

Daß dieser Gedanke nicht uneingeschränkt gilt, wurde bereits oben festgestellt. Vielmehr muß ein Mittelweg gefunden werden, mit dem auch das Ziel der Of-

---

163 Maurach/Zipf § 7 Rn. 16.

164 Vgl. *Beispiel 5* auf S. 24.

165 BGHSt 29, 37 ff. (v. 4.7.1979).

166 Vgl. oben S. 14.

fenlegung verfolgt werden kann. Das Ziel, daß ein möglichst großer Anreiz zur Offenlegung dem Fiskus bislang unbekannter Steuerquellen geschaffen wird, kann jedoch nicht dadurch erreicht werden, daß bereits jeder konkrete wirtschaftliche Vorteil zur Nachzahlungspflicht führt. Der Weg über die Meinung, jeder konkrete wirtschaftliche Vorteil führe zur Nachzahlungspflicht, stellt auch nicht einen geeigneten Mittelweg dar.

Das Ergebnis, daß nicht jeder konkrete wirtschaftliche Vorteil zur Erlangung der Straffreiheit eingesetzt werden muß, ist auch sachgerechter. Wer den finanziellen Nutzen erlangt, der dem Schaden des Fiskus entspricht, soll diesen auch zur Beseitigung des Schadens einsetzen. Im Vergleich zu solchen Beteiligten ist der Selbstanzeigende, der einen anderen wirtschaftlichen Vorteil erlangt, nur nachrangig für die Beseitigung des Schadens zuständig[167].

4. *Zwischenergebnis*

Der Meinung Bilsdorfers und Meines kann nicht gefolgt werden, da dieser Auslegung der Wiedergutmachungsgedanke und der allgemeine Strafzweck entgegenstehen und auch mit dem steuerpolitischen Ansatz nicht jeder konkrete wirtschaftliche Vorteil zur Erlangung der Straffreiheit eingesetzt werden muß.

V. Dritte Meinung: Relevanz des unmittelbaren Vorteils

Nach h.M.[168] und Rechtsprechung[169] tritt das Erfordernis der Nachzahlung einerseits nicht nur bei steuerlichen Vorteilen ein. Andererseits genügt aber auch nicht bereits jeder Vorteil. Neben dem Steuerschuldner und dem Haftungsschuldner soll auch jeder Dritte, dem bei wirtschaftlicher Betrachtung der unmittelbare Vorteil der Tat zufließt, Steuern zu seinen Gunsten hinterzogen haben. Was unter einem unmittelbaren Vorteil zu verstehen ist, ist zumindest für den Fall unklar, in dem es um die Hinterziehung fremder Steuern geht, wenn der Steuerhinterzieher also keinen eigenen steuerlichen Vorteil aus der Tat gezogen hat.

---

167 Dies kann zur Folge haben, daß der Selbstanzeigende, der einen nicht den Steuervorteil widerspiegelnden Vorteil erlangte, etwa über § 71 AO in Anspruch genommen werden kann, wenn die an der Hinterziehung Beteiligten, die den Steuervorteil für sich nützen, nicht in Anspruch genommen werden können.

168 Engelhardt HHSp § 371 Rn. 156; Kohlmann § 371 Rn. 89.4; Joecks § 371 Rn. 99 m.w.N.

169 BGHSt 29, 37 (v. 4.7.1979); v. 22.7.1987, wistra 1987, 343.

1. Definition des unmittelbaren Vorteils

a) Rechtsprechung

Ausgangspunkt für die Meinung, es komme auf den unmittelbaren Vorteil an, ist die Rechtsprechung des BGH zum Merkmal „zu seinen Gunsten“[170]. Wegweisend war die Rechtsprechung des BGH in seinem Urteil zu dem in *Beispiel 11*[171] umschriebenen Fall. Laut BGH kommt es nicht ausschließlich darauf an, ob der Hinterziehende Steuerschuldner sei. Steuerlicher Vorteil im rechtlichen Sinne und wirtschaftlicher Vorteil treten regelmäßig bei ein und derselben Person ein, sie könnten jedoch auch ausnahmsweise auseinanderfallen. In einem solchen Ausnahmefall sei nicht auf den steuerlichen Vorteil abzustellen, sondern nach wirtschaftlicher Betrachtungsweise zu beurteilen, wem der unmittelbare Vorteil aus der Tat zufloß[172]. Daher habe die Angestellte aus *Beispiel 11* Steuern zu ihren Gunsten i.S.d. § 371 III AO hinterzogen. Daß es auf die wirtschaftliche Betrachtungsweise und die Unmittelbarkeit des Vorteils ankommt, hat der BGH in dem dem *Beispiel 5*[173] zugrundeliegenden Fall bestätigt. Der Vorteil des Angestellten, der weder an der durch die Steuerhinterziehung begünstigten Gesellschaft beteiligt ist, noch über Tantiemen oder sonstige gewinnabhängige Leistungen an der Steuerhinterziehung teilhaben kann, sondern nur seinen Arbeitsplatz retten will, sei lediglich mittelbarer Art. Solche Vorteile führten nicht zum Erfordernis der Nachzahlung. Außerdem befinde sich der Angestellte regelmäßig in sozialer Abhängigkeit von seinem Arbeitgeber und beteilige sich aus vermeintlicher Treue zu ihm an der Hinterziehung. Nach den strafrechtlichen Gesichtspunkten von Unrecht und Schuld bestünde daher ein herabgesetztes Strafbedürfnis[174].

Der BGH hat damit lediglich zum Ausdruck gebracht, daß es darauf ankommt, ob der Beteiligte einen unmittelbaren Vorteil aus der Tat erlangt hat und daß dies nach wirtschaftlicher Betrachtungsweise zu entscheiden sei. Wieso die wirtschaftliche Betrachtungsweise gerade die Unterscheidung nach der Unmittelbarkeit des Vorteils erfordere, erklärt der BGH jedoch nicht. Außerdem lieferte der BGH in seinen Urteilen keine Definition des unmittelbaren Vorteils, sondern beschränkte sich darauf, die zu entscheidenden Fälle zu klassifizieren. Die Ausfüllung des Begriffs „unmittelbarer Vorteil“ blieb dem Schrifttum überlassen. Als

---

170 BGHSt 29, 37 (NJW 1980, 248).

171 Vgl. oben Fn. 119.

172 BGHSt 29, 37.

173 Vgl. oben S. 24.

174 BGHSt 29, 37 (42); BGH wistra 1987, 343 (344).

logische Konsequenz dieser offengelassenen Frage bildeten sich verschiedene „Lager“ innerhalb der h.M., daß es auf die Unmittelbarkeit im grammatischen Sinne abzustellen sei: Eine Gruppe legt den Schwerpunkt auf das Erfordernis der Unmittelbarkeit[175], die andere auf die wirtschaftliche Betrachtungsweise[176].

b) Vertreter der grammatischen Auslegung der Unmittelbarkeit

- Nach Engelhardt kommt dem Täter ein unmittelbar Vorteil zu, „*wenn nicht zunächst ein anderer die Verfügungsmacht über den hinterzogenen Betrag erlangt*“[177].
- Vorteile, die der Beteiligte *aus der Tat, nicht aber solche, die er für die Tat bekommt*, sind nach der Ansicht Benders unmittelbar erlangt[178].
- Göggerle nimmt einen unmittelbaren wirtschaftlichen Vorteil an, *wenn sich der Täter die tatsächliche Verfügungsmacht über den hinterzogenen Betrag oder eines Teils davon verschafft*[179]. Einen unmittelbaren Vorteil hat der Täter nach Göggerle nur erzielt, wenn er in den Genuß des hinterzogenen Betrages gekommen ist. Handelt es sich um einen Drittäter, dürfe außerdem kein anderer die Verfügungsmacht über den Steuerbetrag erlangt haben[180].
- Auf die Unmittelbarkeit des Vorteils soll es auch nach Reiß ankommen. Ausschlaggebend sei, ob die Bereicherung erst durch einen *weiteren Zueignungsakt* eintrete[181]. Dann habe der Beteiligte höchstens einen mittelbaren Vorteil erlangt.

c) Vertreter der rein wirtschaftlichen Betrachtungsweise

- Unmittelbar ist der Vorteil nach der Meinung Kratzschs, *wenn die dem Täter zufließenden Tatvorteile spiegelbildlich den Nachteilen entsprechen, die dem Fiskus aus der Tat entstanden*[182].
- Kohlmann stellt darauf ab, ob der Vorteil den *Gegenwert des* vom Steuerschuldner erlangten *Steuervorteils verkörpert*[183].

---

175 Siehe folgender Gliederungspunkt.

176 Siehe übernächster Gliederungspunkt S. 61.

177 In HHSp § 371 Rn. 157.

178 Bender B/II TZ 35 2 b.

179 In GmbHR 1980, 173.

180 Göggerle GmbHR 1980, 174.

181 Reiß NJW 1980, 1291.

182 In DStJG 6, S. 299.

- Andere Vertreter der h.M. geben keine allgemeine Definition des Begriffs des unmittelbaren Vorteils, sondern entscheiden im Einzelfall[184].

2. *Argumente der Vertreter dieser Meinung*

Aus dem Wortlaut des § 371 III AO läßt sich zumindest nicht ohne weitere Auslegung erkennen, daß es auf die Unmittelbarkeit des Vorteils ankommen soll. Trotzdem kommt die h.M. zu dem Ergebnis, daß nicht jeder Vorteil, sondern nur der unmittelbare zum Erfordernis der Nachzahlung führt.

a) Argumente der Vertreter der grammatischen Auslegung der Unmittelbarkeit

Göggerle sieht den Grund für seine einschränkende Auslegung des Tatbestandsmerkmals „zu seinen Gunsten" darin, daß sonst in der Praxis keine Ausnahme von der Nachzahlungspflicht vorstellbar sei[185]. Die Abgrenzung zum mittelbaren Vorteil sei gerade Zweck der Differenzierung des § 371 III AO. Außerdem sei kein Grund ersichtlich, nicht auch einen psychischen Vorteil ausreichen zu lassen, wenn nicht nach der Unmittelbarkeit abgegrenzt werde. Ein solcher Vorteil könne etwa auch in einem reinen Lustgewinn gesehen werden.

Nach Bender kommt es darauf an, wem der steuerliche Vorteil zufließt. Der Vorteil müsse aus der Tat stammen. Darunter fiele nicht die Entlohnung des Beteiligten[186] durch einen anderen.

Engelhardt stützt sein Auslegungsergebnis auf das Wortlautargument. Wenn zuerst ein anderer die Verfügungsmacht über die hinterzogenen Steuern erlangt hat, kann der Vorteil des Beteiligten nur noch mittelbarer Art sein[187]. Er hat daher auch Zweifel an der Richtigkeit der Entscheidung des BGH bezüglich des in *Beispiel 11* beschriebenen Falls.

Reiß[188] stellt sich ausdrücklich gegen die Ansicht des BGH. Die wirtschaftliche Betrachtungsweise sei nur eine Umschreibung für die Wertvorstellungen hinsichtlich der Strafwürdigkeit des Verhaltens. Die Angeklagte in dem vom BGH zu entscheidenden Fall[189] habe lediglich einen mittelbaren Vorteil erlangt. Trotz-

---

183 § 371 Rn. 89.6.

184 Joecks § 371 Rn. 100 ff.; Wrenger (DB 1987, 2327); Dietz (in LDC § 371 Rn. 46 f.).

185 In GmbHR 1980, 175.

186 Bender B/II. TZ 35 2 b.

187 Engelhardt in HHSp § 371 Rn. 157.

188 In NJW 1980, 1291.

189 Vgl. *Beispiel 11*, siehe Fn. 119.

dem stellt er mit dem BGH auf die Unmittelbarkeit ab. Trete die Bereicherung erst durch einen weiteren Zueignungsakt ein (wie in *Beispiel 11*), habe der Beteiligte höchstens einen mittelbaren Vorteil erlangt. Dies ergebe sich aus dem ausschlaggebenden Gedanken, daß die eingetretene Bereicherung des Täters dekkungsgleich dem Schaden des Fiskus entsprechen müsse.

b) Vertreter der wirtschaftlichen Betrachtungsweise

Auch unter den Vertretern, die auf eine streng wirtschaftliche Betrachtungsweise abstellen, gibt es verschiedene Erklärungsansätze.

Kratzsch stellt auf die Vergleichbarkeit mit anderen strafrechtlichen Abgrenzungskriterien ab. Zur Differenzierung zwischen unmittelbarem und mittelbarem Vorteil sei darauf abzustellen, ob der Vorteil des Täters dem Nachteil des Opfers entspricht. Diesen Gedanken entleiht sich Kratzsch von der umstrittenen Frage bei § 263 StGB, ob ein Zusammenhang zwischen dem erstrebten Vorteil und dem Schaden besteht. Während bei § 263 StGB auf die „Stoffgleichheit" bzw. das „unmittelbare Äquivalent"[190] abgestellt wird, zieht Kratzsch die Spiegelbildlichkeit als Abgrenzungskriterium heran. Diese Abgrenzung ergebe sich aus dem Wiedergutmachungszweck, den die Selbstanzeige verfolge.

Nach Kohlmann macht es im Hinblick auf die Wiedergutmachungsfunktion des § 371 III AO keinen Unterschied, ob dem Täter die Vorteile in Form einer Steuerersparnis oder als sonstiger unmittelbarer wirtschaftlicher Vorteil zugeflossen sind[191]. Zwischen den dem Fiskus entstandenen Nachteilen und den dem Täter zugekommenen Vorteilen müsse jedenfalls ein gewisser Zusammenhang bestehen. Zu einem unmittelbaren Vorteil komme es nur, wenn der Vorteil den Gegenwert des vom Steuerschuldner erlangten Steuervorteils verkörpere.

Diese Abgrenzung nach der Unmittelbarkeit ergebe sich aus strafrechtlichen Erwägungen. In der Regel treten steuerlicher und wirtschaftlicher Vorteil bei einer Person ein. Fallen steuerlicher und wirtschaftlicher Vorteil ausnahmsweise auseinander, so sei nach wirtschaftlicher Betrachtungsweise zu beurteilen, wer durch die Steuerhinterziehung begünstigt wurde. Diese wirtschaftliche Betrachtungsweise ergebe, daß es darauf ankommt, ob der Vorteil des Beteiligten den Schaden des Fiskus verkörpert.

---

190 Kratzsch in DStJG 6, 299; vgl. auch Lackner zu § 263 StGB Rn. 59 m.w.N.

191 In wistra 1982, 5 f.

3. *Auslegung*

a) *Grammatische Auslegung*

An der h.M. haben Wassmann[192], Franzen[193], Dumke[194] und Bringewat[195] kritisiert, daß der Begriff „unmittelbarer Vorteil“ überdehnt werde. Der unmittelbare Vorteil sei nur der Vorteil, der nicht vermittelt wird. Aus jeder Steuerhinterziehung könne sich nur *ein* unmittelbarer Vorteil ergeben, nämlich der Steuervorteil des Steuerschuldners oder des Inhabers eines Steuererstattungs- bzw. -vergütungsanspruchs[196]. Jeder weitere Vorteil sei bereits mittelbarer Art. Die Angestellte A aus dem *Beispiel 11* habe daher keinen unmittelbaren Vorteil erhalten. Ob in den genannten Beispielen daher tatsächlich ein unmittelbarer wirtschaftlicher Vorteil erlangt wurde, erscheint unter Berücksichtigung der Ausführungen Wassmanns und Franzens fraglich[197].

(1) *Schwerpunkt wirtschaftliche Betrachtungsweise*

Nach Kohlmann und Kratzsch kommt es darauf an, ob sich der Täter die Verfügungsmacht über den hinterzogenen Betrag verschafft habe[198]. Der Beteiligte sei nachzahlungspflichtig, wenn er einen wirtschaftlichen Vorteil erlangt habe, der die hinterzogenen Steuern verkörpere. Kratzsch ist der Ansicht, daß der Vorteil unmittelbarer Art sei, der spiegelbildlich dem Schaden des Fiskus entspreche[199].

Die Feststellung Kohlmanns und Kratzschs[200], daß es darauf ankommt, ob der Täter einen konkreten wirtschaftlichen Vorteil erlangt hat, der den Gegenwert des Steuervorteils verkörpert, trifft der Sache nach zu und stellt auch eine der Sache nach brauchbare Konkretisierung des Begriffs des unmittelbaren wirtschaftlichen Vorteils dar. Die Kritik an der Terminologie ist jedoch zutreffend. Unmittelbar bedeutet nach dem allgemeinen Sprachgebrauch ohne Zwischenstufe bzw. ohne Umweg[201]. Wieso der Vorteil eines Beteiligten, der an der Beute beteiligt und

192 In ZfZ 1990, 41.

193 In DStR 1983, 326.

194 In Schwarz § 371 Rn. 132.

195 In JZ 1980, 347.

196 Franzen DStR 1983, 326.

197 Franzen a.a.O.; Wassmann a.a.O.

198 Kohlmann wistra 1982, 5 f.; Kratzsch DStJG 6, 299.

199 Kratzsch a.a.O.

200 Kohlmann und Kratzsch a.a.O.

201 Wahrig, Wörterbuch der deutschen Sprache.

von dem Steuerschuldner ausbezahlt wird, unmittelbarer Art sein soll, leuchtet aus sprachlicher Sicht nicht ein. Die Tatsache, daß der wirtschaftliche Vorteil einen Teil der hinterzogenen Steuern verkörpert, macht ihn nicht zum unmittelbaren Vorteil, insbesondere dann nicht, wenn er die Rechtsform gewechselt hat. Unmittelbar ist nur der Vorteil, der ohne Zwischenglied zufällt. Dieser tritt beim Steuerschuldner oder beim Haftungsschuldners ein, den die Finanzbehörde in Anspruch genommen hätte, wenn die Steuern nicht hinterzogen worden wären.

Ebenso hat sich Kratzsch in der Terminologie vertan. Den Gedanken der Spiegelbildlichkeit entleiht sich Kratzsch aus der Frage, welcher Zusammenhang zwischen dem erlangten Vorteil und dem Schaden beim Betrug bestehen muß. Dabei wird nach einer Meinung darauf abgestellt, ob der Vorteil ein „unmittelbares Äquivalent" des Schadens sei[202]. Eine exakte Abgrenzung gelingt bei § 263 StGB besser über das Kriterium der Stoffgleichheit als über das Kriterium des unmittelbaren Äquivalents, da die Unmittelbarkeit nicht als Abgrenzungskriterium geeignet ist.

(2) Schwerpunkt Unmittelbarkeit

Auch nach den übrigen Vertretern der h.M. kann der unmittelbare Vorteil nicht nur in der Person des Steuerschuldners oder einer anderen Person, die für die Steuern in Anspruch genommen worden wäre, eintreten. Die Kritik Franzens und Wassmanns[203] richtet sich daher gegen die gesamte h.M. Es stellt sich die Frage, ob unter den Begriff des unmittelbaren Vorteils sprachlich nur die Vorteile der Person fallen, die für die Steuern in Anspruch genommen worden wäre, oder auch sonstige Vorteile, über die nicht zuerst ein anderer die Verfügungsmacht ausüben konnte[204]. Ohne Zwischenglied bzw. ohne Zwischenstufe[205] könnte auch der Vorteil desjenigen erlangt worden sein, der den Vorteil erlangte, ohne daß zuerst ein anderer die Verfügungsmacht über ihn hatte.

Auf der anderen Seite kann Unmittelbarkeit auch so verstanden werden, daß kein weiterer Zwischenakt erforderlich sein darf, um in den Genuß des hinterzogenen Betrages zu kommen[206]. Der unmittelbare Vorteil muß demnach direkt aus der Steuerhinterziehung resultieren. Folgt man den Kritikern der h.M., genügt es nicht, daß wie in *Beispiel 11* dem Täter nur die Möglichkeit entsteht, daß er auf

---

202 Vgl. dazu Lackner zu § 263 StGB Rn. 59 m.w.N.

203 Franzen DStR 1983, 325 f. und Wassmann ZfZ 1990, 41.

204 Vgl. *Beispiel 11* siehe Fn. 119.

205 Reiß NJW 1990, 129.

206 Bringewat JZ 1980, 348; Dumke in Schwarz § 371 Rn. 132.

die hinterzogenen Steuern zugreifen kann, bevor ein anderer die tatsächliche Verfügungsmacht über sie ausübt. Vielmehr sei der Vorteil der Angestellten A nur über den steuerlichen Vorteil des Arbeitgebers vermittelt.

Der Sinn des Begriffs „unmittelbarer Vorteil" gibt Raum für beide grammatische Auslegungen. Allein nach der grammatischen Auslegung läßt sich daher nicht feststellen, ob jeder Vorteil, der von einer Person erlangt wurde, ohne daß zuerst ein anderer die Verfügungsmacht über die hinterzogenen Steuern begründen konnte, einen unmittelbaren Vorteil darstellt.

(3) Bestimmtheitsgebot

Auch Dietz[207] stellt auf die Unmittelbarkeit ab und zieht dabei u.a. das Bestimmtheitsgebot als Argument heran. Die weitere Auffassung zum Begriff „zu seinen Gunsten", die eine Begünstigung bereits bei jedem konkreten wirtschaftlichen Vorteil annimmt, hält sich jedoch auch im Rahmen des möglichen Wortsinns. Die weite Auslegung verstößt daher nicht gegen das Bestimmtheitsgebot[208].

(4) Zusammenfassung

Festzuhalten bleibt, daß die grammatische Auslegung des § 371 III AO nicht eine Differenzierung nach der Unmittelbarkeit des Vorteils erfordert, dieser aber auch nicht entgegensteht[209]. Nur die Auffassung, daß ein unmittelbarer Vorteil immer dann anzunehmen ist, wenn der Beteiligte über einen Vorteil verfügt, der den Gegenwert des Steuervorteils verkörpert, ist terminologisch nicht zutreffend.

b) Historische Auslegung

Aus den Begründungen des Gesetzgebers der AO 1977[210] läßt sich die wirtschaftliche Betrachtungsweise (wie sie im Grundsatz auch der BGH vornimmt) ableiten. Nicht nur der Steuerschuldner, sondern auch der Beteiligte, der den wirtschaftlichen Nutzen aus der Tat zog, soll seinen Vorteil zur Erlangung der Straffreiheit einsetzen. Daß der Kreis der Nachzahlungspflichtigen erweitert werden sollte, ist daher eindeutig. Ob nach der Erweiterung nur der unmittelbare, nicht aber der mittelbare Vorteil zum Nachzahlungserfordernis führt, läßt sich

---

207 Dietz in LDC § 371 Rn. 46 f.

208 S.o. S. 36.

209 S.o. S. 47 ff. (Grammatische Auslegung).

210 S.o. S. 3 f. (Die Geschichte der Selbstanzeige).

weder aus der Gesetzesänderung an sich noch aus den Begründungen des Gesetzgebers entnehmen.

c) Systematische Auslegung

Wie bereits oben[211] festgestellt wurde, soll dem Fiskus durch die Nachzahlung nach § 371 III AO der Schaden ausgeglichen werden, der durch die Steuerhinterziehung entstand. Die Beteiligten sollen jedoch nicht mehr nachzahlen, als dem Fiskus nach steuerrechtlichen Vorschriften zusteht. Dies ergib sich u.a. aus dem Gedanken, daß die Selbstanzeige keinen eigenständigen Strafcharakter hat. Das hat zur Konsequenz, daß nicht jeder konkrete wirtschaftliche Vorteil zur Beseitigung des Erfolgsunrechts eingesetzt werden muß.

Beispiel 16: Bei der Hinterziehung von Steuern des Steuerschuldners S beteiligt sich auch B. S zahlt dem B verabredungsgemäß 10% des Steuervorteils, den er durch die Hinterziehung erlangte.

Lsg.: Der unmittelbar Begünstigte S leitet einen Teil der Beute an einen Beteiligten B weiter. B ist nur mittelbar Begünstigter und daher nach h.M. nicht nachzahlungspflichtig. Zur Erlangung der Straffreiheit müßte S demnach mit der Meinung, die sich streng an der grammatischen Auslegung des Unmittelbarkeitskriteriums orientiert, die gesamten hinterzogenen Steuern nachzahlen, da nur er über die hinterzogenen Steuern selbst verfügen konnte. Der mittelbar Begünstigte, der u.U. über Vorteile verfügt, die den Steuervorteil verkörpern, müßte dagegen nach § 371 III AO nicht nachzahlen.

d) Teleologische Auslegung

(1) Strafrechtlicher Ansatz

(a) Wiedergutmachungsgedanke

Die Differenzierung zwischen dem unmittelbaren und dem mittelbaren Vorteil könnte auf den Wiedergutmachungsgedanken zurückzuführen sein.

Joecks ist der Ansicht, die Selbstanzeige entspreche dem Gedanken, daß die Einsicht des Täters und die Schadenswiedergutmachung zu honorieren ist[212]. Als Argument für die Differenzierung nach der Unmittelbarkeit spreche, daß § 371 III

---

211 S.o. zweite Meinung.

212 Joecks § 371 Rn. 24.

AO keine verkappte Regelung über die Abschöpfung von Vermögensvorteilen nach der Begehung von Steuerhinterziehungen sei[213].

Bei den allgemeinen Ausführungen zum Wiedergutmachungsgedanken[214] wurde ermittelt, daß nach dem Wiedergutmachungsgedanken an sich nicht jeder Beteiligte für den ganzen Schaden des Fiskus aufkommen muß, um straffrei zu werden. Primär soll die Person in Anspruch genommen werden, die im Besitz der Beute der Steuerhinterziehung ist. Dies ist regelmäßig der Steuerschuldner. Es kann aber auch eine dritte Person sein, die an der Beute beteiligt wurde oder die den Steuervorteil für sich in Anspruch nehmen konnte, ohne daß der Steuerschuldner über den Steuervorteil verfügen konnte[215]. Nach dem dogmatisch richtigen Ansatz muß also primär gefragt werden, ob der Beteiligte die Beute oder einen Teil davon in sein Vermögen einverleibte und dieses zur Wiedergutmachung einzusetzen hat. D.h., er darf zumindest nicht im Besitz seiner Beute bleiben[216], wenn er mit seiner Selbstanzeige einer Bestrafung entgehen will. Erhält der Täter die hinterzogenen Steuern oder Teile davon, muß er sie herausgeben.

Das Ergebnis, daß insgesamt nicht mehr gezahlt werden muß, als dem Fiskus nach Steuerrecht zusteht, kann auch mit der Meinung erreicht werden, daß nur der unmittelbar Begünstigte nachzahlen muß. Wenn nur derjenige nach § 371 III AO nachzahlen muß, der die unabgeleitete Verfügungsmacht über den Steuervorteil erlangte, kann nicht das Ergebnis entstehen, daß mehr als der erlangte Steuervorteil eingesetzt werden muß. Allerdings kann mit dieser Meinung das Ergebnis entstehen, daß ein Täter an der Beute beteiligt wird und diesen Teil des Steuervorteils nicht zur Wiedergutmachung nach § 371 III AO einsetzen muß. Wenn oben festgestellt wurde, daß der Beteiligte, der einen Vorteil erlangte, der nicht Teil der Beute ist[217], sich nicht primär an der Wiedergutmachung des Schadens beteiligen muß, kann dieses Ergebnis nicht auf jeden mittelbar Begünstigten übertragen werden.

---

213 Joecks § 371 Rn. 99.

214 Vgl. oben S. 8 (Wiedergutmachungsgedanke).

215 Z.B. die untreue Angestellte, die gegenüber dem FA steuerverkürzende Angaben macht und den ersparten Betrag für sich behält, vgl. *Beispiel 11*.

216 Vgl. Löffler S. 188.

217 Sondern einen sonstigen konkreten wirtschaftlichen Vorteil darstellt, der z.B. von dritter Seite gezahlt wurde.

Der Haupttäter bzw. der hauptsächlich Begünstigte kann auch nur mittelbar begünstigt sein. Dann ist er aber nach dem Wiedergutmachungsgedanken auch primär in Anspruch zu nehmen[218].

Beispiel 17: Der Prokurist und Aktionär G der X-AG hinterzieht Steuern der Gesellschaft, ohne daß dies von den restlichen Gesellschaftern entdeckt wird. Nach einem halben Jahr bekommt er eine aufgrund der Hinterziehung höher ausgefallene Dividende. Da G stimmrechtslose Aktien hält, wurde er an der Entscheidung, wie der Gesellschaftsgewinn zu verwenden ist, nicht beteiligt.

Lsg.: Der Vorteil aus der Hinterziehung bekam G nur vermittelt. Bis zur Entscheidung über die Gewinnverwendung kam der Vorteil ausschließlich der Gesellschaft zu. Da G von der Entscheidung über die Gewinnverwendung ausgeschlossen war, hatte er auch keine Verfügungsmacht über den Betrag. Seine Begünstigung hing von der Entscheidung der anderen Gesellschafter ab. Er wurde daher nur mittelbar begünstigt. Allerdings wird der Unmittelbarkeitsbegriff nicht von allen Vertretern dieser Meinung so eng verstanden. Manche nehmen auch in diesem Fall einen unmittelbaren Vorteil an.

Nach dem Wiedergutmachungsgedanken ist jedoch primär derjenige in Anspruch zu nehmen, der die Beute der Tat für sich verwenden kann. G ist als Alleintäter und Mitbegünstigter primär in Anspruch zu nehmen. Der mittelbar begünstigte G ist auf jeden Fall in Anspruch zu nehmen, und zwar unabhängig davon, ob die anderen Begünstigten bezahlen werden.

Ob der Vorteil unmittelbar oder mittelbar dem Täter zugute kommt, ist bei der Frage, ob der Begünstigte nach dem Wiedergutmachungsgedanken nachzahlen muß, nur von untergeordneter Bedeutung. Auch mittelbar erlangte Vorteile können Teile der Beute sein und dann vorrangig zur Wiedergutmachung einzusetzen sein.

Wenn Teile der h.M.[219] darauf abstellen, daß in § 371 III AO der Wiedergutmachungsgedanke zum Ausdruck kommt[220], bringen sie diesen Ansatz nicht dadurch deutlich zum Ausdruck, daß sie auf die Unmittelbarkeit des Vorteils abstellen.

---

218 So im Ergebnis auch die Dienstanweisung der Finanzverwaltung vom 22.2.1977, VSF, Allgemeines Steuerrecht, Straf- und Bußgeldvorschriften, SV 1800/14. Einen Hinweis, daß sich dieses Ergebnis aus dem Wiedergutmachungsgedanken ergibt, enthält die Dienstanweisung allerdings nicht.

219 Z.B. Joecks § 371 Rn. 22 f. und Kratzsch DStJG 6, 291 m.w.N.

220 Joecks § 371 Rn. 96.

Das Unmittelbarkeitskriterium ist auf die wirtschaftliche Betrachtungsweise[221] des BGH zurückzuführen. Die vom BGH geforderte wirtschaftliche Betrachtungsweise ist zwar der richtige Ansatz, die Schlußfolgerung, daß nur der unmittelbare Vorteil dem steuerlichen Vorteil entspreche jedoch nicht die richtige Konsequenz. Dies gilt zumindest für die Meinungen, die den unmittelbaren Vorteil nicht entgegen des allgemeinen Wortsinns verstehen[222]: Die Unterscheidung zwischen mittelbarem und unmittelbarem wirtschaftlichen Vorteil ist nicht ausreichend begründet. Warum es darauf ankommen soll, ob der Begünstigte den Betrag ohne Umweg oder erst „aus zweiter Hand" bekommt, kann mit dem Wiedergutmachungsgedanken nicht erklärt werden. Dies zeigt sich auch an den folgenden Fallbeispielen.

Beispiel 18: Der Steuerberater B hinterzieht Steuern seines Mandanten M und wird für seine Beteiligung an der Hinterziehung zusätzlich entlohnt. Für den eingetretenen Fall, daß Bs Steuerschuld tatsächlich niedriger festgesetzt wird, versprach M, die Hälfte der hinterzogenen Steuern an B zu zahlen.

Beispiel 19: Der Angestellte A beteiligt sich an der Hinterziehung von Steuern, die sein Arbeitgeber schuldet. Für seine Beteiligung erhält er 1.000 DM zusätzlichen Lohn.

In *Beispiel 18* bekommt B seinen Vorteil für die Mitwirkung an der Steuerhinterziehung von M vermittelt. Sein Vorteil ist m.a.W. nur mittelbarer Art. Daher hänge die Straffreiheit des B nach erstatteter Selbstanzeige nicht davon ab, daß er den Vorteil herausgibt. § 371 III AO sei eben keine Regelung über die Abschöpfung von Vorteilen jeglicher Art[223]. Dem ist insoweit zuzustimmen, als solche Vorteile nicht abgeschöpft werden müssen, die nicht den Schaden des Fiskus ganz oder zumindest teilweise widerspiegeln – insbesondere dann nicht, wenn der Schaden dadurch wiedergutgemacht wird, daß die Vorteile, die den Steuervorteil verkörpern, herausgegeben werden. Der Vorteil des Steuerberaters B ist jedenfalls nicht unmittelbarer Art. Da sein Vorteil jedoch trotzdem den Steuervorteil (zur Hälfte) verkörpert, muß er auch zur Wiedergutmachung eingesetzt werden.

Ebenso kommt die h.M. zu dem Ergebnis, daß der Angestellte aus *Beispiel 19* nach § 371 III AO nicht nachzahlungspflichtig ist. Wieso ein nur geringfügig Be-

---

221 BGHSt 29, 37.

222 Mit der Meinung Kohlmanns und Kratzschs kommt man vielleicht zu einem „richtigen" Ergebnis, die Terminologie ist jedoch unpassend. Diese Meinung ist daher bereits nach der grammatischen Auslegung abzulehnen, vgl. oben.

223 Vgl. Joecks § 371 Rn. 99.

günstigter bzw. ein einfacher Angestellter, der für seine Beteiligung entlohnt wird, indem er an der Beute beteiligt wird, seine Beute behalten dürfen soll, ist nicht ersichtlich. Insbesondere widerspricht dieses Ergebnis dem Wiedergutmachungsgedanken. Auch von dem Arbeitnehmer, der u.U. nur in geringem Umfang an der Beute beteiligt wird, verlangt der Wiedergutmachungsgedanke, daß er diesen geringen Vorteil zur Wiedergutmachung einsetzt.

(b) Strafzweck Prävention und Schuldprinzip

Es gilt weiterhin zu untersuchen, ob die Abgrenzung nach dem Unmittelbarkeitskriterium aus Gründen der Spezial- und Generalprävention erforderlich oder zumindest zulässig ist.

Bereits durch die Selbstanzeige wird der Allgemeinheit ins Bewußtsein gerufen, daß Beteiligungen an Steuerhinterziehungen strafbar sind. Eine Abschreckung der Allgemeinheit tritt in den hier in Frage stehenden Fällen jedoch nicht regelmäßig ein. Es kann der Eindruck nach außen entstehen, daß sich die Tat für den mittelbar Begünstigten „gelohnt“ hat. Der mittelbar Begünstigte ist nicht unbedingt Angestellter des Steuerschuldners und befindet sich auch nicht notwendigerweise in sozialer Abhängigkeit vom unmittelbar Begünstigten. Dies zeigt sich u.a. in *Beispiel 18*. Trotzdem kommt die h.M. zu dem Ergebnis, daß der mittelbar Begünstigte nicht nach § 371 III AO nachzahlen muß. Aus generalpräventiven Gründen kann es aber erforderlich sein, daß auch der mittelbar Begünstigte nachzahlen muß, um in den Genuß der Straffreiheit zu kommen.

Zu diesem Ergebnis kommt man auch aus spezialpräventiven Überlegungen. Für den Beteiligten kann sich die Tat gelohnt haben, ohne daß Abschreckung erfolgte. Der mittelbar Begünstigte kann sich u.U. frei entscheiden, ob er sich an der Steuerhinterziehung beteiligt. Nach Vollendung der Tat könnte sich der mittelbar Begünstigte frei entscheiden, ob er das strafrechtliche Risiko durch die Selbstanzeige ausschaltet, ohne zu befürchten, daß seine Straffreiheit an der Nachzahlung scheitert. In solchen Konstellationen erfolgt keine wirksame Abschreckung des Beteiligten.

Der BGH[224] stellt zur Begründung des Unmittelbarkeitskriteriums u.a. auf Unrecht und Schuld des Beteiligten ab, da diese „bei § 371 III AO auch nicht gänzlich außer Betracht bleiben dürfen“. Die Tatsachen, daß sich der Beteiligte in sozialer Abhängigkeit befunden hat und daher Schuld und Unrecht vermindert sein können, haben mit der fehlenden Unmittelbarkeit des Vorteil nur bedingt zu tun. Nicht jeder Beteiligte, der keinen unmittelbaren Vorteil erlangte, befand sich in

224 BGH NJW 1980, 249.

sozialer Abhängigkeit oder handelte mit verminderter Schuld. Insbesondere läßt sich mit den vom BGH genannten Kriterien nicht entscheiden, wie ein nur mittelbar Begünstigter zu behandeln ist, da der BGH lediglich zwischen unmittelbar Begünstigtem und dem uneigennützig Handelnden differenziert.

Der wirtschaftliche Vorteil des B in *Beispiel 18* stammt nicht unmittelbar aus der Tat. B ist zwar davon abhängig, daß er von Mandanten aufgesucht wird. In sozialer Abhängigkeit befindet er sich aber zumindest dann nicht, wenn er für viele verschiedene Mandanten tätig wird. Seine Schuld ist auch nicht dadurch vermindert, daß er von den Mandaten lebt. Von einem Steuerberater wird vielmehr verlangt, daß er Mandate ablehnt, bei denen er zu strafbaren Handlungen aufgefordert wird. Wenn ein Steuerberater nur mittelbar durch eine Steuerstraftat einen Vorteil erlangt, ist das noch kein Indiz dafür, daß seine Schuld und Unrecht weniger ausgeprägt sind. Auf Schuld und Unrecht abzustellen macht u.U. Sinn, dabei als Indiz die Unmittelbarkeit heranzuziehen jedoch nicht.

Auf die Beurteilung des mittelbar Begünstigten können die Kriterien des BGH nicht übertragen werden. Es müßte auf den Einzelfall abgestellt werden, da nicht pauschal festgestellt werden kann, daß der Beteiligte in sozial abhängiger Stellung tätig wurde bzw. Unrecht und Schuld vermindert sind.

(2) Steuerpolitischer Ansatz

Auch der rein fiskalisch orientierte Ansatz spricht dafür, daß nicht nur der unmittelbare, sondern auch der mittelbare Vorteil zur Erlangung der Straffreiheit eingesetzt werden muß. Der BGH[225] und Teile der Literatur[226] kommen zu dem Ergebnis, daß es auf den unmittelbaren Vorteil ankommt, indem sie auf den Sinn und Zweck der Selbstanzeige abstellen, den sie im Anreiz zur Offenlegung bisher verheimlichter Steuerquellen sehen. Der Angestellte A aus *Beispiel 15*[227] dürfe nach der Rechtsprechung nicht von der Anzeige einer Steuerhinterziehung abgehalten werden, von der hauptsächlich der Arbeitgeber profitiert.

Wrenger sieht den Grund für die Differenzierung nach der Unmittelbarkeit des Vorteils darin, daß ansonsten auch Täter erfaßt würden, die in sozialer Abhängigkeit ohne eigenes Interesse an der Tat teilnahmen[228]. Diese Täter würden jedoch nicht von der strafbefreienden Selbstanzeige Gebrauch machen können, da ihnen in der Regel die wirtschaftlichen Mittel zur Nachzahlung fehlten.

---

225 BGHSt 12, 100 ff., zur Zielrichtung, bisher verheimlichte Steuerquellen zu erschließen.

226 Wrenger DB 1987, 2327, der sich auf Kohlmann (wistra 1982, 1, 5) beruft.

227 S.o. S. 44 (*Beispiele*).

228 Wrenger DB 1987, 2327.

Wer ohne eigenes wirtschaftliches Interesse Steuern hinterzieht, wird jedoch unstrittig nicht nachzahlungspflichtig nach § 371 III AO. § 371 III AO bringt unmißverständlich zum Ausdruck, daß nur der Begünstigte – und zwar nur der wirtschaftlich Begünstigte[229] – nachzahlungspflichtig ist. Dies wird auch nicht von der Meinung vertreten, die das Erfordernis der Nachzahlung bei mittelbarem Vorteil bejaht.

An der Argumentation der Meinung, die auf das Ziel der Offenlegung abstellt, ist weiter auszusetzen, daß auch der sozial abhängige Täter nach § 71 AO haftet und bereits dadurch von der Selbstanzeige abgehalten werden kann. Außerdem darf der Weg zur Selbstanzeige auch dann nicht verbaut werden, wenn der Selbstanzeigende einen unmittelbaren Vorteil erlangt. Dann kommt eben die Nachzahlung hinzu. Wieso aber nur der unmittelbare, nicht aber der mittelbare Vorteil den Weg zur Selbstanzeige versperren soll, ist nicht ersichtlich. Auch von dem mittelbar Begünstigten kann zur Wiedergutmachung bzw. aus fiskalischen Gründen verlangt werden, daß er seinen finanziellen Vorteil abgibt.

Der Zweck, einen Anreiz zur Offenlegung bislang unbekannter Steuerquellen zu schaffen, wäre außerdem nur dann vereitelt, wenn auch vom geringfügig Begünstigten die Nachzahlung der gesamten hinterzogenen Steuern gefordert würde. Der geringfügig am Vorteil Beteiligte ist jedoch auch nur in diesem Umfang nachzahlungspflichtig. Dies gilt (nach überwiegender Meinung) jedenfalls für die Nachzahlungspflicht nach § 371 III AO[230].

Folglich kann der Ansicht, der Anreiz zur Offenlegung unbekannter Steuerquellen erfordere, daß nur vom unmittelbar Begünstigten die Nachzahlung verlangt werde, nicht gefolgt werden.

Kein teleologischer Ansatz zur Begründung der Selbstanzeige führt zu dem Auslegungsergebnis, daß es auf die Unmittelbarkeit ankommt, höchstens ein „Mittelweg" aus den außerstrafrechtlichen Ansätzen.

Der Zweck, einen Anreiz zur Offenlegung unbekannter Steuerquellen zu schaffen und gleichzeitig die Vorteilsabschöpfung bei dem, der den finanziellen Vorteil der Tat erlangte, zu veranlassen, läßt sich nach Ansicht Göggerles effektiv mit dem Unmittelbarkeitskriterium verfolgen[231].

Daß nur der Vorteil unmittelbarer Art sei, der dem Steuerstraftäter tatsächlich zufloß und ihm die Verfügungsmacht nicht erst vom Steuerschuldner übertragen

---

229 S.o. S. 30 ff. (Problemstellung).

230 Joecks § 371 Rn. 104 m.w.N.

231 Göggerle GmbHR 1980, 177.

wurde, kann sprachlich nachvollzogen werden. Diese Präzisierung kann jedoch nicht erklären, wieso es aus teleologischer Sicht auf die Unmittelbarkeit ankommen soll und der Beteiligte, der seinen Vorteil von einer anderen Person vermittelt bekam, nicht nachzahlen muß.

Beispiel 20: Der Unternehmer A schreibt dem Unternehmer B Rechnungen in Millionenhöhe für fingierte Vertragsforderungen und weist dabei auch 15% USt aus. Der vorsteuerabzugsberechtigte B erwirkt auf diese Weise Zahlungen vom FA. Nachdem das FA an B zahlte, setzen sich A und B ins Ausland ab, ohne daß A die ausgewiesene USt an das FA abführt. Für seine Beteiligung an der Hinterziehung der USt erhält A von B verabredungsgemäß 500.000 DM. Hat A Steuern zu seinen Gunsten hinterzogen?

Lsg.: A hätte nicht dadurch eine Steuerhinterziehung begangen, daß er fingierte Rechnungen schrieb, in denen die USt ausgewiesen wurde, wenn er die angeblichen USt-Einnahmen auch gegenüber dem FA erklärt hätte. Er beteiligte sich aber an der Steuerhinterziehung des B und machte sich daher strafbar.

Hätte A die Rechnungen geschrieben, ohne dafür von B bezahlt zu werden, wäre er durch die Tat nicht begünstigt worden (höchstens benachteiligt). Durch die Zahlung des B an A bekommt A den finanziellen Vorteil jedoch von B vermittelt. Er erzielte aber keinen unmittelbaren Vorteil. Folglich wäre die Straffreiheit des A nicht davon abhängig, daß er die 500.000 DM entrichtet.

Stellt dieses Ergebnis nun einen geeigneten Mittelweg dar? Das Ziel, daß der wirtschaftliche Vorteil bei dem, der ihn erlangte, abgeschöpft wird, kann jedenfalls nicht erreicht werden. Mit dieser Auslegung wird zwar für A ein Anreiz geschaffen, die Steuerhinterziehung gegenüber dem FA anzugeben. Das FA wird aber bereits dadurch auf die Steuerhinterziehung stoßen, daß A die ausgewiesene USt nicht abführt und sich ins Ausland abgesetzt hat. Selbst wenn man vertritt, daß ein Anreiz zur Offenlegung geschaffen werden müsse, stellt eine Lösung, bei der der Täter die 500.000 DM nicht zur Erlangung der Straffreiheit einsetzen muß, keinen geeigneten Mittelweg dar.

Ein Mittelweg aus dem Ziel, einen möglichst großen Anreiz zur Offenlegung unbekannter Steuerquellen zu schaffen und dem Interesse des Fiskus, die Nachzahlung der hinterzogenen Steuern zu bewirken, sieht jedenfalls so aus, daß nicht jeder Beteiligte in voller Höhe nachzahlungspflichtig sein soll. Nicht nur dem nur mittelbar Begünstigten, sondern auch dem unmittelbar Begünstigten soll der Weg zur Selbstanzeige nicht verbaut werden. Nur derjenige, der auch wirtschaftlich aus der Tat profitierte, soll in der Höhe nach § 371 III AO zahlen müssen, die seinem wirtschaftlichen Vorteil entspricht. Das kann auch ein mittelbar Begünstigter sein. Ein Mittelweg aus den außerstrafrechtlichen Ansätzen erfordert daher nicht, daß auf die Unmittelbarkeit abgestellt wird.

(3) Teleologische Auslegung im weiteren Sinne

Gegen die Abgrenzung nach dem Unmittelbarkeitskriterium sprechen auch die folgenden Überlegungen: Wenn nach dem Unmittelbarkeitskriterium unterschieden wird, muß ein an der Hinterziehung Beteiligter nicht nachzahlen, um straffrei zu werden, wenn er seinen Vorteil abgeleitet bekommt. Der Hauptbegünstigte kann das Risiko einer Bestrafung dadurch vermindern, daß er eine Gesellschaft gründet, deren Gesellschafter Strohmänner sind. Er selbst ist nicht Gesellschafter, kann aber über die Strohmänner über den Gewinn der Gesellschaft verfügen. Wenn danach unterschieden werden soll, ob der Beteiligte an dem Steuervorteil unmittelbar beteiligt wird oder ob es eines weiteren Zwischenakts zur Begünstigung des Beteiligten bedarf, eröffnet diese Umgehungsmöglichkeiten.

4. Zwischenergebnis

Die Untermeinung der h.M., die einen unmittelbaren Vorteil dann annimmt, wenn der Vorteil des Beteiligten den Gegenwert des Steuervorteil verkörpert, mag der Sache nach Sinn machen und der vom BGH zu Recht geforderten wirtschaftlichen Betrachtungsweise entsprechen. Die Terminologie „unmittelbarer Vorteil“ ist in diesem Fall jedoch unpassend. Die Meinung, die im Rahmen des Begriffs „unmittelbarer Vorteil“ bleibt, kann sich weder auf die systematische noch auf die teleologische Auslegung stützen.

Alle Ansätze zur Klärung des Sinns und Zwecks der Selbstanzeige sprechen dagegen, daß nach der Unmittelbarkeit zu differenzieren ist. Der Wiedergutmachungsgedanke erfordert nicht nur vom unmittelbar Beteiligten seinen Beitrag zur Schadenswiedergutmachung. Weder der rein fiskalische Ansatz noch der Ansatz, daß das Gesetz mit der Selbstanzeige die Offenlegung dem Fiskus bislang unbekannter Steuerquellen bezwecke, sprechen dafür, daß auf die Unmittelbarkeit des Vorteils abzustellen ist. Auch mit anderen Auslegungen kann das Ergebnis erzielt werden, daß der Weg zur Selbstanzeige nicht verbaut wird. Insbesondere wird der „einfache Angestellte“, der nur geringfügig an der Beute teilhaben darf, nicht von der Offenlegung abgehalten, wenn von ihm verlangt wird, daß er in dem Umfang nachzahlungspflichtig ist, in dem er von der Tat profitierte. Das Unmittelbarkeitskriterium ist in Zweifelsfällen daher nicht dazu geeignet zu bestimmen, wer Steuern i.S.d. § 371 III AO zu seinen Gunsten hinterzog.

VI. Vierte Meinung: Relevanz des den Steuervorteil verkörpernden Vorteils

1. Einleitung

Franzen[232] leitet nur aus solchen wirtschaftlichen *Vorteilen* das Erfordernis der Nachzahlung ab, *die ganz oder teilweise den Gegenwert des Steuervorteils verkörpern*. Maßgeblich sei (aber) nicht die Kausalitätsstufe, sondern die wirtschaftliche Identität des Vorteils, mögen auch seine wirtschaftliche Form und sein rechtliches Etikett gewechselt haben[233].

2. Auslegung

a) Grammatische Auslegung

Nach der Auslegung des Wortlauts des § 371 III AO kann bereits jeder konkrete wirtschaftliche Vorteil zur Nachzahlungspflicht nach § 371 III AO führen[234]. „Zu seinen Gunsten“ sind Steuern im weitesten sprachlichen Sinne auch dann hinterzogen, wenn der Beteiligte in den Genuß mittelbarer Vorteile kam. Der Wortlaut muß also nicht so ausgelegt werden, daß die Vorteile den Steuervorteil verkörpern müssen. Die grammatische Auslegung läßt mehrere Auslegungsergebnisse zu, u.a. auch, daß es darauf ankommt, ob der Vorteil des Selbstanzeigenden den Steuervorteil verkörpert.

b) Systematische Auslegung

Zur Beseitigung des Erfolgsunrechts muß nicht mehr gezahlt werden, als dem Fiskus nach steuerrechtlichen Vorschriften zusteht[235]. Gibt jeder Beteiligte seinen Steuervorteil heraus, werden die Steuern gezahlt, die nach Steuerrecht geschuldet werden. Hat der Steuerschuldner Steuervorteile teilweise an andere Beteiligte weitergeleitet, könnten diese entsprechend ihren Anteilen nachzahlungspflichtig werden. Jeder Beteiligte würde dann den Vorteil einzusetzen haben, der den Schaden des Fiskus zumindest teilweise verkörpert. So würde auch nicht das Ergebnis entstehen, daß der Fiskus mehr bekommt, als ihm zusteht.

---

232 In DStR 1983, 325 f.

233 Franzen DStR 1983, 326.

234 S.o. S. 47 (Grammatische Auslegung).

235 S.o. S. 8 (Wiedergutmachungsgedanke).

Andererseits kann das Ergebnis, daß nicht mehr gezahlt wird, als nach Steuerrecht geschuldet wird, auch dadurch erreicht werden, daß auf die Unmittelbarkeit des Vorteils abgestellt wird[236]. Der Gedanke, daß die Beteiligten insgesamt nicht mehr zahlen müssen, als nach Steuerrecht vorgesehen ist, kann daher an sich nicht zur Entscheidung dienen, ob auf die Unmittelbarkeit oder die Verkörperung abzustellen ist.

c) *Teleologische Auslegung*

(1) *Strafrechtlicher Ansatz*

(a) *Wiedergutmachungsgedanke*

Der Wiedergutmachungsgedanke erfordert primär, daß der Selbstanzeigende nicht im Besitz der Beute bleiben darf[237], wenn er über die Selbstanzeige straffrei werden will. Die vom BGH geforderte wirtschaftliche Betrachtungsweise[238] stellt dabei den richtigen Ansatz dar. Beute kann jedoch auch der Vorteil sein, der nur mittelbar erlangt wurde.

Daß der Täter nicht im Besitz der Beute bleiben darf, heißt eigentlich, daß er jeden konkreten wirtschaftlichen Vorteil einzusetzen hat, den er aus der Tat oder für die Tat erlangte[239]. Darunter würden nicht nur der unmittelbare und der den Steuervorteil verkörpernde Vorteil fallen. Es gilt jedoch die Einschränkung, daß insgesamt nicht mehr eingenommen werden darf, als steuerrechtlich geschuldet wird[240]. Auch mit der Ansicht, die nur beim unmittelbar Begünstigten zur Nachzahlungspflicht kommt, kann das Ergebnis, daß insgesamt nicht mehr als die Steuerschuld einzusetzen ist, erreicht werden. Der Wiedergutmachungsgedanke spricht jedoch dafür, daß in bestimmten Fällen gerade der mittelbar Begünstigte nachzahlen soll[241].

Daß nur der unmittelbar Begünstigte nach § 371 III AO zahlen soll, kann zumindest dann nicht nachvollzogen werden, wenn er einen Teil der Beute dafür einsetzt, um einen Beteiligten für seine Unterstützung zu bezahlen, ohne die er die Tat nicht hätte begehen können. Der Wiedergutmachungsgedanke erfordert je-

---

236 S.o. S. 78 (Wiedergutmachungsgedanke).

237 S.o. S. 62 (Wiedergutmachungsgedanke).

238 BGHSt 29, 37 ff.

239 S.o. S. 8 ff. (Wiedergutmachungsgedanke).

240 S.o. S. 8 ff. (Wiedergutmachungsgedanke).

241 Vgl. *Beispiele 11* und *18*.

denfalls dann, wenn der nur mittelbar Beteiligte Selbstanzeige erstattet und Straffreiheit anstrebt, daß jeder der Beteiligten anteilig haftet. Aber auch von dem Beteiligten, der von dem unmittelbar Begünstigten freiwillig an der Beute beteiligt wird, kann nach wirtschaftlicher Betrachtungsweise und dem Wiedergutmachungsgedanken verlangt werden, daß er seinen Vorteil zur Wiedergutmachung einsetzt.

Letztendlich kommt es primär darauf an, daß der Täter nicht den Vorteil behalten darf, der als Äquivalent zum Schaden des Fiskus besteht[242]. Solche Vorteile müssen beim Selbstanzeigenden abgeschöpft werden.

Demnach werden der Angestellte aus *Beispiel 5*[243], der zur Sicherung seines Arbeitsplatzes Steuern zugunsten seines Arbeitgeber hinterzog, oder der Steuerberater, der zur Sicherung seines Mandats zugunsten seines Mandanten hinterzog, nicht von einer Nachzahlungspflicht erfaßt. Der Vorteil, der ihnen zukam, kann nicht zur Wiedergutmachung an das Opfer zurückgegeben werden. Er ist nicht Beute, sondern lediglich ein Nebeneffekt der Straftat.

(b) Prävention

Aus Gründen der Generalprävention soll nur der Beteiligte nachzahlungspflichtig sein, der einen Vorteil aus der Tat erlangte, der den Schaden des Fiskus teilweise widerspiegelt. Der Beteiligte, der lediglich einen sonstigen Vorteil erlangt hat, wird sich regelmäßig in sozialer Abhängigkeit befunden haben und daher Nachteile erleiden, da er mit seiner Selbstanzeige andere Beteiligte der Steuerhinterziehung bezichtigt[244]. Dadurch entsteht eine Abschreckung der Allgemeinheit.

Beispiel 21[245]: Der Steuerberater S begeht eine Steuerhinterziehung zum ausschließlichen Vorteil seines Mandanten. Er zahlt einem Steuerbeamten 1.000 DM, um sich an der Hinterziehung zu beteiligen. S selbst erlangt nur den Vorteil, daß der Mandant zufrieden ist und ihn weiterhin in Steuerangelegenheiten aufsucht.

Lsg.: Die 1.000 DM, die der Steuerbeamte bekam, verkörpern nicht teilweise den Schaden des Fiskus. Der Steuervorteil des Mandanten wird weder an den Berater noch an den Beamten teilweise vermittelt. Wenn der Beamte die Beteiligung an der Straftat offenlegt, muß er trotz Straffreiheit damit rechnen, daß er seinen Ar-

242 S.o. S. 59.

243 S.o. S. 24.

244 Vgl. dazu ausführlicher S. 11 f. (Allgemeiner Strafzweck/Prävention).

245 Variante zu *Beispiel 12*.

beitsplatz verliert oder zumindest andere nachteilige Auswirkungen auf sein Arbeitsverhältnis eintreten werden. Daher entsteht der Eindruck, daß sich insgesamt die Beteiligung an der Tat nachteilig auswirkt.

Hat ein Beteiligter einen Vorteil erlangt, der nicht teilweise den Schaden des Fiskus darstellt, könnte er von der Begehung weiterer Steuerhinterziehungen auch dann abgehalten werden, wenn er nicht die hinterzogenen Steuern zahlen muß. Dadurch, daß er zur Erlangung der Straffreiheit zumindest das Handlungsunrecht aufdecken muß und dadurch die Begünstigten der Tat nennen muß, wird er Nachteile erleiden und dadurch von der Begehung weiterer Steuerstraftaten abgehalten werden. Auch für den Steuerbeamten aus *Beispiel 21* wird sich die Beteiligung an der Tat insgesamt „nicht gelohnt" haben, da er negative Auswirkungen auf seine berufliche Beamtenlaufbahn zu erwarten bzw. eine Suspendierung vom Dienst zu befürchten hat.

(2) Steuerpolitischer Ansatz

Der rein fiskalische Ansatz spricht dafür, daß in möglichst vielen Fällen nachgezahlt werden muß. Da in den meisten Fällen der Vorteil des Beteiligten den Schaden des Fiskus zumindest teilweise widerspiegelt, führt diese Meinung im Vergleich zu der Meinung, es komme auf die Unmittelbarkeit an, zu einer erweiterten Nachzahlungspflicht. Das Ziel der Nachzahlung kann jedoch noch besser dadurch erreicht werden, daß jeder Beteiligte das Erfolgsunrecht beseitigen muß.

Wer dagegen den Sinn und Zweck in der Offenlegung bislang unbekannter Steuerquellen sieht, legt die für die Nachzahlungspflicht maßgebliche Tatbestandsmerkmale möglichst eng aus. Isoliert nach diesem Ansatz betrachtet soll ein möglichst großer Teil der Straftäter von der Nachzahlungspflicht ausgenommen werden, um diesen den größtmöglichen Anreiz zur Erstattung einer Selbstanzeige zu bieten. Die Meinung, daß der Vorteil einzusetzen sei, der den Schaden des Fiskus teilweise verkörpert, führt im Vergleich zu der Meinung, daß nur der unmittelbar Begünstigte nachzahlen muß, zu einer erweiterten Nachzahlungspflicht.

Franzen[246] ist zwar grundsätzlich der Meinung, daß jeder den Schaden des Fiskus verkörpernde Vorteil nachzuzahlen sei, fügt aber hinzu, daß nicht jeder kleine Vorteil, der etwa in einer einmaligen geringen Belohnung zu sehen ist, den Weg zur Selbstanzeige versperren dürfe. Er ist der Ansicht, daß Angestellte, Steuerberater und Vermögensverwalter regelmäßig nicht nachzahlen müssen, um in den

---

246 DStR 1983, 325 f.

Genuß der Straffreiheit zu kommen, wenn von der Hinterziehung hauptsächlich ein anderer profitiert hat[247].

Diesen Punkt greift Bilsdorfer[248] auf. Das erwünschte Ergebnis, daß der geringfügig Belohnte nicht von der Selbstanzeige abgehalten werden dürfe, könne auch mit seinem Ansatz[249] herbeigeführt werden. § 371 III AO sehe gerade nicht vor, daß die Beteiligten „gesamtschuldnerisch" für die hinterzogenen Steuern aufkommen müßten. Vielmehr trete die Nachzahlungspflicht nur in der Höhe ein, in der sie auch von der Tat profitieren („... soweit ..."). Danach müsse der geringfügig Belohnte auch nur diesen geringen Betrag nachzahlen. Der Weg zur Selbstanzeige sei ihm damit nicht versperrt.

Die Meinung Bilsdorfers ist zwar zu weit gefaßt[250]. Ihm ist jedoch darin zuzustimmen, daß der geringfügig Entlohnte nicht von der Offenlegung der Steuerhinterziehung abgehalten wird, wenn er nur in diesem geringen Umfang nachzahlen muß. Es kommt eben darauf an, ob der erlangte Vorteil teilweise den Steuervorteil verkörpert. Dieser Vorteil kann auch beim Angestellten eintreten.

Daß die beiden dargestellten außerstrafrechtlichen Ansätze nicht uneingeschränkt gelten, wurde bereits erwähnt[251]. Vielmehr muß ein Mittelweg gefunden werden, mit dem auch das fiskalische Interesse und das Ziel der Offenlegung unbekannter Steuerquellen verfolgt werden kann. Das Ziel des Fiskus, möglichst viele Einnahmen zu erzielen, wird dadurch begrenzt, daß nicht mehr von den Beteiligten verlangt werden darf, als nach Steuerrecht vorgesehen ist. Außerdem müssen die Beteiligten nur anteilig zahlen. Die Offenlegung unbekannter Steuerquellen wird mit dieser Meinung nicht verhindert, wenn der Beteiligte nur einen geringen Vorteil erzielte.

Hat ein Angestellter jedoch einen großen Teil der Beute bekommen, wird er u.U. von der Selbstanzeige abgehalten, da er in diesem Umfang nachzahlungspflichtig ist. Dies stellt jedoch einen geeigneten Mittelweg zwischen den beiden dargestellten außerstrafrechtlichen Ansätzen dar, da bei einem großen wirtschaftlichen Vorteil des Beteiligten das fiskalische Interesse an der Erlangung der Steuereinnahmen überwiegt[252]. Für dieses Ergebnis spricht auch, daß der Beteiligte, der

247 DStR 1983, 326.

248 In wistra 1984, 135.

249 Bilsdorfer vertritt die Meinung, jeder konkrete wirtschaftliche Vorteil führe zur Nachzahlungspflicht, a.a.O.

250 S.o. S. 54.

251 S.o. S. 14 (Mittelweg).

252 S.o. S. 68.

einen erheblichen wirtschaftlichen Vorteil erlangte, bereits durch seine Nachzahlungspflicht nach § 71 AO von der Erstattung der Selbstanzeige abgehalten werden kann, wenn er von der Nachzahlungspflicht abgeschreckt wird.

(3) Teleologische Auslegung im weiteren Sinne

Bei der Meinung, daß es auf die Unmittelbarkeit des Vorteils ankommt, wurden Umgehungsmöglichkeiten der Nachzahlungspflicht festgestellt[253]. Diese können dadurch verhindert werden, daß es darauf ankommt, ob der Vorteil des Beteiligten den Schaden des Fiskus verkörpert.

(4) Zusammenfassung teleologische Auslegung

Sowohl der Wiedergutmachungsgedanke als auch der allgemeine Strafzweck sprechen dafür, daß der Vorteil zur Erlangung der Straffreiheit eingesetzt werden muß, der den Schaden des Fiskus zumindest teilweise verkörpert, sonst könnte der Fiskus mehr bekommen, als ihm zusteht. Diese Meinung stellt auch einen geeigneten Mittelweg zwischen der fiskalischen Zielsetzung des § 371 III AO und dem Anreiz dar, unbekannte Steuerquellen zu offenbaren.

3. Ergebnis zur vierten Meinung

Nach systematischer und teleologischer Auslegung ist der Vorteil zur Erlangung der Straffreiheit nach § 371 III AO einzusetzen, der den Schaden des Fiskus zumindest teilweise verkörpert. Diesem Auslegungsergebnis steht auch die grammatische Auslegung nicht entgegen.

VII. Zusammenfassung des Meinungsstreits zum Begünstigten nach § 371 III AO

1. Relevanz des Meinungsstreits um die Auslegung des Merkmals „zu seinen Gunsten"

Wenn die Unterscheidung nach der Unmittelbarkeit sich in den meisten Fällen im Endeffekt nicht anders auswirkt als die hier vorgeschlagene, sorgt sie jedoch zumindest für eine Verkomplizierung und trägt zum Unverständnis der Selbstanzeigevorschriften bei, da sie die Systematik und den Sinn und Zweck der Selbstan-

253 S.o. S. 70.

zeige nicht so deutlich erkennen läßt wie die Abgrenzung anhand der hier vorgeschlagenen Kriterien. Entscheidend ist, ob der Vorteil noch den Steuervorteil aus der Hinterziehung verkörpert.

Es gibt aber auch Fälle, in denen sich die unterschiedlichen Meinungen auswirken. Der Meinungsstreit ist daher nicht rein theoretischer Natur und kann nicht dahingestellt bleiben.

2. *Zusammenfassung Auslegung*

Die grammatikalische Auslegung des § 371 III AO hilft in dieser Frage nicht weiter, da der Wortlaut nicht eindeutig ist. Keine der dargestellten Meinungen verstößt gegen den Wortlaut. Im Ergebnis schließt auch die historische Auslegung keinen Ansatz aus. Der Wille des Gesetzgebers der AO 1977 steht aber der Auslegung, daß nur der steuerliche Vorteil zur Nachzahlungspflicht nach § 371 III AO führt, entgegen.

Eine Entscheidung des Meinungsstreits um den Sinn und Zweck der Selbstanzeige ist nur dann erforderlich, wenn die verschiedenen Meinungen zum Sinn und Zweck zu verschiedenen Ergebnissen führen.

Der Wiedergutmachungsgedanke und der allgemeine Strafzweck sprechen dafür, daß ein Beteiligter nur dann Steuern „zu seinen Gunsten" hinterzogen hat, wenn sein Vorteil den Schaden des Fiskus verkörpert. Für das Unmittelbarkeitskriterium spricht der strafrechtliche Ansatz jedenfalls nicht.

Daß der Sinn und Zweck der Selbstanzeige keiner außerstrafrechtlichen Begründung bedarf und auch keinen Platz für eine solche Erklärung läßt, wurde bereits festgestellt[254]. Sieht man in der Selbstanzeige jedoch trotzdem den Sinn, daß dem Fiskus bisher verborgene Steuerquellen offengelegt werden, ist es konsequent, nicht jeden Täter für die verkürzten Steuern einstehen zu lassen, da sonst der Anreiz zur Offenlegung verhindert wird.

Die Unterscheidung zwischen mittelbarem und unmittelbarem Vorteil wird insbesondere von Vertretern der Meinung vorgenommen, die von einer Gesamtschuld des begünstigten Täters ausgehen. Ein nur geringfügig mittelbar Begünstigter wird jedoch auch dann nicht von der Offenlegung abgehalten, wenn er nur in diesem geringen Umfang nachzahlen muß.

Auch wenn man dem außerstrafrechtlichen Ansatz folgt, kommt man zu keinem anderen Ergebnis, wenn nicht ausschließlich auf die Offenlegung oder aus-

---

254 S.o. S. 13.

schließlich auf das fiskalische Interesse abgestellt wird. Wie sich bereits aus dem Wortlaut des § 371 III AO ergibt, kann auf eines dieser Ziele alleine jedoch nicht abgestellt werden[255].

Es spricht also kein Ansatz dafür, daß eine Differenzierung zwischen unmittelbarem und mittelbarem Vorteil oder gar zwischen steuerlichen und sonstigen Vorteilen vorgenommen werden muß. Im Ergebnis ist nach allen Ansätzen zum Sinn und Zweck der Meinung zu folgen, die auf den Vorteil abstellt, der den Steuervorteil aus der Hinterziehung verkörpert. Auf den Meinungsstreit zum Sinn und Zweck kommt es daher im Ergebnis nicht an.

Die Einteilung der h.M. in unmittelbaren und mittelbaren Vorteil werden nach der Aufstellung der maßgeblichen Kriterien für nicht passend gehalten. Die Klassifizierung in unmittelbare und mittelbare Vorteile läßt nicht erkennen, worauf es letztlich ankommt und warum diese Unterscheidung vorgenommen werden muß: Entscheidend ist, daß die Selbstanzeige auf dem Wiedergutmachungsgedanken beruht und in das Strafrechtssystem, insbesondere um das System um den Rücktritt, eingeordnet werden kann.

VIII. Ergebnis zur Bestimmung des Begünstigten

Ein an der Steuerhinterziehung Beteiligter hat dann i.S.d. § 371 III AO Steuern „zu seinen Gunsten" hinterzogen, wenn er einen Vorteil erlangt hat, der den Steuervorteil zumindest teilweise verkörpert. Dazu gehören nicht nur die Täter, denen der finanzielle Vorteil aus der Tat unmittelbar zukommt. Auch Beteiligte, die an der Beute beteiligt werden, indem der unmittelbar Begünstigte einen Teil seines finanziellen Vorteils als Entlohnung für die Beteiligung bezahlt, haben Steuern zu eigenen Gunsten hinterzogen. Dies gilt für alle Beteiligten aus den *Beispielen 15* bis *20*. Begünstigt i.S.d. § 371 III AO ist also nicht nur der Komplize, dem der andere die Hälfte der Beute weiterreicht, sondern auch der Beteiligte, der nur einen geringen Betrag von dem Täter ausbezahlt bekam, dem die Vorteile aus der Tat unmittelbar zukamen. Wollen diese Beteiligte straffrei werden, müssen sie nach § 371 III AO nicht nur die Steuerhinterziehung anzeigen, sondern auch ihrem konkreten, den Steuervorteil zumindest teilweise verkörpernden Vorteil entsprechend nachzahlen.

Nicht nachzahlungspflichtig sind dagegen die Beteiligten, die einen Vorteil aus der Tat ziehen, der nicht die Beute (teilweise) verkörpert. Dazu gehören auch der

255 S.o. S. 14 (Mittelweg).

Angestellte aus *Beispiel 12* und der Beamte aus *Beispiel 21*, die einen Vorteil vermittelt bekamen, der jeweils nicht aus dem Steuervorteil des Tatbegünstigten abgezweigt wurde.

D. Die Begünstigung von Gesellschaftern

I. Einleitung

In Abschnitt C. wurde eingangs bereits festgestellt, daß bei der Hinterziehung von Steuern, die aufgrund einer Tätigkeit einer Gesellschaft anfallen, eine differenzierte Betrachtung stattfinden muß, um zu klären, ob ein Gesellschafter durch eine Steuerhinterziehung begünstigt wurde. Danach muß vorerst geklärt werden, ob die Gesellschaft selbst oder die einzelnen Gesellschafter Subjekt der Besteuerung und Steuerschuldner sind.

Solange die Besteuerung nicht auf der Gesellschaftsebene erfolgt, sondern Steuern erst auf der Ebene der Gesellschafter anfallen, ergeben sich in der Regel keine Besonderheiten gegenüber dem bereits Erörterten. In *Beispiel 3* hat der Gesellschafter C dann Steuern zu seinen Gunsten hinterzogen, wenn seine persönliche Einkommensteuerschuld vom FA aufgrund der Hinterziehung nicht in der vollen Höhe angesetzt wird. Die Höhe seines Vorteils und damit des zur Erlangung von Straffreiheit zu bezahlenden Betrages stellt die Differenz aus dem Betrag dar, der von C ohne Hinterziehung hätte beglichen werden müssen und dem tatsächlich vom FA verlangten Betrag.

Problematischer kann dagegen der Fall sein, daß ein Gesellschafter Steuern hinterzieht, bei der die Gesellschaft selbst Steuersubjekt ist. Diese Fälle sollen im folgenden näher betrachtet werden.

Das Problem, ob sich die Hinterziehung von Steuern der Gesellschaft, auch zugunsten des hinterziehenden Gesellschafters auswirkt, wurde bereits in Abschnitt C. angesprochen[256]. Geprüft wurde vorerst, wie sich die Haftung des Gesellschafters für die Steuern der Gesellschaft auf seine Nachzahlungspflicht auswirkt.

Göggerle kommt zu dem Ergebnis, daß bei Personengesellschaften die Gesellschafter zumindest immer dann nachzahlungspflichtig i.S.d. § 371 III AO sind, wenn sie unbeschränkt und damit auch für die Steuern der Gesellschaft haften[257]. Dies wurde bereits oben abgelehnt und festgestellt, daß es darauf ankommt, ob der Gesellschafter für die hinterzogenen Steuern in Anspruch genommen worden wäre, wenn er gegenüber dem FA richtige Angaben abgegeben hätte. Alleine die

---

256 S.o. S. 21 (Der Haftungsschuldner).

257 S.o. S. 23.

Haftung für die hinterzogenen Steuern bedeutet keine Begünstigung des Haftenden, da sie alleine nichts darüber aussagt, ob der Täter von der Tat wirtschaftlich profitierte. Nach dem Grundsatz „in dubio pro reo" muß feststehen, daß der Gesellschafter einen wirtschaftlichen Vorteil erlangt hat.

Das ist aber nur ein Aspekt, der zur strafrechtlichen Beurteilung beleuchtet werden muß. Der Gesellschafter kann nicht nur dann Steuern zu seinen Gunsten hinterzogen haben, wenn er einer Inanspruchnahme entging, sondern auch dadurch, daß sich das Gesellschaftsvermögen vermehrte und er an diesem Gewinn teilhaben kann. Welches Kriterium ist jedoch ausschlaggebend für die Frage, ob der Gesellschafter Steuern auch zu seinen Gunsten hinterzogen hat? Wie in Abschnitt B.[258] erarbeitet wurde, muß der Selbstanzeigende die hinterzogenen Steuern nachzahlen, wenn er konkrete wirtschaftliche Vorteile erlangte, die den Steuervorteil zumindest teilweise verkörpern.

Auf den Meinungsstreit, ob nur der steuerliche, jeder konkrete wirtschaftliche, der unmittelbare oder nur der Vorteil zur Nachzahlungspflicht nach § 371 III AO führt, der den Schaden des Fiskus teilweise verkörpert, kommt es nicht an, da sich nur das allgemeinere Problem stellt, ob der Gesellschafter überhaupt einen konkreten wirtschaftlichen Vorteil erlangt hat. Bei der Konkretisierung könnte es alleine auf die Erhöhung des Vermögens der Gesellschaft und damit eines Gesellschafterkontos[259] oder eines anderen Gesellschaftskontos[260], auf die Erhöhung des Gewinns der Gesellschaft, auf die Möglichkeit des Gesellschafters, die Auszahlung an sich zu veranlassen oder auf die tatsächliche Auszahlung[261] ankommen.

II. Begünstigung der Gesellschaft alleine

1. Begünstigung der Gesellschaft

Bereits die Tatsache, daß das Gesellschaftsvermögen über den Steuervorteil vermehrt wurde, könnte eine Begünstigung des Gesellschafters i.S.d. § 371 III AO bedeuten.

---

258 S.o. S. 30 ff.

259 Oder Kapitalkonto – Die Terminologie ist insoweit nicht einheitlich.

260 Das nicht einem einzelnen Gesellschafter zugerechnet werden kann.

261 Bei letztgenanntem Punkt ist irrelevant, ob die Zahlung auf einer offenen Gewinnausschüttung, einer verdeckten Gewinnausschüttung oder einer sonstigen gewinnunabhängigen Entnahme beruht.

a) *Mindestvoraussetzung Konkretisierung*

Bei der Kapitalgesellschaft steht das Vermögen nicht den Gesellschaftern, sondern der juristischen Person als verselbständigtes Gesellschaftsvermögen zu. Die Gesellschafter haben Entnahmerechte und andere Zahlungsansprüche gegen die Gesellschaft[262]; über das Vermögen der juristischen Person können sie aber nicht frei verfügen.

Zwar muß auch bei Personengesellschaften zwischen Privatvermögen des Gesellschafters und Gesellschaftsvermögen als verselbständigtes Gesamthandsvermögen[263] unterschieden werden. Das Gesellschaftsvermögen steht aber anteilig den Gesellschaftern zu. Trotzdem kann der Personengesellschafter über seine Anteile am Gesellschaftsvermögen nicht frei verfügen, zumindest nicht in der Form, daß er Gesellschaftsvermögen in Höhe seines Anteils jederzeit in sein Privatvermögen übertragen kann. Die den Gesellschaftern zustehenden „Wertrechte" bestimmen nur den Wert der Mitgliedschaft. Sie sind aber keine Rechte am Gesellschaftsvermögen[264]. Die Gesellschaft selbst ist also Vermögensträgerin. Dem Personengesellschafter stehen lediglich Entnahmerechte und andere Zahlungsansprüche gegen die Gesellschaft zu, die sich in der Regel am Gewinn der Gesellschaft oder an der Höhe seines Kapitalanteils orientieren. Erst nach Liquidation der Gesellschaft wird das Gesellschaftsvermögen in das Privatvermögen der Gesellschafter übertragen.

Eine Begünstigung des hinterziehenden Gesellschafters könnte sich bereits daraus ergeben, daß sich der Gewinn der Gesellschaft früher oder später auf irgendeine Art und Weise auf das Vermögen des Gesellschafters auswirken wird. Der Gesellschafter wäre demnach schon dann begünstigt, wenn die Gesellschaft einen wirtschaftlichen Vorteil aus der Steuerhinterziehung erlangt. Auf die Möglichkeit, daß die Gesellschaft den Gewinn auch thesaurieren kann und daß es andere Fälle gibt, in denen der Gesellschafter den Gewinn nicht entnehmen kann, könnte es nicht ankommen.

---

262 Die wichtigsten Vermögensrechte von Kapitalgesellschaftern sind der Dividendenanspruch (§§ 58 IV, 60 AktG) bzw. das Recht auf Beteiligung am Gewinn, das Recht zum Bezug neuer Aktien bei Kapitalerhöhungen (§ 186 AktG) und das Recht auf Teilhabe am Liquidationserlös, K. Schmidt S. 669 und 865.

263 So bei Personengesellschaften. Verfügungen über Gesamthandsvermögen müssen entweder von den Gesamthändern zusammen oder von ihren Organen getroffen werden, vgl. Palandt § 719 Rn. 1

264 K. Schmidt S. 178

Brenner und Kohlmann[265] bejahen die Begünstigung von Gesellschaftern, wenn der Vorteil bei der Gesellschaft eingetreten ist. Dies ergebe sich nach der vom BGH geforderten wirtschaftlichen Betrachtungsweise. Die ablehnende Auffassung stelle puren Formalismus dar[266].

Voraussetzung für die Begünstigung eines Gesellschafters ist, daß sich der Vorteil nicht nur zugunsten der Gesellschaft, sondern auch zugunsten des Gesellschafters konkretisiert hat. Auf die Begünstigung der Gesellschaft alleine kann daher nicht abgestellt werden. Es sind zumindest weitere Argumente erforderlich, die die Konkretisierung zugunsten des Gesellschafters verdeutlichen.

b) Erhöhung eines Bilanzkontos / Wertgewinn der Gesellschaftsanteile

(1) Erhöhung eines Bilanzkontos (der Gesellschaft oder des Gesellschafters)

Nach Franzen[267] unterscheiden Vermögensaufstellungen und Vermögensvergleiche nur in ihrer förmlichen Gliederung zwischen Bargeld, vollwertigen Forderungen und Beteiligungskapital. Daher führe grundsätzlich jede Erhöhung des Kapitalkontos[268] zur Begünstigung des jeweiligen Gesellschafters. Dieser Vorteil des Gesellschafters sei konkreter wirtschaftlicher Art. Demnach komme es bei Gesellschaftern unabhängig von der Rechtsform der Gesellschaft auf die Erhöhung des Eigenkapitals der Gesellschaft an, an dem der Gesellschafter beteiligt ist.

Bei einer Erhöhung des Kapitalkontos[269] ist aber nicht sicher, ob sich der kapitalmäßige Ausweis jemals als konkreter Vorteil auswirken wird[270]. Alleine die Erhöhung des Gesellschaftsvermögens muß sich nicht auf die wirtschaftliche Leistungsfähigkeit des Gesellschafters auswirken. Z.B. kann der Gewinn der Gesellschaft in bestimmten Fällen auch gegen den Willen eines einzelnen Gesellschafters für ein Projekt der Gesellschaft verwendet werden, das sich später als Verlustgeschäft erweist. Der dafür verwendete Gewinn der Gesellschaft, der das Ka-

---

265 Kohlmann § 371 Rn. 89.8, wistra 1982, 6; Brenner ZfZ 1979, 141 f.

266 Kohlmann § 371 Rn. 89.8.

267 DStR 1983, 326.

268 Dies gilt nur für Personengesellschaften. Bei Kapitalgesellschaften muß auf Gesellschaftskonten und die Beteiligung (Aktien, Geschäfts- oder Gesellschaftsanteil) des Gesellschafters an der Gesellschaft abgestellt werden. Auf das Konto „Gezeichnetes Kapital“ kann nicht abgestellt werden, da sich dieses in der Höhe nicht verändert (= Stammkapital bzw. Grundkapital).

269 Oder eines Gewinnkontos der GmbH oder AG.

270 Göggerle S. 98.

pitalkonto des Gesellschafters erhöhte, hat sich nicht zugunsten des Gesellschafters ausgewirkt. Das Kapitalkonto stellt keinen konkreten Vermögenswert für den Gesellschafter dar. Es spiegelt den Anteil des Gesellschafters am Gesellschaftsvermögen wider. Ob sich das zugunsten des Gesellschafters auswirken wird, ist ungewiß. Das Kapitalkonto stellt keine Vermögensposition dar, über die der Gesellschafter ohne weiteres verfügen kann. Folglich kann nicht alleine auf die Erhöhung des Kapitalkontos des Gesellschafters oder eines anderen Bilanzkontos über Eigenkapital abgestellt werden.

(2) Wertgewinn des Gesellschaftsanteils bei Veräußerbarkeit

Es könnte aber auf die Werterhöhung des Gesellschaftsanteils ankommen, wenn der Gesellschafter seinen Anteil veräußern kann. Die Höhe des Erlöses hängt vom Wert der Gesellschaftsanteile ab. Die Werterhöhung würde sich bei der Veräußerung des Anteils zu seinen Gunsten auswirken. Auf die Erhöhung des Werts bzw. des Kapitalkontos alleine kann jedenfalls nicht abgestellt werden. Zum einen ist zu beachten, daß in einigen Fällen (insbesondere bei manchen Personengesellschaften, aber auch bei Kapitalgesellschaften) die Anteile nicht ohne weiteres veräußerbar sind[271]. Zum anderen sind auch Fälle denkbar, in denen der Gesellschaftsanteil veräußerbar ist und der Gesellschafter trotzdem den hinterzogenen Betrag nicht für sich verwenden kann[272]. Dieses Kriterium kann daher nicht als allgemeines Abgrenzungskriterium dienen, sondern nur im Einzelfall zur Gesamtbetrachtung beitragen.

c) Zurechnung des Vorteils

Der Vorteil der Gesellschaft könnte dem Gesellschafter zuzurechnen sein, ohne sich schon zugunsten des Gesellschafters konkretisiert zu haben. Reiß[273] ist der Ansicht, die durch die Hinterziehung von Steuern einer Gesellschaft eingetretene Bereicherung komme den Gesellschaftern unmittelbar zugute. Dies zeige sich für die Körperschaftsteuer am Anrechnungsverfahren, bei dem letztlich die Gesellschafter besteuert würden. Bei Personengesellschaften komme man auch zu dem Ergebnis, daß die Gesellschafter einen unmittelbaren wirtschaftlichen Vorteil aus der Hinterziehung von Steuern der Gesellschaft (soweit Personengesellschaften

---

271 Vgl. § 719 I BGB.

272 Wenn sich z.B. aufgrund der Hinterziehung zwar der Wert des Gesellschaftsanteils erhöht hat, aber trotzdem kein höherer Veräußerungserlös erzielt werden kann. Dies könnte auf dem Umstand beruhen, daß Käufer die Hinterziehung erkannten und daher mit einer Nachzahlung rechnen müssen.

273 , NJW 1980, 1292.

als Steuerschuldner behandelt werden, wie z.B. bei der Umsatzsteuer und Gewerbesteuer) erzielten. Dies folge aus der Zurechnung der Vermögensmehrung zum Vermögen des Gesellschafters über § 718 BGB, § 39 AO. Reiß ist also der Meinung, daß jeder Gesellschafter Steuern auch zu seinen Gunsten hinterzieht.

Das Gesellschaftsvermögen ist ein dinglich gebundenes Sondervermögen der gesamthänderisch verbundenen Gesellschafter[274]. Daraus ergibt sich noch nicht, daß das Vermögen zu einem Vorteil des Gesellschafters gereicht, da der Gesellschafter auf den Gewinn nicht zugreifen und auch seinen im Wert gestiegenen Gesellschaftsanteil nicht ohne weiteres veräußern kann. Außerdem können die Gesellschafter die Gewinnverwendung und -verteilung vertraglich regeln und Gesellschafter von der Gewinnbeteiligung ausnehmen.

Weiterhin ist fraglich, ob § 39 AO im Steuerstrafrecht überhaupt anwendbar ist. Für die Besteuerung ist die Zurechnung von Wirtschaftsgütern auch entgegen der gesellschaftsrechtlichen Regelung möglich. Im Steuerstrafrecht kann es jedoch nicht auf Zurechnungsvorschriften ankommen, die die tatsächliche wirtschaftliche Verfügungsmacht nicht berücksichtigen. Es stellt sich hier die Frage, ob der Steuerstraftäter durch die Steuerhinterziehung tatsächlich und bereits in der Weise begünstigt wurde, daß er auf den Vorteil zugreifen könnte. Außerdem werden thesaurierte Gewinne nicht beim Anteilseigner besteuert, sondern bei der Gesellschaft. Jedenfalls unterscheidet auch das Anrechnungsverfahren zwischen der Besteuerung der Gesellschaft und der des Gesellschafters. Ebenso ist zwischen der Begünstigung der Gesellschaft und der des Gesellschafters zu unterscheiden, wenn auch im Endeffekt der Gesellschafter den Gewinn für sich verwenden kann. Bis zu diesem Zeitpunkt muß aber zwischen der Gesellschafts- und der Gesellschafterebene unterschieden werden. Zugunsten des Gesellschafters sind die Steuern also nur hinterzogen, wenn feststeht, daß sich der Vorteil auf sein privates Vermögen positiv auswirkt.

2. *Verluste der Gesellschaft*

Die Gesellschaft muß nicht unbedingt einen Gewinn erwirtschaftet haben, damit der Gesellschafter von der Hinterziehung begünstigt sein kann, da es zumindest in einigen Fällen für den Gesellschafter auch die Möglichkeit der gewinnunabhängigen Entnahme gibt[275]. Allerdings kann eine Begünstigung z.B. dann ausgeschlossen werden, wenn die Gesellschaft in Konkurs gegangen ist und keine Möglichkeit einer Entnahme für den Gesellschafter besteht.

---

274 Palandt § 718 Rn. 1.

275 Z.B. bei OHG und KG.

3. *Zwischenergebnis*

Alleine die Begünstigung der Gesellschaft und die damit zusammenhängende Erhöhung des Kapitalkontos eines Personengesellschafters oder des Eigenkapitals einer Kapitalgesellschaft führt nicht zu einer Begünstigung des Gesellschafters nach § 371 III AO. Vielmehr sind weitere Umstände erforderlich, die den Vorteil der Gesellschaft zum konkreten wirtschaftlichen Vorteil des Gesellschafters machen.

Einen eigenen konkreten wirtschaftlichen Vorteil erlangt ein Gesellschafter jedenfalls dadurch, daß er die hinterzogenen Steuern aus dem Gesellschaftsvermögen entnimmt.

III. Begünstigung bei wirtschaftlicher Verfügungsmacht des Gesellschafters

1. *Wirtschaftliche Verfügungsmacht als begünstigendes Element*

Bereits die Möglichkeit, auf den hinterzogenen Betrag zuzugreifen, könnte eine Begünstigung des hinterziehenden Gesellschafters nach § 371 III AO darstellen.

Die Begünstigung wird von Göggerle zumindest dann bejaht, wenn der Alleingesellschafter der Einmann-GmbH auf den hinterzogenen Betrag zugreifen kann[276]. Die Gleichstellung des unmittelbaren Vorteils des Steuerbetrages mit der Möglichkeit der Verschaffung des Steuerbetrages durch einen Willensentschluß werde sowohl der zivilrechtlichen Identität von Gesellschafter und der Einmann-GmbH als auch dem Zweck der Nachzahlungspflicht am ehesten gerecht[277].

Die wirtschaftliche Verfügungsmacht könnte als allgemeines Kriterium für die Frage herangezogen werden, wann ein Gesellschafter (auch bei anderen Gesellschaften als einer Einmann-Gesellschaft) durch eine Hinterziehung von Steuern der Gesellschaft begünstigt ist. Da bei anderen Gesellschaften als den Einmann-Gesellschaften keine zivilrechtliche Identität zwischen Gesellschaft und Gesellschaftern besteht, sind die Argumente Göggerles nicht ohne weiteres übertragbar. Es könnte aber darauf abgestellt werden, ob der Gesellschafter alleine entscheiden kann, daß er den hinterzogenen Betrag oder Teile davon entnimmt.

---

276 Dazu Göggerle S. 94 f.

277 An dieser Argumentation zeigt sich, daß die Abgrenzung nach der Unmittelbarkeit des Vorteils nicht geeignet – da unpraktikabel – ist. Ansonsten könnte unter das Abgrenzungskriterium subsumiert werden, und es müßte keine „Gleichstellung" erfolgen.

Unstreitig hat der Gesellschafter dann einen eigenen konkreten wirtschaftlichen Vorteil erlangt, der den Steuervorteil verkörpert[278], wenn ihm der hinterzogene Betrag oder Teile dessen zugeflossen sind. Befindet sich der Gesellschafter jedoch in der Situation, daß er sich entscheiden kann, ob er den hinterzogenen Betrag entnimmt oder ob er einen fälligen und durchsetzbaren Anspruch auf die hinterzogenen Steuern oder auf die hinterzogene Steuern verkörperndes Gesellschaftsvermögen hat, kann der Gesellschafter über den Betrag wirtschaftlich verfügen[279]. Die vom BGH geforderte wirtschaftliche Betrachtungsweise führt daher zu dem Ergebnis, daß der Gesellschafter bereits in diesem Stadium Begünstigter ist. Der Vorteil, den Betrag entnehmen zu können oder einen fälligen und durchsetzbaren Anspruch auf ihn zu haben, verkörpert wirtschaftlich den Steuervorteil. Dafür spricht auch, daß dem Gesellschafter ansonsten Umgehungsmöglichkeiten eröffnet würden.

Außerdem spricht für das Kriterium der wirtschaftlichen Verfügungsmacht der Sinn und Zweck der Nachzahlungspflicht[280]: Wiedergutmachung bzw. das fiskalische Interesse des Staates. Beide Ansätze sprechen für die Nachzahlungspflicht des Gesellschafters.

Nach dem Wiedergutmachungsgedanken soll der Täter keinen Vorteil behalten dürfen. Der Täter hat zumindest den Vorteil, darüber zu entscheiden, ob er den Betrag für sich in Anspruch nimmt. Es ist kein Grund ersichtlich, wieso dieser Vorteil bestehen bleiben sollte. Dies entspricht dem Wiedergutmachungsgedanken.

2. *Kritikpunkt Unpraktikabilität*

Diesem Ansatz stimmt Göggerle aus dogmatischer Sicht zu. Allerdings hat er dagegen eingewendet, daß er nicht praktikabel sei[281]. Der Nachweis, daß der (Allein-)Gesellschafter über die hinterzogenen Steuern verfügen kann, sei schwierig. Der Gesellschafter werde bestreiten, daß sich Vermögenswerte in der Gesellschaft befinden, die er entnehmen kann.

Im Strafrecht kann zwar auf eine dogmatisch einwandfreie Lösung verzichtet und an deren Stelle eine praktikable Lösung gewählt werden, die sich nicht zulasten,

278 Dieser Vorteil ist auch unmittelbarer Art.

279 Franzen und BGH a.a.O.

280 So auch Göggerle S. 173 f.

281 Göggerle, Fallk. S. 94.

sondern zugunsten des Straftäters auswirkt. Ob der Lösungsvorschlag Göggerles aber überhaupt praktikabler ist, erscheint fraglich.

Aus Gründen der Praktikabilität habe der Alleingesellschafter nur dann Steuern zu seinen Gunsten hinterzogen, wenn ihm tatsächlich ein Vorteil zugeflossen ist[282]. Der Nachweis, daß der Vorteil, der dem Straftäter zufloß, gerade aus der Steuerhinterziehung resultiert, ist aber ebenfalls problematisch.

Es kann nicht jede Entnahme ohne weiteres als (teilweise) Entnahme der hinterzogenen Steuern qualifiziert werden. In den Fällen, bei denen am Ende des Wirtschaftsjahres der ganze Gewinn einschließlich der hinterzogenen Steuern zuerst thesauriert und erst später Teile des Gewinns aus dem Gesellschaftsvermögen entnommen werden, wird in der Regel der Nachweis nicht gelingen, daß gerade die hinterzogenen Steuern zugeflossen sind. Die Entnahme muß mit der Steuerhinterziehung zusammenhängen. Dieser Nachweis ist nur dann einfach, wenn der gesamte Gewinn entnommen wird. Ansonsten wird aufgrund des In-dubio-pro-reo-Grundsatzes oft davon auszugehen sein, daß der entnommene Betrag auch ohne Steuerhinterziehung entnommen worden wäre. Die Ansicht, der Gesellschafter sei dann begünstigt, wenn ihm die hinterzogenen Steuern zugeflossen sind, ist daher nicht praktikabler.

Praktikabler wäre nur die Lösung, die eine Begünstigung dann annimmt, wenn die Gesellschaft begünstigt ist oder nie eine Begünstigung eines Gesellschafters bejaht. Die Meinung, die auf die wirtschaftliche Verfügungsmacht abstellt, ist jedenfalls nicht weniger praktikabel als die Meinung, es komme auf den tatsächlichen Zufluß an.

3. *Ansatz Bilsdorfers*

Der Ansatz, daß jede Begünstigung der Gesellschaft alleine einen mittelbaren wirtschaftlichen Vorteil bedeute und daher zur Nachzahlungspflicht führe, wird von Bilsdorfer vertreten. Ansonsten würden praxisrelevante Fälle nicht erfaßt.

Dabei wird jedoch übersehen, daß auch der mittelbare Vorteil schon konkret sein muß[283]. Entgegen der Meinung Bilsdorfers genügt es daher nicht, daß der Vorteil allein bei der juristischen Person eingetreten ist.

---

282 Göggerle, Fallk. S. 95.

283 S.o. S. 30 ff. Aus diesen Gründen ist auch die Meinung Bilsdorfers abzulehnen, daß die Begünstigung eines Angehörigen zu einer Nachzahlungspflicht des Steuerhinterziehers führe.

4. *Ergebnis*

Der Gesellschafter hat Steuern der Gesellschaft auch zu seinen Gunsten hinterzogen, wenn er die hinterzogenen Steuern entnommen hat bzw. wenn sie an ihn ausgezahlt wurden oder wenn er auf sonstige Weise wirtschaftliche Verfügungsmacht über die hinterzogenen Steuern (oder über einen Teil) ausüben kann. Wirtschaftlich verfügen kann er über die Steuern bereits, wenn er sie eigenmächtig entnehmen kann, einen fälligen und durchsetzbaren Anspruch auf sie hat oder zumindest die Voraussetzungen für die Entnahme oder den Zahlungsanspruch selbst herbeiführen kann.

Es bleibt vorab die Frage zu klären, wann ein Gesellschafter Gesellschaftsvermögen entnehmen kann oder einen durchsetzbaren Zahlungsanspruch gegen die Gesellschaft hat.

IV. Die Erlangung der wirtschaftlichen Verfügungsmacht über Gesellschaftsvermögen (einschließlich hinterzogener Steuern)

1. *Allgemeines*

Der Gesellschafter hat Steuern nicht nur zugunsten der Gesellschaft, sondern auch zu seinen Gunsten hinterzogen, wenn er die wirtschaftliche Verfügungsmacht über die hinterzogenen Steuern ausübt. Allerdings kann es im Einzelfall schwierig zu bestimmen sein, ob der Gesellschafter bereits wirtschaftlich über die hinterzogenen Steuern verfügen kann.

Wird mit dem BGH auf die wirtschaftliche Betrachtungsweise abgestellt, muß zwischen den einzelnen Gesellschaftsformen unterschieden und auf die Besonderheiten des Einzelfalls abgestellt werden[284]. Gleiches gilt für die hier vertretene Meinung, daß auch der den Schaden des Fiskus verkörpernde Vorteil zur strafrechtlichen Nachzahlungspflicht führt. Dabei kommt es insbesondere auf die vertraglichen bzw. auf die gesetzlichen Gewinnverwendungs- und -verteilungsvorschriften an, ggf. auch auf die Haftung des Gesellschafters und die finanzielle Lage der Gesellschaft. Der Gesellschafter einer Publikums-AG, der nur einen sehr geringen Anteil an Aktien der Gesellschaft hält, zieht u.U. aus der Steuerhinterziehung zugunsten der Gesellschaft keinen eigenen wirtschaftlichen Vorteil.

---

284 Kohlmann § 371 Rn. 89.4 und 89.7 ff.; Göggerle S. 175 f.; ders. Fallk. S 89 ff.

Die wirtschaftliche Verfügungsmacht hat der Gesellschafter, wenn der hinterzogene Betrag (teilweise) in das Privatvermögen des Gesellschafters übertragen wurde, wenn er den hinterzogenen Betrag entnehmen kann oder wenn er einen durchsetzbaren, zumindest anteiligen Anspruch auf den hinterzogenen Betrag hat. Alleine die Tatsache, daß sich das Gesellschaftsvermögen durch die Steuerhinterziehung positiv verändert hat, muß dagegen nicht unbedingt bedeuten, daß der Gesellschafter an dieser Vermögensveränderung teilhaben kann.

2. *Gesellschafter „besitzt" die hinterzogenen Steuern für sich (Veruntreuungsfall)*

Hat der Gesellschafter die hinterzogenen Beträge aus der betrieblichen in seine private Sphäre verbracht, übt er auch unstreitig die wirtschaftliche Verfügungsmacht über sie aus. Zu einem anderen Ergebnis könnte man gelangen, wenn der Gesellschafter die Beträge im Unternehmen beläßt.

Beispiel 22: Gesellschafter G hinterzieht Steuern der Gesellschaft. Er verwaltet die Kasse und ist als alleiniger Kontoinhaber der Bankkonten der Gesellschaft eingetragen. Er verwendet die hinterzogenen Steuern nicht für eigene Zwecke und darf nach dem Gesellschaftsvertrag nicht ohne Gesellschaftsbeschluß über das bei der Bank eingezahlte Geld verfügen. Im Außenverhältnis hängt die Verfügungsmacht des G aber nicht von einem Gesellschaftsbeschluß ab.

Lsg.: Es kommt darauf an, für wen der Gesellschafter die tatsächliche Verfügungsmacht über das Gesellschaftsvermögen ausübt. Alleine die Möglichkeit, sich vertragswidrig zu verhalten, genügt nicht. Der Zwischenakt, also der Wechsel des Besitzwillens, muß erst vollzogen werden. Solange er das Geld nicht für sich verwaltet, gehört es noch zum Gesellschaftsvermögen und nicht zu seinem Privatvermögen. Der Gesellschafter hat dadurch, daß er das Geld für die Gesellschaft verwaltet, noch keinen wirtschaftlichen Vorteil erlangt. Er ist lediglich in einer günstigeren Ausgangsposition, wenn er Gesellschaftsvermögen veruntreuen will. Alleine diese Möglichkeit stellt jedoch keinen den Schaden des Fiskus verkörpernden Vorteil dar. Es bedarf zumindest eines Zueignungsakts des Gesellschafters.

Es kommt dann darauf an, ob er die Verfügungsmacht hat. Diese fehlt, da der Gesellschafter (im Innenverhältnis) nicht berechtigt ist, das Gesellschaftsvermögen für sich zu verwenden. Es bedarf zumindest eines Zueignungsakts oder des Wechsels des Besitzwillens. Sonst wurden die Steuern nicht zu seinen Gunsten hinterzogen. Veruntreut der Gesellschafter G dagegen den hinterzogenen Betrag, hat er auch die wirtschaftliche Verfügungsmacht über sie erlangt und somit Steuern zu seinen Gunsten hinterzogen[285]. Hierbei ist jedenfalls keine Unterscheidung nach den verschiedenen Gesellschaftsformen notwendig.

Auf die tatsächliche Übertragung des hinterzogenen Betrages ins Privatvermögen des Gesellschafters kommt es dagegen nicht an, wenn diese Übertragung auf einem Recht des Gesellschafters beruhte, den übertragenen Betrag zu entnehmen, da dann bereits wirtschaftliche Verfügungsmacht mit dem Entstehen des konkreten Entnahmerechts auf den übertragenen Betrag entstand. Auf die tatsächliche Übertragung, also auf die „Inbesitznahme der hinterzogenen Steuern", ist daher nur abzustellen, wenn dem Gesellschafter nicht bereits ein Entnahmerecht auf den hinterzogenen Betrag zustand.

3. *Entnahmemöglichkeit des hinterzogenen Betrages durch den Gesellschafter*

a) *Allgemeines zum Entnahmerecht, insbesondere zum Gewinnbeteiligungsanspruch des Gesellschafters*

Ansprüche auf Auszahlung bzw. das Recht, Gesellschaftsvermögen zu entnehmen, können sowohl auf einem Gewinnbeteiligungsanspruch von Gesellschaftern als auch auf gewinnunabhängigen Entnahmerechten beruhen. Dabei kann sich das Recht (bzw. der Anspruch) des Gesellschafters, aus dem Gesellschaftsvermögen Beträge zu entnehmen, entweder direkt aus gesetzlichen Regelungen, dem Gesellschaftsvertrag oder aus Gesellschaftsbeschlüssen ergeben.

Der vorhergehende Punkt[286] unterscheidet sich von diesem dadurch, daß keine Kausalitätsproblematik besteht, wenn der Gesellschafter den hinterzogenen Betrag tatsächlich für sich entnimmt[287]. Kommt dem Gesellschafter dagegen lediglich ein Entnahmerecht zu, fehlt für einen den Steuervorteil verkörpernden Vorteil oft der Zusammenhang zwischen seiner wirtschaftlichen Verfügungsmacht über den entnehmbaren Betrag und der Steuerhinterziehung. Der Grund dafür liegt darin, daß die hinterzogenen Steuern Gesellschaftsvermögen werden und der Gesellschafter nur Anspruch auf einen Teil des Gesellschaftsvermögens hat bzw. nur einen Teil des Gesellschaftsvermögens entnehmen kann, regelmäßig nicht aber gerade (auf) den hinterzogenen Betrag (der schon mit anderem Vermögen

---

285 Vgl. oben *Beispiel 11* (Begründung zu § 354 EAO 1974, BT-Drucks. VI/1982 S. 195).

286 Gesellschafter „besitzt" die hinterzogenen Steuern für sich, siehe S. 90.

287 Anders nur, wenn er Gesellschaftsvermögen entnimmt, das nicht unbedingt die hinterzogenen Steuern verkörpert, sondern auch aus einer anderen Quelle zugeflossen sein könnte.

der Gesellschaft vermischt wurde). Es gibt eben keinen Anspruch des Gesellschafters gerade auf die hinterzogenen Steuern. Eine solche vertragliche Vereinbarung wäre unzulässig[288].

Ob der hinterziehende Gesellschafter daher Steuern zu seinen Gunsten i.S.d. § 371 III AO hinterzogen hat, kann alleine aufgrund eines Gewinnbeteiligungsanspruchs oder eines anderen Entnahmerechts des Gesellschafters nicht pauschal bejaht werden. Es muß zusätzlich geklärt werden, ob in dem Teil des Gesellschaftsvermögens, über den der Gesellschafter aufgrund seines Anspruchs bereits verfügen kann, auch (teilweise) die hinterzogenen Steuern enthalten sind.

Im folgenden werden zuerst die Gewinnbeteiligungsansprüche und andere Zahlungsansprüche und Entnahmerechte dargestellt. In einem zweiten Schritt wird dann geklärt werden, ob der Gesellschafter aufgrund seines Zahlungsanspruchs o.ä. über die hinterzogenen Steuern teilweise verfügen kann[289].

Gesellschafter haben in der Regel das Recht, am Gewinn beteiligt zu werden. Außerdem können sie einen Anspruch auf gewinnunabhängige Entnahme haben[290]. Die (zumindest anteilige) wirtschaftliche Verfügungsmacht über die hinterzogenen Steuern aufgrund eines solchen Entnahmerechts hat ein Gesellschafter schon, wenn er selbst entscheiden kann, ob er die hinterzogenen Steuern oder zumindest Teile davon entnehmen kann[291]. Für die wirtschaftliche Verfügungsmacht über das zu entnehmende Gesellschaftsvermögen genügt es dabei, daß der Gesellschafter einen fälligen und durchsetzbaren Anspruch gegen die Gesellschaft hat, da dann der Wille anderer Gesellschafter nicht mehr der Zahlung entgegenstehen kann. Wenn die Zahlung verweigert wird, muß der Gesellschafter seinen Zahlungsanspruch über eine Klage durchsetzen. Hängt der Zahlungsanspruch aber noch von der Zustimmung anderer Gesellschafter ab[292], tritt die wirtschaftliche Verfügungsmacht erst mit deren Zustimmung ein. Dagegen ist nicht unbedingt erforderlich, daß der Gesellschafter berechtigt ist, den ihm zustehenden Betrag eigenmächtig zu entnehmen.

Zur Festlegung, wann ein Gesellschafter wirtschaftliche Verfügungsmacht über Gesellschaftsvermögen erlangt, muß auf die verschiedenen Gesellschaftsformen abgestellt werden. Insbesondere der Gewinnbeteiligungsanspruch kann bei den einzelnen Gesellschaftsformen verschieden ausfallen.

---

288 Da gesetzes- und sittenwidrig.

289 S.u. S. 103 ff.

290 Vgl. § 122 I Alt. 1 HGB, näher dazu unten S. 95.

291 Argument s.o. S. 86 ff.

292 Z.B. wenn bei Kapitalgesellschaften der Gewinnverwendungsbeschluß noch aussteht.

Bei Personengesellschaften[293] wird der Gewinn grundsätzlich auf die Kapitalkonten der Gesellschafter verteilt. Über die Gewinnverteilung muß nach Gewinnfeststellung nicht entschieden werden, da ein Verteilungsschlüssel festgelegt ist. Das bedeutet aber noch nicht, daß der ganze festgestellte Gewinn auch entnommen werden darf. Vielmehr bestimmt sich dies nach dem Entnahmerecht[294]. Personengesellschafter[295] haben grundsätzlich das Recht, den ihnen zufallenden Gewinnanteil zu entnehmen. Rücklagen können nur gebildet werden, wenn dies vertraglich vereinbart wurde[296]. Nach Gewinnfeststellung haben sie daher einen durchsetzbaren Zahlungsanspruch gegen die Gesellschaft[297]. Lediglich vertretungsberechtigte Gesellschafter dürfen im Rahmen ihrer Vertretungsmacht (§181 BGB) Gesellschaftsvermögen selbständig entnehmen.

Zahlungsansprüche der Kapitalgesellschafter[298] entstehen dagegen erst mit Gewinnfeststellungs- und -verwendungsbeschluß[299]. Eine gesetzliche Vermutung, daß keine Rücklagen gebildet werden, gibt es bei Kapitalgesellschaften nicht.

(1) Personengesellschaften

Alleine die Differenzierung nach der Gesellschaftsform genügt nicht, um verständlich darzustellen, wann ein Gesellschafter wirtschaftlich über Gesellschaftsvermögen verfügen kann. Um einen Überblick über die verschiedenen Möglichkeiten eines Gesellschafters, wirtschaftliche Verfügungsmacht zu erlangen, darzustellen, muß weiter zwischen dem gewinnabhängigen und dem gewinnunabhängigen Entnahmerecht unterschieden werden, für das je nach Gesellschaftsformen unterschiedliche gesetzliche Regelungen vorgesehen sind. Des weiteren ist zu beachten, daß das Entnahmerecht auch durch Gesellschaftsvertrag abweichend von den gesetzlich vorgesehenen Regelungen vereinbart werden kann.

(a) Gewinnabhängiges Entnahmerecht

Bei der GbR[300] hat der Gesellschafter grundsätzlich erst bei Auflösung der Gesellschaft einen Anspruch auf Verteilung von Verlust und Gewinn (§ 721 I

---

293 Näheres dazu im nächsten Gliederungspunkt.

294 Es kann auch sein, daß der verteilte Gewinn lediglich auf das Kapitalkonto des Gesellschafters verbucht wird, aber nicht oder nur teilweise entnommen werden darf.

295 Dies gilt für die OHG und die KG, aber nicht für die GbR.

296 Baumbach/Hopt § 120 Rn. 8.

297 Baumbach/Hopt § 122 Rn. 5.

298 Näheres dazu siehe S. 95 ff. (Kapitalgesellschaften).

299 Vgl. § 174 I AktG und § 29 I GmbHG.

BGB). Nur bei längerer Dauer der Gesellschaft kann vom Gesellschafter im Zweifel am Schluß des Geschäftsjahres Gewinnverteilung verlangt werden (§ 721 II BGB).

Für die OHG gelten dagegen schon Sonderregeln: Nach § 122 I Alt. 2 HGB hat der Gesellschafter einer OHG ein gewinnabhängiges Entnahmerecht, wenn der Gewinnanteil des Gesellschafters höher als 4% des Kapitalanteils ausfällt.

Bei Kommanditgesellschaften ist zwischen dem Entnahmerecht des Kommanditisten und dem des Komplementärs zu unterscheiden. Für den Komplementär gelten nach § 161 III HGB mangels spezieller Regelungen die den Gesellschafter der OHG betreffenden Vorschriften. Nach § 169 I 1 HGB findet § 122 HGB auf den Kommanditisten keine Anwendung. Den ihm zukommenden Gewinn darf der Kommanditist grundsätzlich ganz entnehmen[301].

Soviel zu den gesetzlichen Regelungen. Für vertragliche Gestaltungsmöglichkeiten besteht bei Personengesellschaften ein größerer Spielraum als bei Kapitalgesellschaften. Die obengenannten gesetzlichen Regelungen können sowohl eingeschränkt als auch erweitert werden[302]. Als begrenzendes Merkmal muß z.B. § 138 BGB und die Kernbereichslehre[303] berücksichtigt werden. Für Personengesellschaften kann beispielsweise entgegen § 122 I HGB eine Rücklagenbildung vertraglich geregelt werden[304]. Nicht entnehmbare Beträge können auf einem Darlehenskonto gutzuschreiben sein[305].

Neben der Möglichkeit des Gesellschafters, den Gewinn nach Gewinnfeststellungs- (und -verwendungs-)beschluß zu entnehmen, könnte ein Gesellschafter die Möglichkeit haben, den Gewinn noch vor dessen endgültiger förmlicher Feststellung zu entnehmen. Eine solche Vorabbeteiligung am erwarteten Gewinn ist nur für Aktiengesellschaften gesetzlich vorgesehen (§ 59 AktG). Bei Personengesellschaften spricht gegen die Vorabausschüttung aber weniger als bei Kapitalgesellschaften, da ja zumindest die Gesellschafter persönlich haften. Das Risiko der Gläubiger, daß ihre Forderungen gegen die Gesellschaft nicht erfüllt werden, wird durch Entnahmen aus dem Gesellschaftsvermögen grundsätzlich nicht er-

---

300 Die GbR kann umsatz- und gewerbesteuerpflichtig sein, vgl. § 5 I 3 GewStG und § 13 II UStG bzw. dazu Nieskens in Rau/Dürrwächter § 13 Rn. 384.

301 Baumbach/Hopt § 169 Rn. 2. Dies gilt zumindest, solange die Höhe seines Kapitalanteil mindestens die Pflichteinlage erreicht.

302 Vgl. BGH NJW-RR 1994, 996; Emmerich in Heymann § 120 Rn. 16.

303 K. Schmidt S. 478 f.

304 Baumbach/Hopt § 122 Rn. 16.

305 Baumbach/Hopt § 120 Rn. 20, 3 167 Rn. 7.

höht. Die Entnahmeberechtigung kann daher für Personengesellschaften abweichend von § 122 I HGB geregelt werden[306].

Zum gewinnabhängigen Entnahmerecht des Personengesellschafters bleibt zusammenfassend festzuhalten, daß ein Gewinnverwendungsbeschluß nicht mehr erforderlich ist, da das Entnahmerecht des Gesellschafters der OHG und KG entweder nach Gesetz oder Vertrag festgelegt ist[307]. Trotzdem bedarf es zur Konkretisierung aber noch eines Gewinnfeststellungsbeschlusses durch die Gesellschafter.

(b) Gewinnunabhängige Entnahme

Eine gesetzliche Regelung eines gewinnunabhängigen Entnahmerechts der Gesellschafter fehlt bei der GbR. Bei der OHG dagegen kann der Gesellschafter nach § 122 I Alt. 1 HGB dagegen jährlich 4% des letzten Kapitalanteils entnehmen. Dies gilt auch für den Komplementär. Wie sich aus § 167 I HGB ergibt, hat der Kommanditist wiederum kein gewinnunabhängiges Entnahmerecht[308]. Es kann aber grundsätzlich für jeden Personengesellschafter im Gesellschaftsvertrag geregelt werden, daß er unabhängig vom Gewinn der Gesellschaft Gesellschaftsvermögen entnehmen darf. Beschränkungen und Erweiterungen des § 167 HGB sind zulässig.

(c) Zwischenergebnis zu Personengesellschaften:

Die rudimentären Vorschriften über den Jahresabschluß (§§ 242 ff. HGB) lassen hinsichtlich der Feststellung des Gewinns wesentlich mehr Spielraum als bei den Kapitalgesellschaften[309]. Vertraglich kann für alle Personengesellschafter ein ähnliches Entnahmerecht vereinbart werden, ein Unterschied besteht hauptsächlich in den dispositiven gesetzlichen Entnahmeregeln.

(2) Kapitalgesellschaften

(a) Grundsatz

Gesetzliche Regelungen über das Entnahmerecht von Kapitalgesellschaftern gibt es nicht wie bei Personengesellschaften. Selbst wenn der Gewinn der Gesell-

---

306 Klunzinger S. 71.

307 Festgelegt wird beim gewinnabhängigen Entnahmerecht regelmäßig nicht ein fester Betrag, sondern ein bestimmter Gewinnanteil.

308 Baumbach/Hopt § 167 Rn. 1.

309 S.o. Fn. 302.

schaft festgestellt wurde, muß noch kein Anspruch des Gesellschafters auf Auszahlung eines Gewinnanteils bestehen. Erst mit dem Gewinnverwendungsbeschluß entsteht ein Anspruch des Kapitalgesellschafters auf den ihm zustehenden Gewinnanteil. Allerdings ist bei Kapitalgesellschaften das Fremdorganschaftsprinzip zu beachten. Dieses Prinzip besagt, daß ein Geschäftsführer nicht Gesellschafter sein muß und Kapitalgesellschaftern grundsätzlich keine Geschäftsführerfunktion zukommt[310] (grundsätzliche Unterschiede zwischen den beiden Gesellschaftsformen: persönliches Engagement gegenüber kapitalistischer Beteiligung). Nur der Geschäftsführer kann für die Gesellschaft handeln, insbesondere Steuern der Gesellschaft hinterziehen (und auch Gesellschaftsvermögen eigenmächtig entnehmen). Es muß hier also nicht allgemein auf den Kapitalgesellschafter, sondern auf die besondere Form des Gesellschafter-Geschäftsführers abgestellt werden. Einem Gesellschafter-Geschäftsführer kann aber nur in seiner Funktion als Geschäftsführer ein dem Entnahmerecht des Personengesellschafters ähnliches Recht zustehen.

(b) GmbH

Bei dem Gesellschafter-Geschäftsführer der GmbH ist zwischen den Rechten zu unterscheiden, die ihm als Gesellschafter und solchen die ihm als Geschäftsführer zukommen.

(i) GmbH-Geschäftsführer

Ein Entnahmerecht des Geschäftsführers der GmbH ist gesetzlich nicht ausdrücklich geregelt. Insbesondere besteht kein dem § 89 I 4 AktG entsprechendes Entnahmerecht des GmbH-Geschäftsführers. Zu den Befugnissen des Geschäftsführers könnte jedoch auch Entnahmerecht in der Form des Zahlungsanspruchs oder auch ein Recht zur eigenständigen Entnahme gehören. Der Geschäftsführer kann wirksam Geschäfte für die Gesellschaft schließen und damit evtl. auch Gesellschaftsvermögen in sein Privatvermögen überführen. Ob der Geschäftsführer Entnahmen zu eigenen Gunsten tätigen kann, hängt also vom Umfang der Geschäftsführungsbefugnis des Geschäftsführers ab. Bei der Entscheidung über Entnahmen ist er jedenfalls an Weisungen der Gesellschafter gebunden. Die Weisungsgebundenheit der Geschäftsführer ergibt sich mittelbar aus §§ 6 III, 37 I, 38 I, 46 Nr. 5 und 6 GmbHG[311]. Ein Zahlungsanspruch des Geschäftsführers ohne Zustimmung der Gesellschafter ist jedoch nicht zur Geschäftsführung erforder-

---

310 Prinzip der Fremdorganschaft, vgl. K. Schmidt S. 415 ff.

311 Altmeppen in R/A § 37 Rn. 3.

lich. Über die Gewinnverwendung – und damit auch über gewinnabhängige Entnahmen – haben nach § 29 II GmbHG auch die Gesellschafter zu entscheiden. Diese Regelung ist aber dispositiv[312]. Insbesondere kann auch den Geschäftsführern die Aufgabe übertragen werden, eigenmächtig die ihnen zustehenden Gewinnanteile[313] zu entnehmen.

Geschäftsführer haben grundsätzlich auch einen Anspruch auf Entlohnung bzw. auf Erstattung von Auslagen. In der Regel wird jedoch der Zusammenhang zwischen dem Anspruch und der Steuerhinterziehung fehlen, da zur Zahlung des Anspruchs Gesellschaftsvermögen eingesetzt wird, dessen Herkunft nicht feststeht. Wenn die hinterzogenen Steuern ins Gesellschaftsvermögen flossen, hat der Geschäftsführer nicht gerade die hinterzogenen Steuern bezahlt bekommen[314]. Dies gilt zumindest dann, wenn sie eine vereinbarte Summe bzw. eine Auslagenentschädigung beziehen. Geschäftsführer werden jedoch häufig am Gewinn beteiligt. Dann sind sie strafrechtlich wie Gesellschafter zu behandeln, da in ihrer Entlohnung dann anteilig die hinterzogenen Steuern enthalten sein können.

(ii) GmbH-Gesellschafter

Wie bereits einleitend festgestellt wurde, ist bei Kapitalgesellschaften weder ein gewinnunabhängiges noch ein gewinnabhängiges gesetzliches Entnahmerecht vorgesehen[315]. Bei der GmbH haben Gesellschafter nach § 29 I GmbH grundsätzlich einen Anspruch auf Gewinnbeteiligung, ein Entnahmerecht ist jedoch nicht geregelt. Einen gesetzlichen Anspruch auf Gewinnausschüttung gab es nur nach altem Recht („Vollausschüttungsgebot")[316]. Seit der durch das Bilanzrichtliniengesetz verwirklichten Reform gilt dieses Gebot nicht mehr. Vielmehr wurde das Prinzip eingeführt, daß durch Gesellschafterbeschluß entschieden werden muß, inwieweit die erzielten Gewinne der GmbH ausgeschüttet werden sollen[317]. Das bedeutet, daß ein Gesellschafter nur mit Zustimmung bzw. erst nach Beschlußfassung der restlichen Gesellschafter entnehmen darf. Erst der Gewinnverwendungsbeschluß läßt mangels abweichender Satzungsregelung den Gewinnanspruch entstehen[318]. Die Gewinnverteilung muß nicht beschlossen werden, da sie sich grundsätzlich nach Vertrag oder Gesetz bestimmt. Folglich

---

312 K. Schmidt S. 1090.

313 Wenn vertraglich vereinbart (Tantieme).

314 Näher dazu unten S. 116 f. (Gewinnunabhängige Entnahme).

315 S.o. S. 95 (Kapitalgesellschaften).

316 Nach § 29 GmbHG a.F., geändert durch BiRiLiG 1985 (BGBl. I 2355, 2398).

317 Roth in R/A § 29 Rn. 48.

318 So Roth in R/A § 29 Rn. 47; a.A. Hommelhoff in FS Rohwedder, 1994, 171.

kommt es auf den Gewinnverwendungsbeschluß an[319], der Gewinnverteilungsbeschluß ist dagegen an den gesetzlichen oder vertraglichen Verteilungsschlüssel gebunden[320]. Der Gesellschafter der GmbH kann also grundsätzlich nicht alleine entscheiden, ob der festgestellte Gewinn inklusive Anteil an den hinterzogenen Steuern ausgeschüttet wird[321]. Daher tritt wirtschaftliche Verfügungsmacht erst mit Zufluß oder mit dem Gewinnverwendungsbeschluß ein.

Dem Gesellschafter der GmbH kann jedoch ein „Entnahmerecht" in der Form eines Zahlungsanspruchs ohne Zustimmung der anderen Gesellschafter eingeräumt werden. Dies kann u.a. dadurch erreicht werden, daß in der Satzung ein „Gewinnverwendungsschlüssel" festgelegt wird[322]. Ein gewinnunabhängiger Zahlungsanspruch des Gesellschafters könnte aber gegen das Fremdorganschaftsprinzip und dem daraus folgenden Gedanken, daß sich die Gesellschafter grundsätzlich nicht persönlich für die Gesellschaft engagieren und daher auch nicht entlohnt werden, verstoßen. Außerdem spricht gegen die gewinnunabhängige Bezahlung, daß die Gesellschafter das eingesetzte Grundkapital nicht zurückbekommen sollen, da es als Haftungsgrundlage in der Gesellschaft verbleiben muß. Wenn nicht das Stammkapital ausgehöhlt wird, kann eine auf vertraglichen Vereinbarungen beruhende gewinnunabhängige Entnahme aber zulässig sein. Als Grenze ist also mindestens § 30 GmbHG zu beachten.

Für die Gesellschafter einer GmbH ist auch – im Gegensatz zu den Aktionären einer AG – eine Vorabbeteiligung nicht gesetzlich geregelt. Abschlagszahlungen auf einen zu erwartenden Gewinn der GmbH, der aber mangels eines förmlichen Gewinnfeststellungsbeschlusses als solcher noch nicht entstanden ist, werden grundsätzlich für zulässig erachtet[323]. Auch bei der GmbH ist nicht nur der festgestellte Bilanzgewinn ausschüttungsfähig. Eine ausschüttungsfähige Vermögensmasse muß aber vorhanden sein. Das bedeutet, daß die gesetzlichen Ausschüttungsbeschränkungen wie z.B. § 30 GmbHG beachtet werden müssen. Die Vorabausschüttung bedarf aber eines Gesellschafterbeschlusses[324].

---

319 So auch Roth in R/A § 29 Rn. 47: Erst der Beschluß über die Verwendung des Ergebnisses (§ 46 Nr. 1), das sich aus dem Jahresabschluß ergibt – frühere Terminologie: Gewinnverteilungsbeschluß –, läßt mangels abweichender Satzungsregelung den Gewinnanspruch entstehen (a.A. Hommelhoff FS Rowedder, 1994, 171).

320 Roth in R/A § 29 Rn. 47.

321 Außer er ist Allein- oder zumindest Mehrheitsgesellschafter.

322 Roth in R/A § 29 Rn. 20.

323 Roth in R/A § 29 Rn. 51.

324 Roth in R/A § 29 Rn. 51.

Da die Verwendung des festgestellten Gewinns durch Mehrheitsentschluß gefaßt werden kann, hat ein Mehrheitsgesellschafter bereits vor dem Gewinnverwendungsbeschluß wirtschaftliche Verfügungsmacht über seinen Gewinnanteil. Dasselbe gilt für die Gewinnfeststellung. Er selbst kann zwar nicht eigenständig Gesellschaftsvermögen entnehmen. Wirtschaftliche Verfügungsmacht erlangt er aber bereits dadurch, daß er die Höhe seines Anspruchs gegen die Gesellschaft bestimmen kann.

(iii) Zwischenergebnis:

Gesellschafter einer GmbH haben Anspruch auf Gewinnbeteiligung und auf Vorabausschüttung, aber kein gewinnunabhängiges Entnahmerecht. Ein fester Gewinnverwendungsschlüssel (Gewinnverwendung wird im voraus prozentual festgelegt) kann jedoch vereinbart werden. Mehrheitsgesellschafter einer GmbH haben ein dem Entnahmerecht des Personengesellschafters vergleichbares Recht, da nur die Gewinnfeststellung beschlossen werden muß. Wenn diese auch vom Mehrheitsgesellschafter alleine getroffen werden kann, kommt es nur darauf an, daß objektiv auch Gewinn erzielt wurde bzw. eine solche Gewinnfeststellung möglich ist. Geschäftsführer haben dagegen nur einen Anspruch auf Entlohnung bzw. auf Gewinnbeteiligung, sofern dies vertraglich vereinbart wurde. Sie haben aufgrund ihrer Weisungsgebundenheit nicht das Recht, eigenständig Gesellschaftsvermögen zu entnehmen.

(c) Aktiengesellschaft

Auch bei der AG muß zwischen Ansprüchen der Vorstände und denen der Aktionäre unterschieden werden.

(i) Vorstand

Gesetzlich geregelt ist lediglich ein Entnahmerecht, nicht aber ein Zahlungsanspruch des Vorstands. Das Entnahmerecht des Vorstands ergibt sich aus § 89 I 4 AktG. Grundsätzlich kann er nur aufgrund eines Beschlusses des Aufsichtsrats (=AR) entnehmen. Bezüge kann der Vorstand selbständig entnehmen, Vorschüsse sind dagegen nach § 89 I 4 AktG wie Kredite zu behandeln. D.h. ihre Entnahme darf nur aufgrund eines Beschlusses des AR erfolgen. Das Entnahmerecht kann aber vertraglich erweitert werden, insbesondere können Entnahmen über den in § 89 I 4 AktG beschriebenen Rahmen hinaus nach vertraglichen Vereinbarungen ohne Gesellschafterbeschluß getätigt werden. Über den in § 89 I 4 AktG beschriebenen Rahmen hinausgehende Entnahmen bedürfen jedenfalls eines AR-Beschlusses.

Der Vorstand leitet zwar die Gesellschaft unter eigener Verantwortung. Dabei hat er jedoch die Belange der Gesellschaft zu beachten. Eine generelle Antwort läßt sich daher auf die Frage, ob der Vorstand private Entnahmen veranlassen darf, nicht geben. Grundsätzlich darf nicht ohne die Zustimmung des AR entnommen werden, vgl. § 89 I 4 AktG. Vertraglich können außerdem ein fester Lohn und Gewinnbeteiligungen vereinbart werden.

(ii) Aktionär

Der Aktionär hat einen Anspruch auf Gewinnbeteiligung (Dividende). Dieser Anspruch entsteht aber erst mit dem Gewinnverwendungsbeschluß. Ein dem Entnahmerecht nach § 122 HGB entsprechender Anspruch kommt dem Aktionär nicht zu. Dem Gewinnverwendungsbeschluß geht der Gewinnfeststellungsbeschluß (Teil des Jahresabschlusses) voraus. Die Feststellung des Jahresabschlusses obliegt normalerweise Vorstand und AR. Mit dem Jahresabschluß wird bereits entschieden, welche Gewinnanteile den Rücklagen zugeführt werden sollen (§§ 158, 172 AktG). Im Hinblick darauf bestimmt § 58 II AktG, daß Vorstand und AR auf diese Weise höchstens über die Hälfte des Bilanzgewinns verfügen können, über die zweite Hälfte muß die Hauptversammlung (HV) entscheiden (§ 174 I 1 AktG)[325]. Da ein Mehrheitsgesellschafter damit mindestens über die Verwendung der Hälfte des festgestellten Gewinns entscheiden kann (und es nicht nur auf das Recht zur eigenmächtigen Entnahme ankommt), kann er jedenfalls über die Hälfte des ihm nach § 60 AktG zustehenden Gewinns[326] inklusive hinterzogener Steuern wirtschaftliche Verfügungsmacht erlangen, bevor er (zur Hälfte) den Verwendungsschlüssel festlegt. Ein Recht zur eigenständigen Entnahme kann dem Mehrheitsgesellschafter trotzdem nicht zukommen, da nicht er, sondern der Vorstand geschäftsführungsberechtigt ist und der Vorstand grundsätzlich nicht Weisungen unterliegt. Er kann daher auch nicht die Entscheidung des Vorstands und des AR bestimmen.

Die Satzung kann nach § 60 III AktG eine andere Entscheidungskompetenz über die Gewinnverwendung vorsehen. Über die Grenze des § 58 II 1 AktG hinaus kann zugunsten des Vorstands und des AR nur durch Satzung entschieden werden, § 58 II 2 AktG. Die Rechte des Vorstands und AR können jedoch weiter beschnitten werden. Insbesondere können sie vertraglich auch von der Bestimmung über die Gewinnverwendung ausgeschlossen werden. In diesem Fall hat ein

---

325 Westermann in DRLex zur Gewinnverwendung; K. Schmidt S. 766.

326 Die Gewinnverwendung bestimmt sich im Aktienrecht nach den Verhältnis der Gesellschaftsanteile bzw. Aktiennennbeträge, vgl. § 60 AktG.

Mehrheitsgesellschafter die alleinige Entscheidungsmacht über die Gewinnverwendung und damit wirtschaftliche Verfügungsmacht über den festgestellten, ihm nach § 60 AktG zustehenden Gewinn.

Der Aktionär hat in der Regel mit dem Gewinnverwendungsbeschluß wirtschaftliche Verfügungsmacht über das ihm zufallende Gesellschaftsvermögen. Auf den Gewinnverteilungsbeschluß kommt es solange nicht an, wie kein Ermessensspielraum bei der Gewinnverteilung besteht. Das auf Zahlung von Dividende gerichtetes Gläubigerrecht entsteht mit Wirksamwerden des Gewinnverwendungsbeschlusses (§ 174 AktG). Anspruchsgrundlage ist § 58 IV AktG i.V.m. diesem Beschluß[327].

Für den Aktionär ist auch nach § 59 AktG eine Vorabbeteiligung am erwarteten Gewinn vorgesehen. Außerdem kann im Gesellschaftsvertrag vereinbart werden, daß dem Aktionär ein gewinnunabhängiger Zahlungsanspruch zustehen soll. Über einen gewinnunabhängigen Zahlungsanspruch darf aber jedenfalls nicht das Stammkapital der Gesellschaft entzogen werden.

(d) Zusammenfassung Kapitalgesellschaften

Einem Gesellschafter-Geschäftsführer einer Kapitalgesellschaft kann in seiner Funktion als Geschäftsführer ein Entnahmerecht zustehen. Das Entnahmerecht des Vorstands der AG ist in § 89 I 4 AktG geregelt. Allerdings darf ein Vorstand erst nach Gesellschafterbeschluß entnehmen. Ein Entnahmerecht des GmbH-Geschäftsführers ist gesetzlich nicht vorgesehen, kann aber vertraglich vereinbart werden. Bei der GmbH besteht allerdings ein Weisungsrecht der Gesellschafter gegenüber den Geschäftsführern.

Kapitalgesellschafter haben kein dem Entnahmerecht des Personengesellschafters entsprechendes Recht. Ein Anspruch auf Gewinn entsteht, sobald Gewinn festgestellt und seine Verwendung beschlossen wurde. Gewinnunabhängige Zahlungsansprüche können vereinbart werden. Allerdings darf über einen solchen Zahlungsanspruch nicht das Stammkapital der Gesellschaft ausgehöhlt werden.

Ein Mehrheitsgesellschafter der GmbH kann sowohl die Voraussetzungen für seinen (durchsetzbaren) Zahlungsanspruch gegen die Gesellschaft schaffen als auch Vorabausschüttung veranlassen, da er Gewinn feststellen und die Gewinnverwendung bestimmen kann. Der Mehrheitsgesellschafter der AG kann auch schon vor Gewinnverwendungsbeschluß wirtschaftliche Verfügungsmacht erlangen, wenn er als Mehrheitsgesellschafter den Beschluß herbeiführen kann, re-

327 Hüffer § 58 Rn. 28.

gelmäßig aber nur zur Hälfte, vgl. § 58 II AktG. Dieser „Halbteilungsgrundsatz“ kann jedoch zugunsten der Gesellschafter erweitert werden.

(3) Zusammenfassung Allgemeines zu Gesellschaften

Die Voraussetzungen der Zahlungsansprüche der Gesellschafter unterscheiden sich zwar nach der Gesellschaftsform. Im Ergebnis gibt es jedoch aus strafrechtlicher Sicht keine grundlegenden Unterschiede zwischen den verschiedenen Gesellschaftsformen, da bei allen Gesellschaftsformen zumindest ein Gesellschafterbeschluß erforderlich ist.

Ein Personengesellschafter kann grundsätzlich nach Gewinnfeststellungsbeschluß, ein Kapitalgesellschafter erst nach Gewinnverwendungsbeschluß über den auf ihn entfallenden Gewinnanteil wirtschaftlich verfügen. Bei gewinnabhängigen Zahlungsansprüchen ist also zumindest ein Gewinnfeststellungsbeschluß der Gesellschafter erforderlich. Daß bei Kapitalgesellschaften zusätzlich noch ein Gewinnverwendungsbeschluß ergehen muß, hat für die strafrechtliche Bewertung zwar Bedeutung. Am Ergebnis, daß der Gesellschafter vor Gesellschaftsbeschluß keinen Zahlungsanspruch hat, ändert dies jedoch nichts. Allerdings können Allein- oder Mehrheitsgesellschafter die Voraussetzungen ihres Zahlungsanspruchs alleine veranlassen und daher schon vor Gewinnfeststellungsbeschluß wirtschaftlich über das ihnen zustehende Gesellschaftsvermögen verfügen.

Sowohl bei Personen- als auch bei Kapitalgesellschaften kann ein gewinnunabhängiger Zahlungsanspruch vereinbart werden. Bei Kapitalgesellschaften darf über diesen jedoch nicht das Stammkapital ausgehöhlt werden. Besteht dieser Zahlungsanspruch nicht nur unabhängig vom Gewinn, sondern auch unabhängig vom Kapitalanteil des Gesellschafters, ist kein Gewinnfeststellungsbeschluß der Gesellschafter erforderlich. Allerdings muß auch bei diesem Zahlungsanspruch von den Gesellschaftern beschlossen werden, daß überhaupt entnehmbares Gesellschaftsvermögen vorhanden ist. Einen gänzlich von einem Gesellschafterbeschluß unabhängigen durchsetzbaren Zahlungsanspruch eines Gesellschafters gibt es daher nicht. Ein Gesellschafter kann daher vor dem Gewinnfeststellungsbeschluß bzw. dem Entschluß, daß genügend entnehmbares Vermögen für den gewinnunabhängigen Zahlungsanspruch vorhanden ist, wirtschaftlich über den ihm zustehenden Teil am Gesellschaftsvermögen verfügen, wenn er Allein- oder Mehrheitsgesellschafter ist und durch Mehrheitsbeschluß entschieden werden kann.

b) Wirtschaftliche Verfügungsmacht über die hinterzogenen Steuern aufgrund eines Entnahmerechts / Zahlungsanspruchs

Anschließend an die Darstellung der Entnahmerechte bzw. Zahlungsansprüche der Gesellschafter soll nun geklärt werden, ob aufgrund eines solchen Anspruchs wirtschaftliche Verfügungsmacht über die hinterzogenen Steuern erlangt werden kann. Wirtschaftlich verfügen können Gesellschafter nur dann über die hinterzogenen Steuern, wenn diese Teil des Gesellschaftsvermögens wurden, über das sie bereits wirtschaftlich die Verfügungsmacht ausüben. Ab wann ein Gesellschafter wirtschaftlich über Teile des Gesellschaftsvermögens verfügen kann und ob darin dann auch anteilig die hinterzogenen Steuern enthalten sind, hängt von der Gestaltung des Einzelfalls ab.

(1) Gewinnabhängige Entnahmerechte

Wie bereits oben festgestellt wurde[328], hat der Gesellschafter grundsätzlich nach Gewinnfeststellung einen Zahlungsanspruch auf den ihm zustehenden Teil des Gesellschaftsvermögen und kann daher darüber wirtschaftlich verfügen. Der Kapitalgesellschafter hat dagegen erst wirtschaftliche Verfügungsmacht über Gesellschaftsvermögen, wenn der Gewinn festgestellt und beschlossen wird, daß Teile des Gewinns ausgeschüttet werden (Gewinnverwendungsbeschluß)[329].

(a) Steuerhinterziehung und Selbstanzeige vor Gewinnfeststellungsbeschluß

Erstattet ein hinterziehender Gesellschafter Selbstanzeige, bevor die Bilanz aufgestellt und die Gewinnverwendung beschlossen wurde, stellt sich die Frage, ob er zur Erlangung der Straffreiheit auch (anteilig) die hinterzogenen Steuern nachentrichten muß, um straffrei zu werden. Dies hängt davon ab, ob er auch schon vor der Fassung dieser Beschlüsse wirtschaftlich über das hinterzogene Vermögen einschließlich der hinterzogenen Steuern verfügen kann.

Beispiel 23: Der Gesellschafter G der A-OHG[330] führt eine umsatzsteuerpflichtige Tätigkeit für die Gesellschaft aus und verlangt vom Abnehmer sowohl das Entgelt als auch die angefallene USt. Für diese Tätigkeit und die eingenommene USt stellt G jedoch keine schriftliche Rechnung aus. Auch wird der Vorgang nicht in den Aufzeichnungen und Unterlagen der Gesellschaft

---

328 S.o. S. 91 f.

329 Und der Gesellschafter nach Gesetz oder Vertrag bei der Gewinnverteilung berücksichtigt wird. Anders bei Liquidation der Gesellschaft.

330 Das Folgende gilt für alle Gesellschaftsformen.

festgehalten, da die USt hinterzogen werden soll. Bei der Voranmeldung wird die angefallene USt wie geplant verschwiegen.

Lsg.: Die Steuerhinterziehung wurde spätestens dadurch vollendet, daß G eine falsche USt-Voranmeldung abgegeben hat. Bei Abgabe der falschen USt-Voranmeldung hat die Gesellschaft noch keinen Gewinnfeststellungsbeschluß für das laufende Geschäftsjahr getroffen. Ob die Gesellschaft insgesamt einen Gewinn erzielen wird, läßt sich zu diesem Zeitpunkt daher noch nicht feststellen. Für den Gesellschafter ist noch ungewiß, ob er einen Teil des hinterzogenen Betrages am Jahresende als Gewinnbeteiligung entnehmen kann. Gesellschafter haben in der Regel ein gewinnabhängiges Entnahmerecht. Der Gewinn der Gesellschafter wird dabei anteilig auf die Gesellschafter verteilt. Die gewinnabhängige Entnahme setzt aber voraus, daß die Gesellschaft überhaupt einen Gewinn erzielt hat. Der Gewinn wird erst am Ende des Geschäftsjahres ermittelt. Bis dahin können noch Ereignisse eintreten, die die Gewinnaussichten der Gesellschaft vernichten können. Außerdem muß der Gewinn zuerst durch einen Gesellschafterbeschluß festgestellt werden. Zur Bestimmung des gewinnabhängigen Entnahmerechts ist mindestens ein Gewinnfeststellungsbeschluß der Gesellschafter erforderlich. Vor diesem Beschluß wird der Gesellschafter daher regelmäßig Steuern noch nicht zu seinen Gunsten hinterzogen haben, da er noch keinen konkreten Vorteil erlangt hat. Auch kann noch über die Gewinnverwendung, z.B. über eine Thesaurierung des Gewinns, zu entscheiden sein[331].

Zum Zeitpunkt der Hinterziehung hat der Gesellschafter daher jedenfalls grundsätzlich noch kein gewinnabhängiges Entnahmerecht und damit noch keine wirtschaftliche Verfügungsmacht über den hinterzogenen Betrag, da noch nicht feststeht, daß die Gesellschaft überhaupt einen Gewinn erzielen wird. Davor hat der Gesellschafter höchstens dadurch einen Vorteil erlangt, daß sein Gesellschaftsanteil an Wert gewonnen hat. Dieser Vorteil ist jedoch noch nicht konkret genug[332].

Die Beantwortung der Frage, ob ein Gesellschafter über Teile der hinterzogenen Steuern verfügen kann, fällt dagegen anders aus, wenn die Steuerhinterziehung nach Ablauf des Veranlagungszeitraums begangen wird[333]. Nach Ablauf sind die maßgeblichen wirtschaftlichen Vorgänge, die zur Gewinnberechnung beitragen, bereits geschehen. Lediglich der Gewinnfeststellungsbeschluß der Gesellschafter

---

331 Auch bei Personengesellschaften gibt es die Möglichkeit, daß Gewinne reinvestiert werden, s.o. S. 91 f.

332 S.o. S. 82 f. (Mindestvoraussetzung Konkretisierung).

333 Dieser Fall gilt für alle Gesellschaftsformen.

steht noch aus. Auch nach Ablauf des Veranlagungszeitraums kann jedoch noch nicht objektiv festgestellt werden, in welcher Höhe die Gesellschafter den Gewinn feststellen werden, da den Gesellschaftern bei der Gewinnfeststellung ein gewisser Spielraum zukommt. Insbesondere muß noch nicht feststehen, ob stille Reserven gebildet werden. Auch kann bei der Bewertung von einzelnen Gegenständen des Gesellschaftsvermögens ein Spielraum bestehen.

Vor dem Gewinnfeststellungsbeschluß kann daher nicht objektiv bestimmt werden, ob die Gesellschaft überhaupt und – wenn ja – in welcher Höhe einen Gewinn erzielt hat. Ein einzelner Gesellschafter hat daher nur dann wirtschaftliche Verfügungsmacht erlangt, wenn er den Gewinn alleine feststellen kann. Kann der Gesellschafter diesen Beschluß nicht alleine treffen, hat er frühestens mit Beschlußfassung anteilig über Gesellschaftsvermögen und damit auch über die hinterzogenen Steuern verfügen. Wenn die Gesellschafter außerdem über die Gewinnverwendung zu entscheiden haben, kann das Ergebnis entstehen, daß der Gesellschafter keine Gewinnbeteiligung bekommt, weil nach dem Gesellschafterbeschluß z.B. Rücklagen gebildet werden oder eine sonstige Thesaurierung stattfindet. In diesem Fall kann er die hinterzogenen Steuern nicht entnehmen. Er hat keine wirtschaftliche Verfügungsmacht und damit Steuern nicht zu seinen Gunsten hinterzogen.

Dies beinhaltet jedoch auch, daß ein Allein- oder Mehrheitsgesellschafter, der ausnahmsweise alleine Gesellschaftsbeschlüsse treffen kann[334], nach Ablauf des Veranlagungszeitraums auch ohne Gewinnfeststellungsbeschluß über das Gesellschaftsvermögen einschließlich hinterzogener Steuern verfügen kann. Im folgenden werden solche Konstellationen, bei denen Personen- und Kapitalgesellschafter alleine Beschlüsse „der Gesellschaft“ treffen können, kurz aufgezeigt[335].

(i) Verfügungsmacht des Personengesellschafters

Grundsätzlich kann ein Personengesellschafter alleine nicht über den Jahresabschluß entscheiden. Bei Personengesellschaften hat nach § 119 HGB jeder Gesellschafter ein Stimmrecht. Die Stimmrechte der Gesellschafter sind dabei gleichrangig. Es wird daher „nach Köpfen“ entschieden („Kopfprinzip“). Außerdem werden Gesellschaftsbeschlüsse einstimmig entschieden, solange nicht eine Mehrheitsbeschlußfassung vereinbart wurde. Verträge, nach denen mit einfacher Mehrheit der Stimmen beschlossen werden kann, sind grundsätzlich zulässig[336].

---

334 Dies muß zumindest bei Personengesellschaften explizit vereinbart werden.

335 Vgl. auch Claussen ZGR 1992, 261.

336 Vgl. Emmerich in Heymann § und BGH BB 1976, 948 f. mit Anm. von Ulmer.

Bei Personengesellschaften wird jedem Gesellschafter freigestellt, ob er sich einer Vertragsänderung durch Mehrheitsbeschluß unterwerfen will[337]. Gesellschaftern kann ein doppeltes Stimmrecht eingeräumt oder sogar das Stimmrecht versagt werden[338]. Inhaltsgrenzen der Mehrheitsherrschaft sind die Kernbereichslehre, zwingendes Recht und gute Sitten, der Gleichbehandlungsgrundsatz, die Treuepflicht und mehrheitsfeste Minderheitenrechte[339]. Das Problem der Bestimmung dieser Grenzen liegt dabei nicht im Prinzip, sondern in Detailfragen: welche Gesetze stehen entgegen, wann ist ein Beschluß sittenwidrig usw.[340]

Als Grundsatz wird man festhalten können, daß der Ausschluß der Gesellschafter von der Teilnahme an der Willensbildung nur im Rahmen der laufenden Verwaltung unbedenklich ist, dagegen bei jeder strukturändernden Maßnahme besonderer Rechtfertigung bedarf[341]. Wenn sich die Gesellschafter auf einen Vertrag einigten, nach dem der Gewinnverteilungsbeschluß von einer einfachen Mehrheit bestimmt werden kann, ist der Kernbereichslehre ausreichend Rechnung getragen. Die gesetzliche Regelung (§ 119 HGB), daß nach Köpfen entschieden wird, ist also dispositiv.

Im Gesellschaftsvertrag können zwar Mehrheitsbeschlüsse vorgesehen werden, eine dahingehende vertragliche Regelung, daß faktisch ein Gesellschafter alleine über den Jahresabschluß entscheiden kann, ist damit aber noch nicht möglich. Eine dahingehende Regelung müßte entweder einen vertraglichen Stimmrechtsausschluß der anderen Gesellschafter oder ein ungleiches Stimmrecht enthalten. Ob dies möglich ist, ist umstritten[342]. Diese Gestaltungen sind jedenfalls für Beschlüsse, die in die Rechtsstellung des Gesellschafters eingreifen (Kernbereichslehre), ausgeschlossen[343]. In der Praxis kommen insbesondere Vereinbarungen vor, daß das Stimmrecht vom Kapitalanteil abhängt. Wenn ein Stimmrecht nach Kapitalanteilen vereinbart wurde, kann ein Gesellschafter, der die Mehrheit der Anteile hält, einen einfachen Mehrheitsentschluß alleine herbeiführen. Die anderen Gesellschafter müssen mit abstimmen, am Ergebnis können sie anhand der Abstimmung jedoch nichts verändern. Klauseln in Gesellschaftsverträgen, nach denen die Anteilsmehrheit entscheidet, sind unbedenklich, solange nur die Fragen

337 K. Schmidt S. 467 f. (Fn. mit weiteren Nachweisen).

338 K. Schmidt S. 470.

339 K. Schmidt S. 468.

340 K. Schmidt S. 468.

341 K. Schmidt S. 483.

342 Emmerich in Heymann § 119 Rn. 24 f.

343 Baumbach/Hopt § 119 Rn. 13.

der laufenden Geschäftsführung betroffen sind[344]. Dazu gehören durchaus bedeutsame Beschlußgegenstände wie z.B. die Bilanzfeststellung und die Gewinnverwendung. Die Frage, ob ein Gesellschafter alleine über die Bilanzfeststellung und die Gewinnverwendung entscheiden kann, muß aber im Einzelfall geprüft werden. Eine pauschale Bejahung ist nicht möglich. U.U. hängt dies auch vom ursprünglichen Zweck der Gesellschaft ab (evtl. auch davon, ob die Gesellschaft personalistisch oder kapitalistisch organisiert ist[345]).

Z.B. kann die Situation, daß ein Gesellschafter alleine über die Bilanz und die Gewinnverwendung entscheiden kann, nicht dadurch entstehen, daß das Stimmrecht eines Gesellschafters ganz ausgeschlossen wird. Ein Stimmrechtsausschluß ist zumindest dann sittenwidrig, wenn die Kernbereichslehre nicht beachtet wird[346]. Zu den unentziehbaren Gesellschafterrechten gehört nach der Kernbereichslehre auch das Recht, die Regelungen des Vertrages über die Gewinnverteilung mitzubestimmen[347].

Ein Personengesellschafter könnte zumindest dann alleine den Gewinnfeststellungsbeschluß treffen, wenn er der einzige Gesellschafter wäre. Die Zulässigkeit einer solchen Einmann-Personengesellschaft wird jedoch nur von einer Mindermeinung vertreten[348]. Im Ergebnis kann festgehalten werden, daß Einmann-Personengesellschaften höchstens in Ausnahmefällen bestehen können und daher dieser Sonderfall hier nicht berücksichtigt wird.

Bei der stillen Gesellschaft[349] kann zwar der tätige Gesellschafter alleine über den Jahresabschluß entscheiden und der stille Gesellschafter hat bezüglich des Jahresabschlusses lediglich ein Prüfungsrecht, vgl. § 233 I HGB. Die stille Gesellschaft selbst wird aber weder Gläubiger noch Schuldner, sie tritt nicht als Personenverband im Rechtsverkehr auf[350]. Anders als z.B. die GbR kann sie nicht Steuerschuldnerin sein[351]. Der hinterziehende Gesellschafter hinterzieht also nicht zugunsten der stillen Gesellschaft, sondern zu eigenen Gunsten, da er selbst die Steuern der stillen Gesellschaft schuldet.

---

344 Vgl. K. Schmidt S. 460.

345 Dazu näher K. Schmidt S. 463.

346 Baumbach/Hopt § 119 Rn. 13 f.

347 Emmerich in Heymann § 119 Rn. 40.

348 Baumann BB 1998, 225.

349 Zur stillen Gesellschaft Horn in Heymann § 230 Rn. 2 ff. HGB.

350 Horn in Heymann § 230 Rn. 3.

351 Umsatzsteuerrechtlich sind sowohl die typische als auch die atypische stille Gesellschaft unbeachtlich, denn nach außen hin nimmt nur der Geschäftsherr am Wirtschaftsleben teil.

Zusammenfassend läßt sich festhalten, daß die Situation, in der ein Personengesellschafter alleine über die Gewinnfeststellung entscheiden kann, gerade dann entstehen kann, wenn ein Gesellschafter über die Mehrheit der Kapitalanteile verfügt.

(ii) Verfügungsmacht des Kapitalgesellschafters

Sowohl bei Einmann-Kapitalgesellschaften als auch bei anderen GmbH, die von einem Mehrheitsgesellschafter beherrscht werden[352], kann der beherrschende Gesellschafter den Gewinnverwendungs- und -feststellungsbeschluß alleine bestimmen. Anders gestaltet sich der Fall dagegen bei der AG mit Mehrheitsaktionär, da dieser grundsätzlich nicht alleine über die Gewinnverwendung und Gewinnfeststellung entscheiden kann. Vorstand und AR stellen den Gewinn im Jahresabschluß fest und entscheiden über die Verwendung der Hälfte des festgestellten Gewinns[353].

(iii) Zwischenergebnis

Bei Personengesellschaften kann ein Gesellschafter alleine den Gewinn feststellen,

- wenn der Mindermeinung gefolgt wird, daß Personengesellschaften auch aus einer einzigen Person bestehen können („Einmann-Personengesellschaft")[354] oder
- wenn der Gesellschaftsvertrag sowohl Mehrheitsbeschlüsse zuläßt als auch Stimmrechte nach Kapitalanteilen verteilt, da ein Gesellschafter Mehrheitsbeschlüsse alleine treffen kann, wenn er die Mehrheit der Kapitalanteile hält.

Bei Kapitalgesellschaften sind Entschlüsse durch einen Allein- oder Mehrheitsgesellschafter alleine unbedenklich. Nur bei der AG geht das Gesetz nicht davon aus, daß ein Mehrheitsgesellschafter alleine den Gewinn und seine Verwendung beschließen kann. Die Gewinnfeststellung obliegt grundsätzlich dem AR und dem Vorstand, vgl. § 172 AktG, nur ausnahmsweise entscheidet die Hauptversammlung. Vertraglich kann aber auch die Zuständigkeit der Gesellschafter

---

352 Wenn Jahresabschluß und Entscheidung über Gewinnverwendung durch Mehrheitsbeschluß getroffen werden können.

353 S.o. S. 100 (Aktionär).

354 Vgl. dazu Baumann BB 1998, 225.

(Hauptversammlung) für die Gewinnfeststellung und den Beschluß über die Gewinnverwendung geregelt werden.

Selbst wenn der hinterziehende Gesellschafter das Recht hat, seinen Anteil am Gewinn zu entnehmen, können die hinterzogenen Steuern nicht ohne weiteres anteilig dem Gesellschafter zugerechnet werden, solange die Gewinnfeststellung nicht stattgefunden hat. Nur wenn der Gesellschafter als Allein- oder Mehrheitsgesellschafter die Gewinnfeststellung und wenn erforderlich auch den Gewinnverwendungsbeschluß[355] alleine treffen kann, hat er Steuern bereits vor diesen Beschlüssen zu eigenen Gunsten hinterzogen. Ansonsten führt der Vorteil bei der Gesellschaft und das abstrakte Gewinnentnahmerecht des Gesellschafters nicht dazu, daß er Steuern auch zu eigenen Gunsten hinterzogen hat.

(b) Hinterziehung vor bzw. bei Gewinnfeststellung – Selbstanzeige danach

Auch wenn die Nachzahlungspflicht eines hinterziehenden Gesellschafters nach Gewinnfeststellungs- und –verwendungsbeschluß bestimmt werden soll, die Steuern aber vor bzw. bei Beschlußfassung hinterzogen wurden, ist nicht eindeutig, ob er zur Erlangung der Straffreiheit nachzahlen muß. Mit der Gewinnfeststellung (bei Kapitalgesellschaften zusätzlich durch Verwendungsbeschluß) erlangt der Gesellschafter jedenfalls wirtschaftliche Verfügungsmacht über das entnehmbare Gesellschaftsvermögen. Es stellt sich allerdings das Problem, ob in dem entnehmbaren Gesellschaftsvermögen auch Teile der hinterzogenen Steuern enthalten sind und der Gesellschafter daher wirtschaftliche Verfügungsmacht über die hinterzogenen Steuern erlangt.

Beispiel 24: E, ein Gesellschafter der X-OHG, hinterzog USt der Gesellschaft in Höhe von 10.000 DM. Am Ende des Geschäftsjahres wird durch Gesellschaftsbeschluß ein Gewinn der X-OHG i.H.v. 150.000 DM festgestellt und beschlossen, daß 50.000 DM „thesauriert" werden[356], und die 100.000 DM zu gleichen Teilen an die Gesellschafter D, E, F und G ausgeschüttet, also zur Entnahme freigegeben werden.

Variante 1: Wie *Beispiel 24.* Allerdings wurde nur ein Gewinn i.H.v. 100.000 DM festgestellt. In Höhe von 50.000 DM wurden stille Reserven gebildet. Der festgestellte Gewinn soll ganz ausgeschüttet werden.

Variante 2: Der Gewinn wird vollständig thesauriert.

---

355 Dieser ist bei Personengesellschaften grundsätzlich nicht erforderlich, da die Gewinnverwendung entweder vertraglich oder gesetzlich geregelt ist.

356 Als „Thesaurierung" kommt hier z.B. eine Rücklagenbildung in Frage, vgl. oben S. 91 f.

Beispiel 25: Die Gesellschafter der O-OHG stellen bei der Bilanzaufstellung für das Jahr 1997 fest, daß der Gewinn niedriger ausfallen wird als erwartet. Um die erhofften Ausschüttungen zu erreichen, entschließen sich die Gesellschafter, die USt der Gesellschaft um 15.000 DM niedriger anzugeben. Daher erhöht sich der Gewinn der Gesellschaft um 15.000 DM. Dieser Mehrgewinn wird unter den Gesellschaftern verteilt.

Lsg. Beispiel 24: Das Geschäftsjahr ist beendet, der Gewinn wurde festgestellt und verteilt. Sobald feststeht, in welcher Höhe der Gesellschafter Gewinnbeteiligungen erhält, könnte geklärt werden, ob und in welcher Höhe der Gesellschafter von der Steuerhinterziehung profitierte. Auch nach Beschlußfassung wird jedoch nicht klar, ob die hinterzogenen Steuern ausgeschüttet oder reinvestiert wurden, wenn der Gewinn nur teilweise zur Entnahme freigegeben wurde.

In diesem Fall kann nicht nachvollzogen werden, wie sich die Steuerhinterziehung auf die Gewinnausschüttung auswirkte, genauer gesagt, wie der Gewinnfeststellungsbeschluß ausgefallen wäre, wenn der Gesellschaftsgewinn nicht durch die hinterzogenen Steuern erhöht worden wäre. Außerdem ist unklar, welcher Teil des Gewinns ausgeschüttet und welcher thesauriert wurde. Damit steht auch die Frage in Zusammenhang, ob der Gewinnverwendungsbeschluß genauso ausgefallen wäre, wenn die Hinterziehung nicht stattgefunden hätte. Anders formuliert: Wäre entsprechend weniger thesauriert oder weniger ausgeschüttet worden oder ist anzunehmen, daß die Gewinnverwendung prozentual gleichgeblieben wäre? Nach dem In-dubio-pro-reo-Grundsatz ist jedenfalls im Zweifelsfall davon auszugehen, daß der Gesellschafter in dem Beispiel keinen Vorteil erlangt hat, der die hinterzogenen Steuern teilweise verkörpert.

Lsg. Variante 1: Der gesamte festgestellte Gewinn wird zur Ausschüttung freigegeben. Wenn die hinterzogenen Steuern Teil des Gewinns wurden, kann der Gesellschafter über die hinterzogenen Steuern teilweise verfügen. Dies ist aber fraglich, da immerhin auch stille Reserven gebildet wurden.

Im Gegensatz zu der Bewertung von Wirtschaftsgütern einer Personengesellschaft in der Handelsbilanz nach vernünftiger kaufmännischer Beurteilung (§ 253 IV HGB) steht sowohl Personen- als auch Kapitalgesellschaften in der Steuerbilanz bei der Bewertung ihrer Wirtschaftsgüter kein vergleichbares Ermessen zu. Die Reservenbildung in der Steuerbilanz beruht grundsätzlich auf gesetzlichen Gründen und nicht auf einer Ermessensentscheidung der Gesellschafter, da die Bewertungen in der Steuerbilanz dem Bewertungsvorbehalt der §§ 5 V, 6, 7

EStG unterworfen sind[357]. Damit hängt die Reservenbildung auch nicht etwa von der Frage ab, ob Beträge frei sind, die durch eine Steuerhinterziehung entstanden sein könnten. Ein Gesellschafter erlangt also unabhängig von der Frage, ob stille Reserven gebildet wurden, anteilig wirtschaftliche Verfügungsmacht über das Gesellschaftsvermögen einschließlich hinterzogener Steuern, wenn der gesamte Gewinn ausgeschüttet wird. Dies gilt zumindest solange die Reservenbildung nicht ausnahmsweise auf einer Ermessensentscheidung beruht[358] und gerade im Vertrauen auf die durch die Steuerhinterziehung erzielten Einnahmen geschah.

Die Gesellschafter D, E, F und G der O-OHG erlangen wirtschaftliche Verfügungsmacht über die hinterzogenen Steuern auch dann, wenn stille Reserven gebildet wurden und sind daher zur Erlangung von Straffreiheit nachzahlungspflichtig.

Vergleichbar mit der Reservenbildung ist die Bildung von Rückstellungen. Hat eine Gesellschaft Rückstellungen gerade im Hinblick auf hohen zu erwartenden Gewinn gebildet[359] und hätte sie diese Entscheidung nicht getroffen, wenn der Gewinn nicht auch durch Hinterziehung erhöht worden wäre, kann nicht mit Sicherheit festgestellt werden, daß die hinterzogenen Steuern im Gewinn enthalten sind. Im Ergebnis muß jedenfalls feststehen, daß die hinterzogenen Steuern Teil des Gewinns wurden.

Lsg. Variante 2: Der Gesellschafter erlangte nicht die wirtschaftliche Verfügungsmacht über die hinterzogenen Steuern, wenn der Gewinn der Gesellschaft nicht an die Gesellschafter ausgeschüttet wird.

Lsg. Beispiel 25: Bereits im Zeitpunkt der Vollendung der Steuerhinterziehung steht fest, daß der einzelne Gesellschafter begünstigt ist. Er hat einen durchsetzbaren Anspruch bzw. das Recht, die hinterzogenen Steuern anteilig zu entnehmen und kann somit wirtschaftlich über die hinterzogenen Steuern anteilig verfügen. Dieser Vorteil verkörpert den steuerlichen Vorteil in der anteiligen Höhe, egal ob die Steuern tatsächlich entnommen werden oder sie Teil des Gesellschaftsvermögens bleiben. Dies gilt zumindest, wenn ein Zusammenhang zwischen der Hinterziehung und dem Gewinnbeteiligungsanspruch des Gesellschafters wie in Beispiel a Variante 1 besteht.

---

357 Baumbach/Hopt § 253 Rn. 35. Nur ausnahmsweise sind für die Steuerbilanz auch Ermessensspielräume vorgesehen, etwa in § 6 I Nr. 1 S. 2; Nr. 2 S. 2, 3 EStG, vgl. Tipke/ Lang § 9 Rn. 382.

358 Zu den ausnahmsweise bestehenden Ermessensspielräumen siehe vorangehende Fn.

359 Rückstellungen können als „Verschiebebahnhof“ für Gewinne eingesetzt werden, vgl. Jakob § 4 Rn. 91.

Zwischenergebnis:

Dadurch, daß der Gewinn durch Gesellschafterbeschluß festgestellt wird[360], kann ein Gesellschafter wirtschaftliche Verfügungsmacht über die hinterzogenen Steuern erlangen. Dies ist bei Hinterziehung der Steuern nach Ablauf des VZ und erfolgter Gewinnfeststellung der Fall, wenn die folgenden Voraussetzungen vorliegen: Es dürfen keine ausnahmsweise zulässige freiwillige Rückstellungen oder Reserven nur aufgrund des durch die Hinterziehung erhöhten Gewinns gebildet worden sein. Außerdem muß der gesamte Gewinn zur Ausschüttung freigegeben worden sein.

Wurden dagegen Bewertungsspielräume ausgenutzt, könnte es erneut darauf ankommen, ob der Gesellschafter alleine entscheiden konnte, ob z.B. stille Reserven gebildet werden sollten oder nicht. Wenn stille Reserven gebildet wurden und dies auf der alleinigen Entscheidung des hinterziehenden Gesellschafters beruhte, hatte er die wirtschaftliche Verfügungsmacht auch schon vor Gewinnfeststellung. Daß er die Verfügungsmacht mit der Bildung der stillen Reserven evtl. verlor, ist strafrechtlich nicht mehr relevant. Diesbezüglich ist auf die Ausführungen zu den Möglichkeiten eines einzelnen Gesellschafters, den Gewinn der Gesellschaft zu bestimmen, zu verweisen[361].

(c) Steuerhinterziehung nach der Gewinnfeststellung (und Verwendungsbeschluß[362])

Eine Steuerhinterziehung nach Gewinnfeststellung (und wenn notwendig auch nach Gewinnverwendungsbeschluß) könnte bedeuten, daß der Gesellschafter einen durchsetzbaren Zahlungsanspruch auf seinen Anteil am Mehrgewinn und damit wirtschaftliche Verfügungsmacht über Teile der hinterzogenen Steuern hat. Um zu klären, ob der Gesellschafter einen durchsetzbaren Zahlungsanspruch auf diesen Mehrgewinn hat, muß betrachtet werden, wie Steuerzahlungen bei der Gewinnfeststellung (Jahresabschluß) berücksichtigt werden. Wenn auf die tatsächliche Zahlung der Steuern abgestellt wird, wirkt sich die Hinterziehung noch auf den fraglichen VZ aus.

Steuerabschlußzahlungen sind Aufwendungen, die den Gewinn des VZ mindern, aber erst im folgenden VZ ausgezahlt werden. Daher werden Rückstellungen in

360 Und – wenn erforderlich – auch die Gewinnverteilung beschlossen wird.

361 S.o. S. 103 ff.

362 Bei Kapitalgesellschaften kommt es zusätzlich darauf an, daß auch die Gewinnverwendung beschlossen wurde.

Höhe der erwarteten Steuerschuld gebildet[363]. Wenn die Rückstellungen sich als zu hoch erweisen (da z.B. Steuern hinterzogen wurden), hat dies eine Gewinnerhöhung in Höhe der Differenz zwischen den Rückstellungen und den festgesetzten Steuern zur Folge. Die Gewinnerhöhung wirkt sich aber erst im folgenden VZ aus, da die Steuern erst nach Ablauf des VZ (wenn auch *für* den abgelaufenen VZ) gezahlt werden. Dies gilt zumindest für alle buchführungspflichtigen Gesellschaften[364].

Beispiel 26[365]: In Höhe von 15.000 DM wurden gewinnmindernde Rücklagen für die Steuerzahlung gebildet. Nach Ablauf des VZ stellt sich heraus, daß nur 12.000 DM Steuern geschuldet werden.

Die Steuerzahlung ist erfolgsunwirksam. Allerdings wird im folgenden VZ der zu hoch angesetzte Steueraufwand rückgängig gemacht: In Höhe von 3.000 DM wird ein sonstiger betrieblicher Ertrag ausgewiesen[366].

Die Hinterziehung kann sich ausnahmsweise auch noch auf den steuerlich betroffenen VZ beziehen, wenn ohne Hinterziehung bzw. bei korrekter Entrichtung der USt nicht genügend entnehmbares Gesellschaftsvermögen vorhanden gewesen wäre. Grundsätzlich erlangt ein Gesellschafter über Steuern, die nach Gewinnfeststellung hinterzogen werden, jedenfalls nicht wirtschaftliche Verfügungsmacht, da die Gewinnfeststellung nicht korrigiert wird, wenn die Steuerfestsetzung (evtl. als Folge einer Steuerhinterziehung) niedriger als erwartet ausfällt.

(d) *Vorabausschüttung*

Der Gesellschafter kann nicht nur dadurch die wirtschaftliche Verfügungsmacht über den hinterzogenen Betrag erlangen, daß er sowohl die Gewinnfeststellung als auch die Gewinnverwendung bestimmen kann und damit zumindest anteilig einen Zahlungsanspruch auf die hinterzogenen Steuern hat. Neben der Möglichkeit des Gesellschafters zur Gewinnentnahme nach Gewinnfeststellungs- und -verwendungsbeschluß kann ein Gesellschafter auch Teile des Gewinns noch vor

---

363 Wöhe S. 190.

364 Knobbe-Keuk S. 415 Fn. 1: Die OHG und KG sind schon kraft Handelsrecht verpflichtet, Bücher zu führen (§ 238 HGB). Das Handelsrecht wird durch §§ 150 ff. AktG, §§ 41 ff. GmbHG, § 33 GenG und das PublG ergänzt. Für die anderen (Personen-)Gesellschaften i.S.d. § 15 I 1 Nr. 2 EStG richtet sich die Buchführungsverpflichtung nach § 141 AO. Bücher zu führen i.S.d. § 238 HGB bedeutet in der Regel die doppelte Buchführung.

365 Übernommen von Wöhe S. 190.

366 Wenn die Rücklagen sich als zu niedrig erweisen: Sonstige betriebliche Ausgaben in Höhe der Differenz, aber auch erst im darauffolgenden VZ.

dessen endgültiger förmlicher Feststellung entnehmen[367]. Eine Zwischenbilanz oder ein sonstiger förmlicher Gewinnfeststellungsbeschluß ist zwar nicht Voraussetzung der Vorabausschüttung, trotzdem müssen die Gesellschafter einen gemeinsamen Beschluß fassen, wenn ein Teil des Gewinns entnommen werden soll[368]. Ein einzelner Gesellschafter kann also nur dann die wirtschaftliche Verfügungsmacht über die hinterzogenen Steuern ausüben, wenn er alleine den Gesellschafterbeschluß herbeiführen kann. Wann ein Gesellschafter alleine einen Beschluß herbeiführen kann, wurde bereits behandelt. Daher wird auf die Ausführungen oben verwiesen[369].

Zwischen dem entnehmbaren Betrag und der Hinterziehung müßte auch ein Zusammenhang bestehen. Ansonsten würde der Vorteil des Gesellschafters, über die Entnahme des Gewinnes selbst entscheiden zu können, nicht den steuerlichen Vorteil der Hinterziehung verkörpern. Wenn das gewinnabhängige Entnahmerecht vor Gewinnfeststellungsbeschluß ebenso wie das nach Gewinnfeststellung vom tatsächlich erzielten Gewinn abhängt, beinhaltet der entnehmbare Betrag auch (teilweise) die hinterzogenen Steuern[370]. Ein Zusammenhang zwischen der Hinterziehung und der Ausschüttung kann zwar bestehen, er ist aber nicht meßbar, wenn die Höhe der Vorabausschüttung nicht von tatsächlich erzieltem Gewinn abhängt[371].

Voraussetzung der Entnahme vor Gewinnfeststellung ist die begründete Erwartung eines Gewinns. Der Gewinn muß nach gewissenhafter Prüfung und nach ordentlichen kaufmännischen Grundsätzen wahrscheinlich sein[372]. Eine förmliche Zwischenbilanz ist in der Regel nicht zwingend notwendig, entsprechende aussagekräftige Unterlagen sind aber unentbehrlich, um die Voraussetzungen festzustellen. Das bedeutet, daß die Gesellschaft objektiv Gewinn erzielen mußte. Ob der entnehmbare Betrag die hinterzogenen Steuern ganz oder nur teilweise enthält, hängt von der vertraglichen Ausgestaltung des Entnahmerechts ab. Kann über das gewinnabhängige Entnahmerecht vor Gewinnfeststellung der Gewinn in der Höhe entnommen werden wie nach Gewinnfeststellung[373], hat der Gesellschafter, der die Entnahme veranlassen kann, prozentual in der Höhe die wirt-

---

367 S.o. S. 113 (Vorabausschüttung).

368 Vgl. Roth und Hüffer a.a.O.

369 S.o. S. 103 ff.

370 Und nicht lediglich auf Fiktionen beruht.

371 Vgl. zu dieser Frage insbesondere § 29 GmbHG und §§ 59, 89 AktG. Grenze der Vorabausschüttung ist jedenfalls § 30 GmbHG.

372 Baumbach/Hueck § 29 Rn. 61.

373 Also in den gesetzlichen Grenzen, vgl. z.B. § 30 GmbHG.

schaftliche Verfügungsmacht über die hinterzogenen Steuern erlangt, in der er am Gewinn beteiligt wird. Kann dagegen nur ein Teil des Gewinns, der nach Gewinnfeststellung entnommen werden kann, vor Gewinnfeststellung ausgeschüttet werden, hat der Gesellschafter nur in diesem Verhältnis die wirtschaftliche Verfügungsmacht über die hinterzogenen Steuern erlangt. Da sich z.B. nach § 59 II 2 AktG die Höhe der Vorabbeteiligung bei der AG prozentual am Gesellschaftsgewinn orientiert, hat der Gesellschafter teilweise wirtschaftliche Verfügungsmacht über die hinterzogenen Steuern erlangt, die Teil des Gesellschaftsgewinns wurden.

Der Gesellschafter kann also auch schon vor der förmlichen Gewinnfeststellung das Recht haben, den erwarteten Gewinn zu entnehmen. Wirtschaftliche Verfügungsmacht über den entnehmbaren Betrag wird von einem Gesellschafter begründet, wenn er den Beschluß über die Entnahme alleine veranlassen kann. Es besteht daher kein grundsätzlicher Unterschied zur gewinnabhängigen Entnahme nach Gewinnfeststellung. In beiden Fällen ist ausschlaggebend, ob der Gesellschafter alleine Beschlüsse für die Gesellschaft treffen kann.

(e) Zwischenergebnis zur gewinnabhängigen Entnahme

Ein Zusammenhang zwischen einer Steuerhinterziehung und einem gewinnabhängigem Entnahmerecht besteht

- vor Gewinnfeststellung grundsätzlich nicht, außer wenn der Gesellschafter alleine den Gewinn feststellen und schon über das Gesellschaftsvermögen einschließlich hinterzogener Steuern wirtschaftlich verfügen kann,
- bei Gewinnfeststellung nach Steuerhinterziehung dann, wenn Steuern nach Ablauf des VZ hinterzogen wurden, der gesamte Gewinn zur Ausschüttung freigegeben wurde und dabei feststeht, daß die hinterzogenen Steuern im Gewinn enthalten sind und der Gesellschafter einen Anspruch auf Zahlung seines Gewinnanteils hat,
- wenn aus sonstigen Gründen feststeht, daß die hinterzogenen Steuern zu einem erhöhten Zahlungsanspruch des Gesellschafters führten,
- bei Steuerhinterziehung nach Gewinnfeststellung grundsätzlich nicht, da der Mehrgewinn erst in der Bilanz des nächsten VZ berücksichtigt wird.
- aufgrund eines Vorabentnahmerechts wie bei regulärem gewinnabhängigen Entnahmerecht, da ein Gesellschafterbeschluß ähnlich der Gewinnfeststellung getroffen werden muß.

Ein Gesellschafter hat also dann (anteilig) wirtschaftliche Verfügungsmacht über die hinterzogenen Steuern, wenn feststeht, daß er einen Anspruch auf Gewinnbeteiligung in einer konkreten Höhe hat und im Gewinn der Gesellschaft auch die hinterzogenen Steuern enthalten sind.

(2) Gewinnunabhängige Entnahme[374]

(a) Grundsatz

Ob ein Gesellschafter aufgrund eines gewinnunabhängigen Entnahmerechts Steuern zu seinen Gunsten i.S.d. 371 III AO hinterzogen hat, hängt davon ab, ob zwischen der Steuerhinterziehung und dem Entnahmerecht ein direkter Zusammenhang besteht. Der Vorteil, Gesellschaftsvermögen zu entnehmen, müßte zumindest teilweise die hinterzogenen Steuern verkörpern. Wenn ein Gesellschafter Gesellschaftsvermögen entnimmt, besteht in der Regel kein direkter Zusammenhang zur Steuerhinterziehung, da lediglich Gesellschaftsvermögen, nicht aber bestimmte Erträge der Gesellschaft entnommen werden. Mit anderen Worten, es erscheint fraglich, ob der Vorteil des Gesellschafters, sich über sein gewinnunabhängiges Entnahmerecht zu bereichern, überhaupt von der Steuerhinterziehung beeinflußt wurde. Wenn aber z.B. ohne Steuerhinterziehung kein entnehmbares Vermögen vorhanden gewesen wäre, kann objektiv bestimmt werden, daß der entnommene Betrag gerade die hinterzogenen Steuern teilweise verkörpert. Um zu klären, ob das gewinnunabhängige Entnahmerecht eines Gesellschafters teilweise die hinterzogenen Steuern verkörpert, muß das gewinnunabhängige Entnahmerecht näher untersucht werden.

(b) Gesetzliches gewinnunabhängiges Entnahmerecht

Beispiel 27: Der Gesellschafter G der H-OHG hinterzieht USt zugunsten der Gesellschaft. Im Gesellschaftsvertrag wurde vereinbart, daß das gesetzliche gewinnunabhängige Entnahmerecht unverändert gelten soll.

Nach § 122 I 1. HS HGB kann der Gesellschafter einer OHG bzw. nach § 161 III HGB ein Komplementär einen Betrag in Höhe von 4% seines Kapitalanteils pro Jahr entnehmen. Für andere Gesellschaftsformen ist ein gewinnunabhängiges Entnahmerecht gesetzlich nicht vorgesehen. Das gesetzliche gewinnunabhängige Entnahmerecht des Gesellschafters einer OHG (§ 122 I 1. HS HGB) hängt also

---

374 Die Bezeichnung „gewinnunabhängige“ Entnahme entspricht allgemeiner Praxis (vgl. Baumbach/Hopt § 122 Rn. 1). Die gewinnunabhängige Entnahme nach § 122 I 1. HS HGB hängt vom Wert des Kapitalanteils ab. Dieser erhöht sich nach der gesetzlichen Regelung durch Gewinnzuweisungen. Das Entnahmerecht nach § 122 I 1. HS ist daher zumindest teilweise abhängig vom Gesellschaftsgewinn.

der Höhe nach auch vom Wert seines Gesellschaftsanteils (Kapitalanteils) ab. Das Gesetz geht dabei in § 120 II HGB von variablen Kapitalanteilen aus. Allerdings kann auch ein fester Kapitalanteil vereinbart werden. Nach § 120 II HGB wird der den Gesellschaftern zukommende Gewinn ihren Kapitalanteilen zugeschrieben. Das bedeutet, daß das gesetzliche gewinnunabhängige Entnahmerecht eben doch u.a. vom (den einzelnen Gesellschaftern zugewiesenen) Gewinn abhängt[375]. Der Gesellschafter hat wirtschaftliche Verfügungsmacht über die hinterzogenen Steuern in der Höhe, in der sich sein gewinnunabhängiges Entnahmerecht durch die Steuerhinterziehung erhöht. Das Entnahmerecht verkörpert daher die hinterzogenen Steuern teilweise, wenn der Wert des Kapitalanteils mit der Steuerhinterziehung steigt, die Steuerhinterziehung nach Ablauf des VZ stattfand[376] und keine stille Reserven oder Rücklagen nur aufgrund des durch die Steuerhinterziehung erhöhten Gewinns gebildet wurden.

Ob der Wert des Kapitalanteils und damit die Höhe der möglichen Entnahme tatsächlich von der Steuerhinterziehung beeinflußt wurde, hängt auch davon ab, ob der Kapitalanteil des Gesellschafters überhaupt positiv ausfällt. Wenn der Kapitalanteil trotz Hinterziehung negativ bleibt (oder auf Null ansteigt), hat der Gesellschafter nicht teilweise wirtschaftliche Verfügungsmacht über die hinterzogenen Steuern begründet, da ihm kein gewinnunabhängiges Entnahmerecht zukommt.

Die Höhe des Kapitalanteils wird sowohl durch die ursprüngliche Einlage als auch durch Gewinnbeteiligungen, Verlustzuweisungen, Einlagen und Entnahmen bestimmt. Wie hoch das Entnahmerecht ausfällt, hängt daher auch vom Zeitpunkt der Berechnung ab. Der Wert des Kapitalanteils könnte durch jeden für die Gesellschaft wirtschaftlich relevanten Vorgang verändert werden. Grundsätzlich wird der Wert erst am Ende des VZ bestimmt. Das Entnahmerecht besteht daher bzw. ist der Höhe nach erst dann konkretisiert, wenn der Wert des Kapitalanteils bzw. die Bilanz festgestellt wurde[377]. Um das gewinnunabhängige Entnahme-

---

375 Der variable Kapitalanteil kann sich durch Gewinngutschriften und weitere Einlagen vermehren, durch Verluste und Entnahmen vermindern, vgl. K. Schmidt S. 1140 f.

376 Dann kann angenommen werden, daß ohne Steuerhinterziehung nicht weniger Betriebsausgaben veranlaßt worden wären, s.o. S. 109 ff.

377 Um den Wert des Kapitalanteils zu bestimmen, kommt es u.a. darauf an, wie der Gewinn verwendet wird. Der Wert steigt, wenn weniger Gewinn ausgeschüttet und dafür mehr reinvestiert wird. Daher kommt es sowohl auf den Gewinnfeststellungsbeschluß als auch auf die tatsächliche Gewinnverwendung an, nicht aber direkt auf den Gewinnverwendungsbeschluß. Die tatsächliche Verwendung des Gewinns, der die hinterzogenen Steuern beinhaltet, wirkt sich aber erst im VZ aus, der auf den folgt, in dem die Steuerhinterziehung begangen wurde.

recht zu bestimmen, ist also die Feststellung des Jahresabschlusses erforderlich. Der Jahresabschluß kann nicht objektiv ermittelt werden, sondern muß von den Gesellschaftern beschlossen werden. Bei diesem Beschluß stehen den Gesellschaftern gewisse Spielräume zu. Das bedeutet, daß wie beim gewinnabhängigen Entnahmerecht zu verfahren ist[378]. Vor Ablauf des VZ steht noch nicht fest, in welcher Höhe der Gesellschafter eine gewinnunabhängige Entnahme vornehmen kann. Wenn dieser Beschluß noch nicht gefaßt wurde, kommt es darauf an, ob er von einem Gesellschafter alleine bestimmt werden kann. Da sich der Wert des Kapitalanteils nicht mehr formell verändert, wenn er nach dem Jahresabschluß festgestellt wurde, bleiben Entnahmen, Einlagen und Vorgänge, die nach dem Jahresabschluß erfolgen (bis zum nächsten Jahresabschluß) unberücksichtigt. D.h. auch, daß Steuerhinterziehungen nur dann relevant werden, wenn sie beim Jahresabschluß berücksichtigt werden.

Lsg. Beispiel 27: Der Gesellschafter hat wirtschaftliche Verfügungsmacht über Teile des hinterzogenen Betrages, wenn die Steuern nach Ablauf des VZ hinterzogen wurden oder aus anderen Gründen feststeht, daß nicht weniger Betriebsausgaben veranlaßt worden wären und wenn keine stille Reserven bzw. Rückstellungen gerade aufgrund des Mehrgewinns durch die Steuerhinterziehung gebildet wurden, da dann die Steuerhinterziehung zu einer Erhöhung des Kapitalanteils führte.

Grundsätzlich gilt also für das gesetzliche gewinnunabhängige Entnahmerecht das zum gewinnabhängigen Entnahmerecht Geschriebene.

(c) Vertragliche Gestaltungsmöglichkeiten

Es können sowohl das gesetzliche gewinnunabhängige Entnahmerecht erweitert, eingeschränkt oder unabhängig vom Wert des Kapitalanteils ausgestaltet als auch ein gewinnunabhängiges Entnahmerecht bei den anderen Gesellschaftsformen vertraglich geregelt werden. Vertragliche Regelungen des Entnahmerechts, vorwiegend im Sinne einer Beschränkung gegenüber § 122 HGB, sind verbreitet[379].

Beispiel 28: Der Gesellschafter A einer GbR ist laut Gesellschaftsvertrag dazu berechtigt, monatlich 1.000 DM aus dem Gesellschaftsvermögen zu entnehmen, solange die Gesellschaft über ein Vermögen i.H.v. mindestens 100.000 DM verfügt. Als im Mai 1998 das Gesellschaftsvermögen diesen

---

378 S.o. S. 103 f. (Gewinnabhängige Entnahme).

379 S.o. S. 93 f. (Gewinnabhängiges Entnahmerecht).

Betrag zu unterschreiten droht, hinterzieht A Steuern der Gesellschaft, um das Gesellschaftsvermögen aufzustocken.

Lsg.: Die Steuerhinterziehung wirkt sich grundsätzlich nicht auf das gewinnunabhängige Entnahmerecht des Gesellschafters aus. Die hinterzogenen Steuern werden Gesellschaftsvermögen. Wenn ein Gesellschafter eine Entnahme in der Höhe der hinterzogenen Steuern tätigt, fehlt in der Regel der Zusammenhang zur Steuerhinterziehung. Der entnommene Betrag stellt nur Gesellschaftsvermögen dar, nicht mehr die hinterzogenen Steuern. Dies gilt jedenfalls, solange die Gesellschaft auch ohne die Hinterziehung über entnehmbares Vermögen verfügt hätte. A hat die Steuern jedoch auch zu eigenen Gunsten hinterzogen, da die Voraussetzungen für das Entnahmerecht ohne Steuerhinterziehung nicht eingetreten wären. Problematisch ist dabei lediglich, daß eine Art von Feststellung des Gesellschaftsvermögens getroffen werden muß[380]. Ohne (Feststellungs-)Beschluß entsteht der Zahlungsanspruch des Gesellschafters nicht.

Wenn ein vertragliches gewinnunabhängiges Entnahmerecht vereinbart werden kann, nach dem der Gesellschafter grundsätzlich in beliebiger Höhe entnehmen darf, hat ein Gesellschafter auch dann wirtschaftliche Verfügungsmacht über die hinterzogenen Steuern (bzw. Teile davon), wenn er das gesamte Gesellschaftsvermögen entnehmen kann. Ein solches uneingeschränktes Entnahmerecht könnte zumindest bei Personengesellschaften zulässig sein, da sich die Gläubiger der Gesellschaft auch an die persönlich haftenden Gesellschafter wenden können. Bei Kapitalgesellschaften widerspricht ein solches Entnahmerecht jedoch dem Gläubigerschutz.

Selbst wenn ein uneingeschränktes Entnahmerecht vereinbart wurde, muß aber zumindest entnehmbares Gesellschaftsvermögen vorhanden sein. Das Vorhandensein von Vermögen kann u.U. von der Steuerhinterziehung abhängen. Aber auch zu diesem Entnahmerecht ist ein Gesellschaftsbeschluß (Jahresabschluß) erforderlich. Ansonsten kann nicht berechnet werden, ob eine Entnahme in Höhe der hinterzogenen Steuern gesetzlich zulässig wäre bzw. ob überhaupt entnehmbares Gesellschaftsvermögen vorhanden ist.

(d) Zwischenergebnis zum gewinnunabhängigen Entnahmerecht

Ein Gesellschafter erlangt nicht alleine dadurch wirtschaftliche Verfügungsmacht über die hinterzogenen Steuern, daß er einen gewinnunabhängigen Zahlungsanspruch gegen die Gesellschaft hat. Ein Zusammenhang zwischen der Steuerhin-

---

380 Bei gewinn- und vermögensabhängigen Entnahmerechten ist i.d.R. ein Feststellungsbeschluß der Gesellschafter erforderlich.

terziehung und der Höhe des gesetzlichen gewinnunabhängigen Entnahmerechts besteht, wenn die hinterzogenen Steuern Teil des Gewinns wurden, da sich das Entnahmerecht an dem Wert des Kapitalanteils orientiert und der Wert des Kapitalanteils durch die Hinterziehung stieg. Für das gesetzliche gewinnunabhängige Entnahmerecht gilt daher grundsätzlich nichts anderes als beim gewinnabhängigen Entnahmerecht. Ein Unterschied besteht aber insoweit, als daß die Gesellschafter über das gesetzliche gewinnunabhängige Entnahmerecht nur einen Teil (4%) des Gesellschaftsvermögens entnehmen können und sie daher nur in Höhe dieses Teils über die hinterzogenen Steuern wirtschaftlich verfügen können.

Wurde vertraglich vereinbart, daß ein bestimmter fester Betrag entnommen werden darf, solange Vermögen in einer bestimmten Höhe vorhanden ist und wäre ohne Hinterziehung kein bzw. nicht genügend entnehmbares Vermögen vorhanden gewesen, kann der Gesellschafter mit der Entnahme auch Teile der hinterzogenen Steuern über das gewinnunabhängige Entnahmerecht in sein Privatvermögen überführen. Der Gesellschafter ist auch begünstigt i.S.d. § 371 III AO, wenn der Gesellschafter grundsätzlich das gesamte Gesellschaftsvermögen entnehmen und er alleine feststellen kann, ob Gesellschaftsvermögen vorhanden ist. Ebenso ist dies der Fall, wenn die Gesellschafter entschieden haben, in welcher Höhe entnehmbares Gesellschaftsvermögen vorhanden ist und keine Bewertungsspielräume zugunsten der Bildung stiller Reserven ausgenutzt wurden. Ansonsten fehlt i.d.R. der Zusammenhang zwischen gewinnunabhängigen Entnahmerechten, die nicht an den Wert des Kapitalanteils anknüpfen, und der Steuerhinterziehung.

(3) Zwischenergebnis zur Frage der Erlangung eines die hinterzogenen Steuern anteilig verkörpernden Vorteils eines Gesellschafters aufgrund eines Entnahmerechts

Gesellschafter haben Gewinnbeteiligungsansprüche und andere Zahlungsansprüche gegen die Gesellschaft, die ihnen wirtschaftliche Verfügungsmacht über Teile des Gesellschaftsvermögens einräumen. Diese Teile des Gesellschaftsvermögens müssen jedoch nicht notwendigerweise auch anteilig die hinterzogenen Steuern beinhalten. Verkörpern diese Teile des Gesellschaftsvermögens nicht teilweise die hinterzogenen Steuern, haben die Gesellschafter auch nicht zu ihren Gunsten, sondern nur zugunsten der Gesellschaft hinterzogen.

In bestimmten Fällen können jedoch die hinterzogenen Steuern der Gesellschaft wirtschaftlich bereits dem Privatvermögen der Gesellschafters zugerechnet werden. Dies ist dann der Fall, wenn das Gesellschaftsvermögen faktisch einem einzelnen Gesellschafter zusteht, wie z.B. bei Einmann-Gesellschaften. Ein Gesellschafter kann zumindest teilweise über die hinterzogenen Steuern verfügen, wenn er als Mehrheitsgesellschafter alleine die entscheidenden Gesellschaftsbeschlüsse herbeiführen kann und es somit alleine an ihm liegt, die Voraussetzungen für seinen Anspruch auf Zahlung des auf ihn entfallenden Gewinnanteils oder eines sonstigen Zahlungsanspruchs zu schaffen. Wenn ein Gesellschafter nicht alleine die fraglichen Beschlüsse und damit die Voraussetzungen für seinen Zahlungsanspruch herbeiführen kann, besteht in der Regel kein Zusammenhang zwischen Steuerhinterziehung und Zahlungsanspruch / Entnahmerecht.

Nach Beschluß durch die Gesellschafter erlangt der einzelne hinterziehende Gesellschafter wirtschaftliche Verfügungsmacht, wenn die hinterzogenen Steuern Teil des auszuschüttenden Gewinns bzw. Teil des sonstigen erhöhten Zahlungsanspruchs wurden. Das ist der Fall, wenn feststeht, daß der Gesellschafter ohne Steuerhinterziehung keinen Zahlungsanspruch oder nur einen Anspruch in geringerer Höhe gehabt hätte:

Beim gewinnabhängigen und beim gesetzlichen gewinnabhängigen Entnahmerecht dürfte die Entscheidung, Reserven und Rücklagen zu bilden, ohne Steuerhinterziehung nicht anders ausgefallen sein und müßte der gesamte festgestellte Gewinn zur Ausschüttung freigegeben worden sein.

Bei einem vertraglich vereinbarten, vom Gewinn der Gesellschaft und dem Kapitalanteil des Gesellschafters unabhängigen Entnahmerecht besteht der Zusammenhang zur Steuerhinterziehung nur dann, wenn ohne die Steuerhinterziehung nicht genügend entnehmbares Gesellschaftsvermögen vorhanden gewesen wäre.

V. Ergebnis

Allcine die Begünstigung der Gesellschaft führt nicht zur Nachzahlungspflicht des hinterziehenden Gesellschafters. Die Nachzahlungspflicht tritt erst dann ein, wenn ein Gesellschafter einen eigenen konkreten wirtschaftlichen Vorteil erlangt hat (der den Steuervorteil verkörpert). Einen solchen Vorteil hat der Gesellschafter, wenn er wirtschaftlich über Gesellschaftsvermögen verfügen kann, das zumindest teilweise die hinterzogenen Steuern verkörpert und nicht bereits, wenn nur das Gesellschaftsvermögen erhöht wurde. Dies liegt an der Trennung zwischen dem Privatvermögen der Gesellschafter und dem Gesellschaftsvermögen, das der Gesamthand bzw. der juristischen Person zusteht.

Wirtschaftliche Verfügungsmacht besteht, wenn der Gesellschafter

- die hinterzogenen Steuern in sein Privatvermögen überführt oder
- wirtschaftlich über Gesellschaftsvermögen, das die hinterzogenen Steuern zumindest teilweise umfaßt, verfügen kann, indem er dieses Gesellschafts-

vermögen selbständig entnehmen kann, einen durchsetzbaren Zahlungsanspruch darauf hat oder die Voraussetzungen für diesen Zahlungsanspruch selbst herbeiführen kann.

Bei der Frage, ob der Gesellschafter Gesellschaftsvermögen entnommen hat oder entnehmen kann, das die hinterzogenen Steuern widerspiegelt, muß auf den Einzelfall abgestellt werden. Dabei kommt es u.a. auf gesetzliche und vertragliche gewinnabhängige und -unabhängige Entnahmerechte und andere Zahlungsansprüche des Gesellschafters gegen die Gesellschaft an, die bei den einzelnen Gesellschaftsformen bestehen können. Außerdem kann der Zeitpunkt der Steuerhinterziehung und der Zeitpunkt der strafrechtlichen Bewertung (vor bzw. nach Ablauf des VZ / Reservenbildung / Gewinnfeststellung / Gewinnverwendungsbeschluß / Gewinnverteilung) von Bedeutung sein.

E. Die Höhe der Nachzahlungspflicht

I. Einleitung

§ 371 III AO enthält keine detaillierte Regelung über den Umfang der Nachzahlungspflicht von Steuerhinterziehern. Die Höhe der Nachzahlungspflicht läßt sich nur in zwei Fällen eindeutig bestimmen, nämlich bei der Selbstanzeige des nicht durch die Hinterziehung Begünstigten und der des Beteiligten, der als einziger durch die Hinterziehung begünstigt wurde. Der Nichtbegünstigte muß überhaupt nicht nachzahlen, um straffrei zu werden, der Alleinbegünstigte muß die gesamten hinterzogenen Steuern einsetzen. Sobald jedoch mehrere Beteiligte von der Hinterziehung profitierten, ist unklar, ob sie lediglich ihren Vorteilen entsprechend nachzuzahlen oder für den Schaden des Fiskus gesamtschuldnerisch einzustehen haben[381]. Auch diese Frage muß durch Auslegung anhand grammatischer, historischer, systematischer und teleologischer Argumente erfolgen. Die entscheidenden Argumente wurden bereits in Abschnitt B. angesprochen, aber noch nicht zur Auslegung verwendet, in welcher Höhe der Selbstanzeigende nachzuzahlen hat. Daß die Selbstanzeigenden in diesem Fall nur anteilig zahlen müssen und bei der strafrechtlichen Nachzahlungspflicht gerade keine Art Gesamtschuld besteht, entspricht der überwiegenden Meinung[382].

Nachzahlungen, die außerhalb des Strafverfahrens erfolgen, wirken sich auch auf die strafrechtliche Nachzahlungspflicht vermindernd aus. Dies ergibt sich aus dem Gedanken, daß dem Fiskus insgesamt nicht mehr gezahlt werden darf, als ihm nach Steuerrecht zusteht[383]. So müssen z.B. Zahlungen des Steuerschuldners auf seine Steuerschuld Beachtung finden.

---

381 Diese Problematik wurde bereits in der einleitenden Problemstellung (S. 1) und auf S. 8 (Wiedergutmachungsgedanke) angeschnitten. Die Möglichkeit, daß von mehreren Beteiligten jeweils die Zahlung der gesamten hinterzogenen Steuern verlangt wird, scheidet aus, da die Wiedergutmachung insgesamt auf den Schaden des Fiskus beschränkt sein muß. Die Zahlung eines Beteiligten befreit die anderen von der Nachzahlungspflicht.

382 Joecks § 371 Rn. 104 m.w.N.

383 S.o. Abschnitt B., S. 10. Aus diesem Grund müssen z.B. auch Aufrechnungen berücksichtigt werden.

II. Auslegung des § 371 III AO

1. Grammatikalische Auslegung

Bereits aus der Feststellung, daß nur der den Steuerausfall des Fiskus verkörpernde Steuervorteil zur Erlangung der Straffreiheit eingesetzt werden muß, könnte sich ergeben, daß der Steuerhinterzieher nicht (gesamtschuldnerisch) die gesamten hinterzogenen Steuern nach § 371 III AO entrichten muß, sondern nur seinen erzielten Vorteil nicht behalten darf. Diese Auslegung ist jedoch nicht zwingend. Zwar ist nur derjenige überhaupt nachzahlungspflichtig, der einen den Schaden des Fiskus verkörpernden Betrag erlangt hat. Der Höhe nach könnte aber trotzdem eine Art Gesamtschuld zwischen den Beteiligten bestehen und von den einzelnen Selbstanzeigenden verlangt werden, daß sie die gesamten hinterzogenen Steuern entrichten.

Das Ergebnis, daß mit der h.M. der Selbstanzeigende nur anteilig nachzahlen muß, könnte sich aber bereits aus dem Wortlaut „die zu seinen Gunsten hinterzogenen Steuern" ergeben. Aus dieser Formulierung leitet Joecks[384] ab, daß nur die „zu seinen Gunsten" hinterzogenen Steuern nachzuzahlen seien, nicht jedoch der Teil, der anderen zugute kommt. Nur dem eigenen Vorteil entsprechend müsse gezahlt werden.

Pfaff[385] leitet dagegen aus dem Wortlaut des § 371 III AO eine Art Gesamtschuld der Beteiligten ab. Da der Beteiligte, der auch nur anteilig von der Steuerhinterziehung profitiert, insgesamt die ganzen Steuern zu eigenen Gunsten hinterzogen habe, müsse er nach § 371 III AO auch die gesamten hinterzogenen Steuern entrichten, wenn er Straffreiheit erreichen will. Eine Hinterziehung nur in Höhe des erlangten Vorteils gäbe es nicht. Daher bestehe auch kein Raum für die Auslegung, daß ein Selbstanzeigender nur anteilig hafte.

Allein dem Wortlaut des § 371 III AO läßt sich nicht eindeutig entnehmen, ob der Selbstanzeigende, der aus der Steuerhinterziehung nicht ausschließlich eigene finanzielle Vorteile gewann, sondern durch die auch andere begünstigt wurden, für den kompletten Steuerausfall einzustehen hat, um Straffreiheit zu erlangen. Die Formulierung, daß die Straffreiheit von der Zahlung der zu seinen Gunsten hinterzogenen Steuern abhängt, kann sowohl so verstanden werden, daß der Hinterziehende gesamtschuldnerisch die gesamten hinterzogenen Steuern nachzahlen muß, die sich nur teilweise zu seinen Gunsten auswirken, als auch so, daß nur in

---

384 § 371 Rn. 104.

385 StBp 1984, 68.

der Höhe nachgezahlt werden muß, in der der Beteiligte von der Hinterziehung profitierte. Zumindest aus grammatikalischer Sicht kann also auch vertreten werden, daß ein Beteiligter insgesamt die Steuern zu eigenen Gunsten hinterzogen hat, auch wenn er selbst davon nur anteilig profitierte.

2. Systematische Auslegung

a) Vergleich zu § 71 AO

Aus steuerlicher Sicht haftet der Beteiligte nach § 71 AO für die verkürzten Steuern gesamtschuldnerisch in vollem Umfang. Die steuerliche Haftung ist jedoch für die Nachzahlungspflicht nach § 371 III AO nicht ausschlaggebend, da verschiedene Ziele verfolgt werden. Bei der Haftung nach § 71 AO geht es lediglich um die Sicherung der dem Fiskus zustehenden Steuergelder. Mit der steuerstrafrechtlichen Nachzahlungspflicht wird dagegen der Gedanke umgesetzt, daß der Täter straffrei wird, wenn er den Schaden wiedergutmacht[386]. Daher können von § 71 auf § 371 III AO keine Rückschlüsse gezogen werden.

b) §§ 268 ff. AO

Kohlmann geht im Ansatz von einer Gesamtschuld der Beteiligten aus. Dies ergibt sich daraus, daß Kohlmann auf §§ 268 ff. AO verweist, die die Aufteilung einer Gesamtschuld betreffen. Jedoch will er §§ 270 ff. AO nicht nur auf die Vollstreckung, sondern gerade auch auf die Aufteilung der Nachzahlungspflicht des § 371 III AO anwenden, so daß er im Ergebnis keine Gesamtschuld annimmt (vgl. § 278 I AO). Durch das Aufteilungsverfahren nach §§ 268 ff. AO wird aus der Gesamtschuld im Ergebnis eine Teilschuld der Beteiligten[387].

Wie sieht jedoch eine Aufteilung nach §§ 270 bis 273 AO aus? Aus §§ 268 ff. AO kann lediglich gefolgert werden, daß aus der Gesamtschuld im Ergebnis eine Teilschuld werden kann. Jedoch läßt sich aus diesen Paragraphen kein Maßstab für die Aufteilung der Nachzahlungspflicht unter den Beteiligten einer Steuerhinterziehung ableiten. Lediglich die Regelung des § 274 Satz 1 AO, daß die rückständige Steuer auch nach einem von den Gesamtschuldnern vorgeschlagenen Maßstab aufgeteilt werden kann, wenn die Tilgung sichergestellt ist, kann für die Aufteilung der strafrechtlichen Nachzahlung übernommen werden. Wenn sich die Gesamtschuldner einig sind, können die hinterzogenen Steuern auch nach ei-

---

386 S.o. S. 8 f. (Wiedergutmachungsgedanke).

387 Szymczak in Koch § 278 Rn. 3.

nem anderen Maßstab festgesetzt werden. Dieser Fall weicht von der regulären gesamtschuldnerischen Haftung nicht entscheidend ab[388]. Daß der Fiskus nicht von jedem Gesamtschuldner den gesamten Betrag verlangen kann, wenn ein anderer die Steuerschuld begleicht, ergibt sich bereits aus der Gesamtschuld an sich. Davon kann es auch im Strafrecht keine Abweichungen geben.

Problematisch ist nicht der Fall, bei dem die Tilgung gesichert ist, sondern gerade jener, bei dem sich die Beteiligten nicht einig sind, wenn z.B. nur ein Beteiligter bereit ist, den Teil zurückzuzahlen, den er aus der Steuerhinterziehung erhielt. Für diesen Fall sieht Kohlmann jedoch keine Abweichung von der gesamtschuldnerischen Haftung vor, zumindest keinen Lösungsansatz, wie die Nachzahlung aufgeteilt werden soll.

c) *Einsatz des Anteils*

Wie bereits einleitend festgestellt wurde, ergibt sich aus § 371 III AO eindeutig, daß ein Nichtbegünstigter nicht, ein Alleinbegünstigter dagegen die gesamten hinterzogenen Steuern nachzahlen muß. Dies könnte auf eine Systematik schließen lassen, nach der der teilweise Begünstigte nur seinem Vorteil entsprechend nachzahlen muß.

Aber auch bei der Lösung über die Gesamtschuld entsteht das Ergebnis, daß ein Selbstanzeigender nur Teile der hinterzogenen Steuern nachzahlen muß, wenn auch die anderen Beteiligten Selbstanzeige erstatteten oder die Selbstanzeige für andere eine Fremdanzeige nach § 371 IV AO darstellt, die Beteiligten Straffreiheit anstreben und daher sich an der Schadenswiedergutmachung beteiligen. Allerdings kann auch das Ergebnis entstehen, daß ein Beteiligter alleine den Schaden beheben muß und er keinen Ausgleich von den anderen Beteiligten bekommt. Ohne auf den Sinn und Zweck der Selbstanzeige abzustellen, läßt sich jedenfalls nicht eindeutig erkennen, ob Selbstanzeigende nach § 371 III AO immer nur anteilig haften oder ob dies nur dann gilt, wenn sich mehrere an der Schadenswiedergutmachung beteiligen.

d) *Zwischenergebnis*

Weder aus § 71 noch aus §§ 268 ff. AO läßt sich ableiten, ob Selbstanzeigende nur anteilig oder gesamtschuldnerisch die hinterzogenen Steuern zurückzahlen müssen. Die gesetzliche Regelung, daß ein Nichtbegünstigter nichts und ein Al-

---

388 So aber Joecks § 371 Rn. 104, der auch Kohlmann zu den Vertretern rechnet, die davon ausgehen, daß die Beteiligten nach § 371 III AO nur den Betrag nachzuentrichten hätten, der ihrem Vorteil aus der Steuerhinterziehung entspreche.

leinbegünstigter die gesamten hinterzogenen Steuern nachzahlen muß, spricht aber eher für ein System der Selbstanzeige, nach dem ein anteilig Begünstigter nur seinen Anteil zur Schadenswiedergutmachung einsetzen muß.

3. *Teleologische Auslegung*

a) *Fiskalischer Ansatz*

Die Meinung, daß mit der Selbstanzeige das Interesse des Fiskus an seinen Einnahmen verfolgt werden soll, spricht für die Gesamtschuld, da auf diese Weise am ehesten erreicht wird, daß die gesamten hinterzogenen Steuern nachgezahlt werden[389].

b) *Sonstiger steuerpolitischer Ansatz*

Der Anreiz zur Offenlegung bislang unbekannter Steuerquellen wird für einen Beteiligten geschmälert, wenn er damit rechnen muß, daß er die gesamten hinterzogenen Steuern zahlen muß, obwohl er nur über einen Anteil verfügen kann. Dieser Ansatz spricht daher gegen eine Gesamtschuld.

c) *Strafrechtlicher Ansatz / Wiedergutmachungsgedanke*

(1) *Der Wiedergutmachungsgedanke an sich*

Grundsätzlich besagt der Wiedergutmachungsgedanke, daß Straffreiheit eintritt, wenn sowohl das Handlungs- als auch das Erfolgsunrecht beseitigt wurde. Demnach müßte der gesamte Schaden behoben werden, bevor ein Selbstanzeigender straffrei wird. Dieses Grundprinzip des Wiedergutmachungsgedankens spricht daher eher für eine Gesamtschuld der Beteiligten. Dieses Prinzip, daß sowohl das Handlungs- als auch das Erfolgsunrecht beseitigt werden muß, gilt jedoch nur unter den genannten Einschränkungen[390]. So stellt z.B. Pfaff[391] fest, daß dem Wiedergutmachungsgedanken nur dann entsprochen werde, wenn der gesamte Betrag der Steuern nachentrichtet ist. Dabei werden die Einschränkungen, die

---

389 So kommt z.B. Pfaff StBp 1984, 68, zu dem Ergebnis, daß der Selbstanzeigende nicht nur den eigens erlangten Betrag, sondern die gesamten hinterzogenen Steuern einzusetzen hat, um straffrei zu werden.

390 Der Wiedergutmachungsgedanke spricht beispielsweise demnach auch dafür, daß der nichtbegünstigte Beteiligte nicht nachzahlen muß, um straffrei zu werden, s.o. S. 8 f.

391 StBp 1984, 68.

sich aus den Wiedergutmachungsgedanken selbst ergeben, jedoch nicht beachtet[392].

(2) Beschränkung der Wiedergutmachung auf die Höhe des Schadens

(a) Konfliktlage

Erstatten mehrere Selbstanzeige oder stellt die Selbstanzeige des einen auch eine Fremdanzeige i.S.d. § 371 IV AO dar, stellt sich die Frage, wer den Schaden wiedergutzumachen hat. Von den Beteiligten kann entweder verlangt werden, daß sie jeweils die gesamten hinterzogenen Steuern nachzahlen, daß sie nur anteilig nachzuzahlen haben oder daß sie gesamtschuldnerisch für die hinterzogenen Steuern aufkommen müssen. Zahlt z.B. der Beteiligte A die ganzen hinterzogenen Steuern, da er nicht mit einer Zahlung des anderen rechnet, wird der andere Beteiligte B entweder straffrei, ohne zu zahlen (= bei Gesamtschuld), oder der andere wird trotzdem in Anspruch genommen. Dann würden die Beteiligten aber insgesamt mehr zahlen, als dem Fiskus nach Steuerrecht zusteht.

(b) Beschränkung auf das steuerrechtlich Geschuldete

Wie bereits oben festgestellt wurde, ist die Wiedergutmachung auf die Höhe des steuerlich geschuldeten Betrages, also auf den Schaden des Fiskus, beschränkt[393]. Wiedergutmachung bedeutet gerade auch, daß von den Beteiligten nicht mehr als die Beseitigung des Erfolgsunrechts verlangt wird[394]. Das Ergebnis, daß von mehreren Beteiligten die Zahlung der gesamten hinterzogenen Steuern verlangt wird, verstößt somit gegen den Wiedergutmachungsgedanken[395].

(c) Einsatz der Beute

Der Wiedergutmachungsgedanke besagt auch, daß primär die Beute zur Wiedergutmachung des Schadens eingesetzt werden soll[396]. Ein Beteiligter soll nicht über die Selbstanzeige straffrei werden und gleichzeitig Teile der Beute für sich behalten dürfen. Wird von den Selbstanzeigenden verlangt, daß sie jeweils nur ihren Teil der Beute einsetzen, wird kein Täter straffrei, ohne selbst seine Beute zurückzugeben. Müssen die Selbstanzeigenden dagegen gesamtschuldnerisch für

---

392 S.o. S. 8 f.

393 S.o. S. 8 f.

394 Neben der Beseitigung des Handlungsunrechts.

395 Genauer gesagt gegen das beschränkende Element des Wiedergutmachungsgedankens.

396 S.o. S. 69 und 72 (Wiedergutmachungsgedanke).

die hinterzogenen Steuern einstehen, um straffrei zu werden, können Konflikte mit dem Wiedergutmachungsgedanken entstehen.

Beispiel 29: A und B begehen gemeinsam eine Steuerhinterziehung. Beide erstatten Selbstanzeige.

Lsg.: Wird von den Selbstanzeigenden verlangt, daß sie gesamtschuldnerisch für die hinterzogenen Steuern einzustehen haben, wenn sie straffrei werden wollen, hängt die Straffreiheit des einen u.U. vom Verhalten des anderen ab. Zahlt z.B. A die gesamten hinterzogenen Steuern, da er davon ausgeht, daß B auf keinen Fall zahlen wird, erlangt B Straffreiheit, obwohl er sich nicht an der Wiedergutmachung beteiligte[397]. Zuerst würde von beiden gefordert, daß sie insgesamt die hinterzogenen Steuern nachzahlen, unabhängig davon, ob ein Dritter über die den Schaden des Fiskus verkörpernde Steuern teilweise wirtschaftlich verfügen kann. Wenn insgesamt die Steuern fristgerecht nachgezahlt werden, tritt für beide Straffreiheit ein. Ist nur ein Beteiligter zahlungsbereit, muß er die gesamten hinterzogenen Steuern bezahlen. Trotzdem wird der Zahlungsunwillige straffrei[398]. Diese Verknüpfung kann nicht mit allgemeinen Straftheorien erklärt werden, auch nicht mit dem Wiedergutmachungsgedanken, da es insbesondere darauf ankommt, daß der Beteiligte selbst den Schaden wiedergutmacht. Straffreiheit soll nur für den Beteiligten eintreten, der sich an der Wiedergutmachung beteiligt. Den einzelnen Beteiligten kann nur dann die Möglichkeit, sich an der Schadenswiedergutmachung zu beteiligen, aufrechterhalten werden, wenn sie nicht gesamtschuldnerisch, sondern anteilig für die hinterzogenen Steuern einzustehen haben, da ansonsten ein Beteiligter den ganzen Schaden alleine beheben kann und somit den anderen die Möglichkeit nimmt, sich an der Wiedergutmachung zu beteiligen. Somit entspricht die anteilige Haftung dem Wiedergutmachungsgedanken besser als die Gesamtschuld.

(d) Aufteilung bei Vermittlung der Beute

Beispiel 30: Der Steuerschuldner A begeht Steuerhinterziehung in Höhe von 5000 DM und kann wirtschaftlich über die gesamten hinterzogenen Steuern verfügen. Später gibt er 1.000 DM der hinterzogenen Steuern an einen Beteiligten B ab, um ihn für seine Beteiligung zu entlohnen. Nur der Steuer-

---

397 Dieses Problem stellt sich ebenso, wenn zuerst ein Beteiligter Selbstanzeige erstattet, dann festgelegt wird, daß er in voller Höhe nachzahlen muß und danach ein weiterer Beteiligter Selbstanzeige erstattet.

398 Dieser Fall ist von der freiwilligen Zahlung eines Dritten zu unterscheiden. Im hier genannten Fall zahlt der Beteiligte nämlich nur, um selbst straffrei zu werden.

schuldner erstattet Selbstanzeige. Muß er die gesamten hinterzogenen Steuern nachentrichten oder kann er sich auf Entreicherung in Höhe der Entlohnung berufen?

Lsg.: Für die Nachzahlungspflicht des A in Höhe der gesamten hinterzogenen Steuern spricht, daß er nach der Tat wirtschaftlich über die gesamten hinterzogenen Steuern verfügen konnte. Auf eine Entreicherung kommt es grundsätzlich nicht an. Gegen dieses Ergebnis könnte höchstens das Argument sprechen, daß primär die Beute zur Wiedergutmachung eingesetzt werden soll. Ist die Beute noch bei einem anderen Beteiligten vorhanden, könnte dieser primär zur Schadenswiedergutmachung heranzuziehen sein. Dieses Argument wurde bereits oben herangezogen, um zu klären, daß die Beteiligten grundsätzlich anteilig haften. Dabei wurde jedoch davon ausgegangen, daß die Beteiligten zu jedem Zeitpunkt nur über ihren Anteil an der Beute verfügen konnten. Der Täter, der den wirtschaftlichen Vorteil an einen anderen weiterleitete, konnte aber über die hinterzogenen Steuern wirtschaftlich verfügen. Auf Entreicherung kann sich weder derjenige berufen, der die Beute für eigene Zwecke verwendete, noch der Beteiligte, der die Beute an andere weiterleitete. Zu einem anderen Ergebnis muß man lediglich dann kommen, wenn neben dem Steuerschuldner zusätzlich der Beteiligte Selbstanzeige erstattet, der den Vorteil vom Steuerschuldner vermittelt bekam.

Variante zu Beispiel 30: Neben A erstattet auch B Selbstanzeige

Würde vom Steuerschuldner der Einsatz der gesamten hinterzogenen Steuern und zusätzlich vom mittelbar Begünstigten die Zahlung seines Anteils an der Beute verlangt, müßten die Beteiligten insgesamt mehr bezahlen, als dem Fiskus nach Steuerrecht zusteht. Zuerst erlangte A die gesamten hinterzogenen Steuern. Indem er 1.000 DM von den hinterzogenen Steuern an B weiterleitete, erlangte dieser einen Vorteil, der den Schaden des Fiskus in Höhe von 1.000 DM verkörpert. Von B muß nach § 371 III AO verlangt werden, daß er die 1.000 DM einsetzt, um straffrei zu werden. A hat dagegen nur 4000 DM zu zahlen. In der *Variante* ist eine Aufteilung der Nachzahlungspflicht unumgänglich.

In *Beispiel 30* hat jedoch lediglich der Steuerschuldner A Selbstanzeige erstattet. Eine Aufteilung der Nachzahlung ist daher nicht erforderlich[399]. Der Steuerschuldner A muß nach dem Wiedergutmachungsgedanken die gesamten hinterzogenen Steuern (5000 DM) nachzahlen, um straffrei zu werden.

---

399 Anders nur, wenn die Selbstanzeige des A gleichzeitig eine Fremdanzeige für B darstellt.

Anders als bei dem Beteiligten, der zu jedem Zeitpunkt nur über einen Teil der Beute verfügte, muß der Beteiligte, der zeitweise wirtschaftliche Verfügungsmacht über die gesamten hinterzogenen Steuern ausübte, grundsätzlich die gesamten hinterzogenen Steuern nachzahlen, um straffrei zu werden. Dies gilt sogar, wenn ein anderer Beteiligter über einen Teil verfügen kann. Etwas anderes gilt lediglich, wenn auch der andere wirksam Selbstanzeige erstattet oder er nach § 371 IV AO straffrei werden kann[400].

(3) Zwischenergebnis zum Wiedergutmachungsgedanken

Bei der Wiedergutmachung steht m.E. nicht im Vordergrund, daß der Täter selbst alle Schäden behebt, für die er mitursächlich wurde. An erster Stelle steht der Gedanke, daß der Täter seine Beute nicht behalten darf, sondern sie dem Opfer gibt (und damit zeigt, daß er die geltende Rechtsordnung anerkennt und sein Handeln nach ihren Gesetzen ausrichtet). Wiedergutmachung bedeutet nach dieser Auffassung die Beteiligung an der Schadensbehebung, in dem die Tat offenbart wird und die erlangten Vorteile abgeschöpft werden[401]. Diese restriktive Auslegung des Wiedergutmachungsgedankens ergibt sich u.a. aus der Überlegung, daß dem Fiskus in der Summe nicht mehr gezahlt werden soll, als ihm nach Steuerrecht zusteht. Das Tatbestandsmerkmal „zu seinen Gunsten" ist damit keine Einschränkung[402], sondern Ausdruck des Wiedergutmachungsgedankens. Insgesamt spricht der Wiedergutmachungsgedanke dafür, daß Selbstanzeigende nur anteilig und nicht gesamtschuldnerisch den Schaden beseitigen müssen.

Ein Begünstigter kann sich grundsätzlich nicht auf Entreicherung berufen, sondern muß auch das Erfolgsunrecht beseitigen, das sich nicht mehr positiv auf das Vermögen des Steuerhinterziehers auswirkt, wenn er zuvor über die gesamten hinterzogenen Steuern verfügen konnte. Ausnahmsweise muß eine Entreicherung eines Beteiligten beachtet werden, wenn ein anderer in dem Umfang der Entreicherung bereichert wurde und dieser auch Selbstanzeige erstattete bzw. über § 371 IV AO straffrei werden kann.

d) Zwischenergebnis zur teleologischen Auslegung

Alleine der rein fiskalische Ansatz könnte als Argument für eine Gesamtschuld der Selbstanzeigenden sprechen. Sinn und Zweck der Selbstanzeige ist jedoch

---

400 Siehe dazu *Beispiel 31*.

401 Jedoch grundsätzlich unabhängig davon, ob die einmal erlangten Vorteile noch vorhanden sind.

402 So aber sinngemäß Joecks § 371 Rn. 24 und 104.

nicht primär das Eintreiben der ausstehenden Steuern. Die Selbstanzeige kann mit rein strafrechtlichen Überlegungen, insbesondere dem Wiedergutmachungsgedanken, erklärt werden. Dieser Ansatz spricht für eine anteilige Haftung der Selbstanzeigenden.

4. Zwischenergebnis zur Auslegung

Die Auslegung nach Wortlaut, Systematik und Sinn und Zweck der Selbstanzeige[403] ergibt, daß Selbstanzeigende nur ihrem Vorteil entsprechend und nicht gesamtschuldnerisch den Schaden des Fiskus beseitigen müssen, um straffrei zu werden. Insoweit ist also der h.M. zu folgen.

III. Die Aufteilung der Nachzahlungspflicht zwischen dem Vorteilsvermittler und dem mittelbar Begünstigten

Beispiel 31: A und B begingen gemeinsam eine Steuerhinterziehung. Steuerschuldner war nur der A. Von den hinterzogenen Steuern ließ er B für seinen Tatbeitrag die Hälfte der hinterzogenen Steuern zukommen.

Wie bereits festgestellt wurde, kann sich ein begünstigter Selbstanzeigender bei der Bestimmung seiner Nachzahlung im Rahmen des § 371 III AO (grundsätzlich) nicht auf Entreicherung berufen, selbst wenn sich die Entreicherung als Bereicherung eines anderen Beteiligten auswirkt und von letzterem aufgrund seiner Beteiligung die Begleichung des Schadens nach § 71 AO verlangt werden könnte. Weiterhin wurde festgestellt, daß sich die Höhe der zur Erlangung der Straffreiheit erforderlichen Nachzahlung dadurch verändert, daß der mittelbar Begünstigte auch Selbstanzeige erstattet[404]. Würden im *Beispiel 31* sowohl A als auch B Selbstanzeige erstatten, müßten sie beide nur zur Hälfte nachzahlen, um straffrei zu werden.

Erstattet dagegen beispielsweise zuerst nur A eine Selbstanzeige und übernimmt dabei die ganze Verantwortung für die Steuerhinterziehung, ohne die Beteiligung des B preiszugeben, wird das FA von A die Zahlung sämtlicher hinterzogener Steuern für die Strafbefreiung voraussetzen. Wird die zur Erlangung der Straffreiheit erforderliche Nachzahlung gegenüber A festgesetzt und erstattet B danach auch eine wirksame Selbstanzeige, muß von ihm auch der Einsatz seiner Beteiligung an der Beute verlangt werden. Die gegenüber A festgesetzte Nach-

---

403 Die historische Auslegung führt in dieser Frage zu keinem Ergebnis.

404 S.o. S. 129 f. (Aufteilung bei Vermittlung der Beute).

zahlungssumme muß daher angepaßt werden, indem sie um den Betrag gekürzt wird, der von B verlangt wird. Im Ergebnis muß die Nachzahlung der hinterzogenen Steuern aus strafrechtlicher Sicht auf die beiden Beteiligten entsprechend ihres Vorteils aus der Tat aufgeteilt werden.

Dieser Fall der nachträglichen Korrektur des nach § 371 III AO festgesetzten Betrages kann allerdings nur dann eintreten, wenn auch die zweite Selbstanzeige strafbefreiend wirken kann, d.h., wenn für den zweiten Tatbeteiligten noch kein Ausschlußgrund nach § 371 II AO vorliegt. In der Regel wird ein solcher aber im Raume stehen, da der erste Selbstanzeigende die Tat in vollem Umfang gestehen muß, um Straffreiheit zu erlangen und das FA nach der Kenntniserlangung durch die Selbstanzeige dafür sorgen wird, daß für die weiteren Beteiligten ein Ausschlußgrund eingreift. Eine zweite zeitlich nachfolgende strafbefreiende Selbstanzeige kann aber z.B. dann erfolgen, wenn der erste Selbstanzeigende die Mitwirkung des zweiten Selbstanzeigenden verschwiegen hat und das FA nichts von der Beteiligung des Zweiten wußte oder wenn es von der Beteiligung erfahren hat, ein Strafverfahren gegen den Zweiten aber noch nicht eingeleitet hat bzw. ihm die Einleitung nicht bekanntgegeben wurde und der Täter nicht mit der Entdeckung rechnen mußte (§ 371 II Nr. 1b und Nr. 2 AO). Auch im Falle einer Selbstanzeige und einer zeitlich nachfolgenden Drittanzeige nach § 371 IV AO kann eine solche Konstellation eintreten, da die für die Drittanzeige mildere Ausschlußregeln gelten (siehe § 371 IV 1 aE a.E. AO).

Selbstanzeigen können aber nur bis zur vollständigen Nachzahlung der hinterzogenen Steuern die Höhe des Nachzahlungserfordernisses der anderen Selbstanzeigenden beeinflussen. Die Nachzahlungspflicht kann solange z.B. auch noch zwischen dem Vorteilsvermittler und dem mittelbar Begünstigten aufgeteilt werden. Hat ein Steuerhinterzieher bereits die ganzen hinterzogenen Steuern nachgezahlt, werden andere Beteiligte alleine durch die Erstattung der Selbstanzeige – also ohne Nachzahlung – straffrei. Ein Ausgleich zwischen den an der Steuerhinterziehung Beteiligten kann dann nur noch über den Gesamtschuldnerausgleich bzw. das Bereicherungsrecht stattfinden.

Wenn im *Beispiel 31* nur A Selbstanzeige erstattet, könnte zu seinen Gunsten von vornherein anzunehmen sein, daß B noch Selbstanzeige erstatten wird und von A nur die Nachzahlung der Hälfte der hinterzogenen Steuern verlangt werden. Für dieses Ergebnis könnten sowohl der Grundsatz „in dubio pro reo“ als auch der Bestimmtheitsgrundsatz sprechen. Der Zweifelssatz[405] greift aber nur dann ein, wenn das Gericht etwa hinsichtlich des Vorliegens eines Tatbestandsmerkmals

405 Im Steuerstrafrecht gelten nicht steuerrechtliche Vermutungen.

nicht behebbare Zweifel hat[406]. In dem genannten Beispielsfall wird dagegen nicht bezweifelt, ob ein anderer Beteiligter schon Selbstanzeige erstattet hat und er daher an der Wiedergutmachung beteiligt werden muß. In Frage steht lediglich, ob ein anderer Beteiligter noch Selbstanzeige erstatten wird. Dies ist jedoch kein Zweifel im Sinne des Zweifelssatzes, da es nicht um die Frage geht, ob bestimmte Tatbestandsmerkmale gegeben sind. Im Strafverfahren muß nämlich nicht beachtet werden, ob in Zukunft noch für den Beteiligten günstige Umstände eintreten können, wenn dafür noch nicht einmal konkrete Hinweise vorliegen. Das „In-dubio-pro-reo"-Argument spricht daher nicht dafür, daß die Begünstigung des anderen Beteiligten bei der Berechnung der Höhe der Nachzahlung berücksichtigt werden muß, wenn der Letztgenannte keine Selbstanzeige erstattet hat.

Für die Aufteilung zwischen den Beteiligten könnte aber der Bestimmtheitsgrundsatz sprechen. Nach diesem Grundsatz muß die Strafbarkeit bereits zum Tatbegehungszeitpunkt hinreichend bestimmt strafbewehrt sein. Zwar ist die Strafbarkeit einer Steuerhinterziehung hinreichend genau bestimmt, die Frage, unter welchen Voraussetzungen ein Beteiligter straffrei werden kann, jedoch nicht. Diese Frage steht aber insoweit der Frage nach der Strafbarkeit gleich. Sowohl der Tatbestand als auch die Strafandrohung müssen so bestimmt sein, daß sie keiner willkürlichen Auslegung bzw. dem freien Ermessen des Richters zugänglich sind[407]. Die staatliche Reaktion auf eine Verhaltensweise muß vorhersehbar sein, insbesondere muß der Normadressat anhand der gesetzlichen Regelung voraussehen können, ob ein Verhalten strafbar ist.

Die Strafbarkeit des Steuerhinterziehers ist aber voraussehbar. Zwar kann die staatliche Reaktion nicht komplett vorhergesagt werden, da der Selbstanzeigende nicht weiß, ob auch der mittelbar begünstigte Beteiligte Selbstanzeige erstatten wird und er damit im Zeitpunkt der Tatbegehung nicht berechnen kann, in welcher Höhe er nachzahlen muß, um straffrei zu werden. Dies liegt aber nicht an der Unbestimmtheit des Gesetzes oder an der willkürlichen Reaktion des Staates auf das Verhalten, sondern daran, daß das Verhalten der anderen Beteiligten nicht bekannt ist. Solche Ungewißheiten können sich jedoch nicht zugunsten des Angeklagten auswirken. Zumindest erfordert der Bestimmtheitsgrundsatz nicht, daß der Staat zum Zeitpunkt der strafrechtlichen Beurteilung Tatsachen zugunsten des Täters annimmt, die zweifelsfrei nicht gegeben sind, aber noch eintreten können.

---

406 Tröndle in Tröndle/Fischer § 1 Rn. 14 m.w.N.

407 BGHSt 34, 178 m. Anm. Lampe JR 1987, 384.

Diese Ungewißheiten über die Erstattung weiterer Selbstanzeigen können auch dadurch beseitigt werden, daß der Staat den anderen Beteiligten die Einleitung eines Strafverfahrens bekannt gibt und ihnen damit der Weg zur Straffreiheit über die Selbstanzeige abgeschnitten wird[408].

Die Zahlung des A an B in *Beispiel 31* kann auch nicht als „Betriebsausgabe" von der von A zu fordernden Nachzahlung abgezogen werden, da sie nichts daran ändern können, daß A wirtschaftlich zuerst über die gesamten hinterzogenen Steuern verfügte. Bei der strafrechtlichen Bewertung geht es nämlich nicht um die Frage, in welcher Höhe dem Steuerhinterzieher im Endeffekt ein Vorteil erhalten bleibt, sondern nur um die Frage, ob er über die hinterzogenen Steuern verfügen konnte. Aus diesen Gründen kann im Rahmen des § 371 III AO auch nicht berücksichtigt werden, wenn ein Steuerhinterzieher z.B. einen teuren Laserdrucker kauft, den er ausschließlich zum Anfertigen von falschen Quittungen zur Vortäuschung von Betriebsausgaben benutzt hat.

Als Zusammenfassung bleibt daher festzustellen, daß von einem Selbstanzeigenden, der einen Teil seines Vorteils an einen anderen Beteiligten weiterleitete, auch der weitergeleitete Teil der Beute zur Erlangung der Straffreiheit zu verlangen ist. Dies gilt zumindest solange der andere Beteiligte nicht auch Selbstanzeige erstattet. Erst wenn auch der andere eine wirksame Selbstanzeige erstattet (oder eine wirksame Drittanzeige erfolgt ist), wird von den Selbstanzeigenden nur anteilig die Nachzahlung der hinterzogenen Steuern verlangt.

Wenn in *Beispiel 31* nur A Selbstanzeige erstattet, muß er die gesamten hinterzogenen Steuern nachzahlen, da er mit der Hinterziehung wirtschaftliche Verfügungsmacht über die gesamten hinterzogenen Steuern erlangt hat und die Zahlung an B nur dann berücksichtigt werden kann, wenn auch B wirksam Selbstanzeige erstattet.

IV. Die Wirkung von Zahlungen auf die Steuerschuld

Nicht nur die im vorangehenden Abschnitt behandelte Zahlung eines Selbstanzeigenden kann die Nachzahlungspflicht eines weiteren Selbstanzeigenden verkürzen. Der Gedanke, daß der Fiskus nicht mehr verlangen kann, als ihm nach Steuerrecht zusteht, gilt auch im Hinblick auf andere Zahlungen als solche, die im Rahmen des § 371 III AO erfolgen.

408 Dann kann die Selbstanzeige nicht mehr rechtzeitig erfolgen, siehe § 370 II AO.

Von wem die Zahlung erfolgt bzw. aus welchem Grund sie erfolgt ist, spielt dabei keine Rolle. Entscheidend ist nur, daß die Nachzahlung im Rahmen des § 371 III AO immer auf die hinterzogenen Steuern begrenzt ist. Eine Begleichung der Steuerschuld wirkt sich demnach auf die Höhe des für § 371 III AO relevanten Betrages mindernd aus. Dies bedeutet, daß jede Zahlung auf die Steuerschuld die nach § 371 III AO erforderliche Nachzahlung verkürzt, egal ob die Zahlung aus steuerlichen oder aus strafrechtliche Gründen erfolgt ist. Ebenso wirken sich die Aufrechnung und der Steuererlaß nach § 227 wegen ihrer schuldtilgenden Wirkung auf die Höhe der nach § 371 III AO erforderlichen Nachzahlung aus, nicht dagegen die Niederschlagung nach § 261 AO und eine Sicherheitsleistung, da sie die Steuerschuld nicht tilgen[409].

Selbst wenn die Höhe des nach § 371 III AO zu entrichteten Betrages bereits gegen den Selbstanzeigenden festgesetzt wurde, muß eine Zahlung von dritter Seite den zur Erlangung der Straffreiheit erforderlichen Betrag mindern. Dabei ist unerheblich, von wem die Zahlung stammt. Dies trifft selbst für die Zahlung eines unbeteiligten Dritten zu, da § 371 III AO insoweit gerade keine „tätige Reue" des Selbstanzeigenden voraussetzt[410]. Es bleibt auch insoweit bei dem Grundsatz, daß es eine Nachentrichtungspflicht nur geben kann, wenn die Steuerschuld noch besteht[411].

Kohlmann vertritt bei der Frage der zu ermittelnden Höhe der Nachzahlung sogar die Auffassung, daß sich die zu zahlenden Beträge bei mehreren Tatbeteiligten nach einem von den Beteiligten gemeinschaftlich vorgeschlagenen Maßstab aufteilen lassen könne, wenn die Tilgung der Steuerschuld sichergestellt sei[412]. Er greift insoweit auf den die entsprechende Regelung des § 274 Satz 1 AO zurück.

Dazu ist anzumerken, daß der Gedanke des § 274 Satz 1 AO für die Berechnung der Nachzahlung nach erfolgter Selbstanzeige nicht herangezogen werden kann. § 371 III AO stellt eben gerade das Erfordernis auf, daß zur Erlangung der Straffreiheit die zugunsten des Selbstanzeigenden hinterzogenen Steuern nachzuzahlen sind. Tatsächliche Zahlungen auf die Steuerschuld verkürzen dabei zwar aus den genannten Gründen die Höhe des nachzuzahlenden Betrages, einem Steuertilgungsplan mehrerer Tatbeteiligter kommt eine der tatsächlichen Zahlung vergleichbare Kürzung der Steuerschuld jedoch nicht zu. Aus strafrechtlicher Sicht ist nämlich allein entscheidend, ob die hinterzogenen Steuern noch ausstehen.

---

409 Joecks § 371 Rn. 124; HHSp/Engelhardt § 371 Rn. 155.

410 Kohlmann zu § 371 AO Rn. 111; vgl. auch BGHSt 7, 336, 342 (v. 3.6.1954).

411 HHSp/Engelhardt § 371 Rn. 154.

412 § 371 Rn. 93.

§ 274 Satz 1 AO paßt dagegen nicht zu dem strafrechtlichen Sinn und Zweck der Selbstanzeige, nach der der Täter die „Beute" zumindest dann nicht behalten darf, solange mit der Zahlung der Fiskus nicht mehr erhalten würde, als ihm nach Steuerrecht zusteht.

V. Ergebnis

Die Beteiligten müssen nur ihrem eigenen Vorteil entsprechend nachzahlen, um nach § 371 III AO straffrei zu werden. Eine Art Gesamtschuld der Beteiligten würde dazu führen, daß die gesamten hinterzogenen Steuern nachgezahlt werden müssen, bevor ein Beteiligter über § 371 III AO straffrei werden kann, selbst wenn dieser zu keinem Zeitpunkt über die gesamten hinterzogenen Steuern wirtschaftlich verfügen konnte. Diese Auslegung entspricht jedoch nicht dem strafrechtlichen Charakter der Selbstanzeige, insbesondere nicht dem Wiedergutmachungsgedanken, der u.a. auch besagt, daß primär die Beute zur Wiedergutmachung einzusetzen ist[413]. Selbst der außerstrafrechtliche Ansatz zum Sinn und Zweck der Selbstanzeige, insbesondere die Anreiztheorie[414], spricht nicht für eine Art Gesamtschuld unter den Beteiligten, wenn es um die Beurteilung ihrer Strafbarkeit geht. Auch die systematische Auslegung führt zu keinem anderen Ergebnis. Daß die an der Steuerhinterziehung Beteiligten nach § 71 AO gesamtschuldnerisch für die hinterzogenen Steuern einzustehen haben, hat keinen Einfluß auf die strafrechtliche Bewertung der Beteiligten. Bei § 71 AO geht es lediglich um die steuerrechtliche Haftung. Die Frage, unter welchen Voraussetzungen ein Selbstanzeigender Straffreiheit erlangen kann, hat nichts mit der steuerrechtlichen Haftung des Steuerhinterziehers zu tun.

Zwar kann mit dem hier gewählten Ansatz das Ergebnis entstehen, daß nicht der ganze Schaden behoben wird. Dafür ist aber zugunsten der Beteiligten gesichert, daß der Fiskus nicht mehr bekommt, als ihm nach Steuerrecht zusteht. Der noch nicht wiedergutgemachte Schaden kann immer noch (z.B. über die Haftung der Beteiligten nach § 71 AO) behoben werden[415]. Dies entspricht insbesondere dem Wiedergutmachungsgedanken, nach dem nur der Vorteil des Selbstanzeigenden, der den Schaden des Fiskus verkörpert, eingesetzt werden muß. Primär soll der Beteiligte nicht im Besitz seiner Beute bleiben dürfen und die Beute zur Schadenswiedergutmachung eingesetzt werden. Dies beinhaltet auch, daß der Betei-

---

413 S.o. S. 128 (Konfliktlage).

414 Anreiz zur Offenlegung dem Fiskus bislang unbekannter Steuerquellen.

415 Dies hat zwar nichts mit strafrechtlichen Überlegungen zu tun. Trotzdem kann es mit in den Abwägungsprozeß einfließen – vgl. Verhältnismäßigkeitsprüfung.

ligte nicht mehr als sein Erlangtes einzusetzen hat und gerade nicht gesamtschuldnerisch für die gesamten hinterzogenen Steuern einzustehen hat.

Der Beteilige, der zeitweise über die gesamten hinterzogenen Steuern verfügen kann, muß grundsätzlich auch dann die gesamten hinterzogenen Steuern nachzahlen, um straffrei zu werden, wenn er einen Teil an andere Beteiligte weitergeleitet hat. Die Zahlung an andere Beteiligte kann nur dann berücksichtigt werden, wenn auch der andere mittelbar Begünstigte Selbstanzeige erstattet. Nur für diesen Fall wird die Nachzahlungspflicht unter den (anzeigenden) Beteiligten aufgeteilt. Für die Vorteilsvermittler und den Beteiligten, der selbst nur mittelbar begünstigt ist, ergibt sich folgende Situation: Erstattet der Begünstigte Selbstanzeige, der den Vorteil vermittelt hat, muß er den gesamten hinterzogenen Betrag entrichten. Hat er bereits bezahlt und kann der mittelbar Begünstigte noch rechtzeitig Selbstanzeige erstatten, wird der mittelbar Begünstigte ohne Nachzahlung straffrei. Ist jedoch ein Ausschlußgrund nach § 371 II AO eingetreten, wird der Beteiligte aufgrund seiner Beteiligung nach § 370 AO bestraft, muß aber u.U. nicht den Betrag herausgeben, den er für seine Beteiligung erhielt. Hat der Vorteilsvermittler noch nicht (vollständig) gezahlt, muß der mittelbar Begünstigte seinen Vorteil einsetzen, um straffrei zu werden. Der Vorteilsvermittler wird insoweit von seiner Nachzahlungspflicht befreit.

F. Auswirkungen des Nemo-tenetur-Prinzips auf das Erfordernis der Nachzahlung der hinterzogenen Steuern

I. Problemstellung

Wie sich aus dem Wortlaut des § 371 III AO ergibt, muß ein begünstigter Beteiligter nachzahlen, um straffrei zu werden. Lediglich die Straffreiheit eines Nichtbegünstigten hängt dem Wortlaut nach nicht davon ab, daß er sich an der Nachzahlung der hinterzogenen Steuern beteiligt. Von diesem Grundsatz, daß ein Beteiligter zumindest seinen Teil der „Beute“[416] einsetzen muß, um straffrei zu werden, könnte es jedoch auch Ausnahmen geben. Entgegen des Wortlauts des § 371 III AO könnte ein Begünstigter ausnahmsweise auch ohne Nachzahlung der zu eigenen Gunsten hinterzogenen Steuern straffrei werden[417].

Beispiel 32: Das FA verlangt vom Steuerpflichtigen S, der in den VZ 01 bis 03 seine Einkünfte aus Kapitalvermögen nicht erklärt hat, für den VZ 04 eine Steuererklärung abzugeben. Da er nicht in der Lage ist, die in den ersten Jahren hinterzogenen Steuern in einer angemessenen Frist nachzuentrichten, sieht er keine Möglichkeit, mit einer Selbstanzeige Straffreiheit zu erlangen. Er fragt sich, ob er auch für den VZ 04 nach § 370 I Nr. 2 AO zur vollständigen und lückenlosen Erklärung unter Strafandrohung verpflichtet[418] bleibt und ob er dann für die Steuerhinterziehungen in den Jahren 01 bis 03 bestraft werden kann.

Der Umstand, daß S seine Steuern nicht nachzahlen kann, aber gleichzeitig zur Abgabe einer korrekten Steuererklärung aufgefordert wird, könnte zur Folge haben, daß auf das Erfordernis der Nachzahlung ausnahmsweise verzichtet werden muß. Gegen das Ergebnis, daß der begünstigte Steuerhinterzieher ohne Nachzahlung straffrei wird, spricht zwar der primäre Sinn und Zweck der Selbstanzeige. Danach wird von einem begünstigten Beteiligten verlangt, daß er seinen erlangten Vorteil zur Schadenswiedergutmachung einsetzt und gerade nicht gefragt, ob der erlangte Vorteil noch vorhanden ist[419]. Ein Rechtsgrund für dieses Ergebnis könnte aus dem Verfassungsrecht stammen: Nach § 370 I AO droht dem

416 S.o. S. 137 f.

417 Vgl. dazu grundsätzlich auch OLG Karlsruhe BB 1974, 1514 – betrifft nur den Fall, daß ein Selbstanzeigender nicht nachzahlen kann, nicht aber den Konflikt mit dem NT-Prinzip.

418 Vgl. Berthold S. 91 und Joecks § 393 Rn. 38.

419 S.o. Abschnitt C.

Steuerpflichtigen eine Bestrafung, wenn er keine oder unwahre Angaben zu seiner Besteuerung abgibt. Diese Erklärungspflicht könnte auch dann unter Strafandrohung bestehen, wenn sich ein Steuerhinterzieher mit der abzugebenden Steuererklärung einer vorangehenden Steuerhinterziehung bezichtigen und damit Angaben liefern würde, die zu seiner Bestrafung beitragen könnten. Die Konfliktlage verschärft sich dadurch, daß dem FA eine doppelte Zuständigkeit für das Besteuerungs- und das Strafverfahren zukommt (und die jeweils ermittelnden Amtsträger daher personengleich sein können[420]) und die Verfahren zeitlich parallel laufen können. Daß die im Besteuerungsverfahren erlangten Kenntnisse zur Strafverfolgung eingesetzt werden, erscheint daher naheliegend. Der durch die Strafandrohung erzeugte Zwang, selbstbelastende Erklärungen abzugeben, die später in einem Strafverfahren gegen den Erklärenden verwendet werden, könnte jedoch gegen das Nemo-tenetur-Prinzip verstoßen, wonach sich niemand einer eigenen Straftat bezichtigen muß.

II. Das Nemo-tenetur-Prinzip

Nach dem Grundsatz des *nemo tenetur se ipsum accusare* verstößt der Zwang, sich selbst auch im Vorfeld strafrechtlicher Ermittlungen einer Straftat zu bezichtigen, gegen das Persönlichkeitsrecht des Individuums[421]. Zwar wurde das Nemo-tenetur-Prinzip nicht ausdrücklich im Grundgesetz geregelt, nach allgemeiner Meinung hat es aber Verfassungsrang[422].

Nach dem *Gemeinschuldnerbeschluß* des BVerfG[423] kann die Pflicht des Gemeinschuldners, wahrheitsgemäße Angaben zu machen, jedoch auch dann bestehen bleiben, wenn er sich dabei einer Straftat bezichtigt. Allerdings sei dafür ein berechtigtes Informationsbedürfnis, vorwiegend im Interesse Dritter, vorauszusetzen. Dann müsse aber zum Schutze des Persönlichkeitsrechts des Betroffenen (Gemeinschuldners) zumindest ein Verbot angenommen werden, die erlangten Kenntnisse in einem Strafverfahren zu verwenden. Der Schutz des Nemo-tenetur-Prinzips erstreckt sich also lediglich auf die Abwehr strafrechtlicher Sanktionen und greift nicht bereits dann ein, wenn sich ein Täter der Erfüllung eines Straftat-

420 Joecks § 393 Rn. 4.

421 Vgl. dazu auch Berthold, 5 ff.

422 BVerfGE 38, 105, 113; 56, 37, 42; Reiß S. 140 ff.

423 BVerfGE 56, 37, 49 = wistra 1982, 25.

bestandes bezichtigen muß, an den sich für ihn keine strafrechtlichen Sanktionen knüpfen lassen[424].

III. Die Beachtung des Nemo-tenetur-Prinzips in der AO

Das Nemo-tenetur-Prinzip erfordert also nicht unbedingt, daß ein Steuerhinterzieher nicht dazu gezwungen werden kann, eine Steuererklärung abzugeben, in der er sich einer vorangehenden Steuerstraftat bezichtigt. Wenn jedoch ein solcher Schutz nicht gewährt wird, muß das Regelwerk zumindest vorsehen, daß die belastende Aussage nicht gegen den Erklärenden in einem Strafverfahren verwendet werden kann. Der angesprochene Konflikt muß daher nicht zwingend über die oben angesprochene Ausnahme von dem Nachzahlungserfordernis im Rahmen der Selbstanzeige gelöst werden. Wenn die Regeln der AO auf andere Weise Schutz davor bieten, daß erzwungene Aussagen eines Steuerpflichtigen, in denen er sich einer Steuerhinterziehung bezichtigt, in einem Steuerstrafverfahren gegen ihn verwendet werden, bedarf es nicht der Überlegung, ob eine Ausnahme vom Zahlungserfordernis geschaffen werden muß.

In der AO wurde nicht umfassend geregelt, daß ein Steuerhinterzieher nicht dazu gezwungen werden kann, Angaben zu machen, die gegen ihn in einem (Steuer-) Strafverfahren verwendet werden können. Das Nemo-tenetur-Prinzip findet aber in der AO an verschiedenen Stellen Beachtung. Die oben angesprochene Konfliktlage, die sich u.a. aus der doppelten Zuständigkeit der Finanzbehörde für das Besteuerungs- und das Strafverfahren ergibt, wurde zumindest teilweise aufgelöst, indem ein Offenbarungsverbot, ein Verwertungsverbot und ein Zwangsmittelverbot statuiert wurden.

1. Das Steuergeheimnis nach § 30 AO

Mit dem Steuergeheimnis nach § 30 AO werden Erklärungen des Steuerpflichtigen im Besteuerungsverfahren vor einer unbefugten Weitergabe geschützt. Belastende Tatsachen, die im Besteuerungsverfahren offengelegt werden, können nicht an Strafverfolgungsbehörden offenbart werden, wenn sie Nichtsteuerstraftaten (oder -ordnungswidrigkeiten) betreffen und bzw. nicht dem Verfahrenszweck dienen (§ 30 IV Nr. 1 AO). Über das Steuergeheimnis (§ 30 AO) ist der Steuerschuldner, der in seiner Steuererklärung eine Steuerhinterziehung offenbart (offenbaren muß), jedoch nicht geschützt, da die Verfolgung von Steuerstraftaten

---

424 Berthold S. 78.

nicht durch das Steuergeheimnis beschränkt wird[425]. Die Beschränkung des Steuergeheimnisses auf Nichtsteuerstraftaten gilt auch im Ermittlungsverfahren wegen einer Steuerstraftat, also vor Einleitung des gerichtlichen Verfahrens. Die Verwertung der Erkenntnisse bzw. die Unterrichtung der Staatsanwaltschaft ist dann ohne weiteres möglich[426].

2. *Das Zwangsmittelverbot des § 393 I 2 AO*

Die Umsetzung des Nemo-tenetur-Prinzips in der AO wird in § 393 I AO am deutlichsten. Dort wird der Einsatz von Zwangsmitteln im Besteuerungsverfahren verboten, wenn der Steuerpflichtige sich dabei einer Steuerstraftat oder Steuerordnungswidrigkeit belasten müßte. Das Zwangsmittelverbot des § 393 I 2 AO bezieht sich aber ausdrücklich nur auf Zwangsmittel i.S.d. § 328 AO. Die Strafandrohung nach § 370 I AO wird also von dem Zwangsmittelverbot nicht erfaßt. Nach dem insoweit eindeutigen Wortlaut des § 393 I 2 AO bleibt die Strafandrohung – und damit auch der Verstoß gegen das Nemo-tenetur-Prinzip – im Beispielsfall[427] daher bestehen.

3. *Das Verwertungsverbot des § 393 II AO*

Auch in § 393 II AO wird dem Nemo-tenetur-Prinzip Rechnung getragen. Tatsachen, die der Steuerpflichtige den Finanzbehörden in Erfüllung steuerrechtlicher Pflichten offenbart hat, dürfen zwar schon nach § 30 AO nicht an Strafverfolgungsbehörden weitergeleitet werden. Wenn Staatsanwaltschaften oder Gerichte in einem Strafverfahren wegen einer anderen Tat als einer Steuerstraftat trotzdem von Tatsachen oder Beweismitteln Kenntnis erlangen[428], die ein Steuerpflichtiger in Erfüllung steuerlicher Pflichten offenbart hat, dürfen diese nicht gegen ihn verwendet werden. Dem Wortlaut nach gilt dieses Verwertungsverbot allerdings nur unter bestimmten Einschränkungen und gerade nicht für offenbarte Steuerstraftaten. Der Schutz eines Steuerstraftäters vor der strafrechtlichen Verwertung seiner erzwungenen belastenden Steuererklärung ist also über § 393 II AO nicht gesichert.

---

425 Hellmann S. 29 (§ 1 II. a)).

426 Joecks wistra 1998, 86; Hellmann 28 ff.

427 *Beispiel 32*, s.o. S. 139.

428 U.U. ist es nicht vermeidbar, daß der Staatsanwaltschaft oder dem Gericht Tatsachen aus den Steuerakten bekannt werden, die eine Nichtsteuerstraftat des Steuerpflichtigen belegen, Wisser in Klein § 393 7 a).

Streck[429] und Hellmann[430] kommen zu dem Ergebnis, daß für den Steuerstraftäter, der zu einer ihn strafrechtlich belastenden Steuererklärung gezwungen wurde, aus § 393 I AO[431] auch ein Verwertungsverbot folgt. Dies ergebe sich nach Streck aus der Beachtung der im *Gemeinschuldnerbeschluß*[432] aufgestellten Kriterien. Das Verwertungsverbot sei methodisch das Ergebnis einer verfassungskonformen Auslegung des § 393 AO. Eine Gesetzesänderung zur Umsetzung des Nemo-tenetur-Prinzips sei nicht erforderlich, da Beweisverbote im Strafverfahrensrecht weitgehend nicht-normierte, sondern im Wege der Auslegung gefundene Rechtserkenntnisse darstellten. Dieses Ergebnis (Verwertungsverbot) werde bereits bei der Trennung von zeitlich nacheinander folgenden Steuer- und Strafverfahren akzeptiert[433]. Hellmann ist der Auffassung, daß sich dies aus dem aus § 393 II und § 371 AO folgenden Grundsatz ergebe, wonach die AO den fiskalischen Interessen einen Vorrang vor den Strafverfolgungsinteressen einräume, wenn dies geboten erscheine, um dem Steuerpflichtigen wahrgemäße Angaben zu ermöglichen und dadurch den Steueranspruch zu realisieren[434].

Die h.M.[435] lehnt dagegen diese weite Auslegung zu Recht ab. Samson[436] hält der weiten Auslegung Strecks entgegen, daß der Gesetzgeber in § 393 AO ausdrücklich zum Ausdruck gebracht habe, für welche Fälle er ein Verwertungsrecht vorsieht. Die Entscheidung des Gesetzgebers, nur in § 393 II AO ein Verwertungsrecht zu verankern, sei bewußt so getroffen worden. Es solle zum Ausdruck gebracht werden, daß in dem von § 393 I AO geregelten Sachverhalt kein Verwertungsverbot eingreift. Unter Berücksichtigung eines derartigen gesetzgeberischen Willens, der die Systematik und Sinn und Zweck des § 393 AO mitbestimmt, bleibt kein Platz für die Auslegung, daß aus § 393 I AO nicht nur ein Zwangsmittelverbot, sondern auch ein Verwertungsverbot folgt (bzw. daß § 393 II auch auf Steuerstraftaten anwendbar ist). Gegen die Möglichkeit, durch Auslegung zu einem Beweisverwertungsverbot zu kommen, spricht auch bereits der Wortlaut

429 StV 1981, 364. Er beruft sich dabei auf Reiß NJW 1977, 1436, der für den Konfliktfall ein BVV vorsehe. Reiß bemängelt zwar die Unvollständigkeit des § 393 I und II AO, kommt aber nicht zu dem Ergebnis, daß ein BVV durch Auslegung gewonnen werden kann.

430 in HHSp AO § 393 Rn. 30.

431 Ein BVV kann nicht nur durch Auslegung des § 393 I AO gewonnen werden. Da in § 393 II AO ein BVV geregelt ist, muß auch auf § 393 II AO abgestellt werden.

432 S.o. Fn. 423.

433 Streck StV 1981, 364.

434 S.o. Hellmann in HHSp AO § 393 Rn. 30.

435 Samson wistra 1988, 132; HansOLG Hamburg wistra 1996, 239.

436 Samson wistra 1988, 132.

des § 393 AO, insbesondere dessen zweiter Absatz. Dort ist ein Beweisverwertungsverbot vorgesehen, ausdrücklich aber nur für bekanntgewordene Tatsachen, die keine Steuerstraftat betreffen. Jede Auslegung hat jedoch innerhalb der Grenze des möglichen Wortsinns zu bleiben. Einem Beweisverwertungsverbot auch für Steuerstraftaten betreffende Tatsachen steht jedoch der eindeutige Wortlaut des § 393 II AO entgegen[437].

Durch Auslegung kann kein BVV ermittelt werden, da der Wortlaut und die Systematik des § 393 AO keine dahingehende Auslegung zulassen.

4. Zwischenergebnis

Durch § 30 und § 393 AO wird dem Nemo-tenetur-Prinzip zumindest teilweise Rechnung getragen. Ein Schutz des Steuerhinterziehers vor der strafbewehrten Pflicht, wahre und vollständige Steuererklärungen abzugeben, wenn er sich damit einer früheren Steuerstraftat bezichtigt, läßt sich aus §§ 30, 393 AO aber nicht in jedem Fall ableiten. Den Strafverfolgungsbehörden stehen nach dem Regelwerk der AO zur Verfolgung von Steuerstraftaten mehr Möglichkeiten zur Verfügung als zur Verfolgung sonstiger Straftaten. Ob diese weiterreichenden Kompetenzen der Strafverfolgungsbehörden bei Steuerstraftaten gegen das Nemo-tenetur-Prinzip verstoßen, gilt es zu klären.

Im Beispielsfall bliebe der Steuerpflichtige nach dem bisher Geschriebenen dazu verpflichtet, Angaben zu machen, die gegen ihn in einem Strafverfahren verwendet werden können.

IV. Bedarf für weiteren Schutz

Bevor untersucht wird, ob durch Auslegung anderer Normen das Ergebnis ermittelt werden kann, daß der Steuerpflichtige nicht dazu gezwungen wird, sich einer Steuerhinterziehung zu bezichtigen, soll auf die Frage eingegangen werden, ob im Beispielsfall eine Verwertung der erzwungenen Aussagen überhaupt dem Nemo-tenetur-Prinzip entgegensteht. Wie andere Rechte von Verfassungsrang gilt auch das Nemo-tenetur-Prinzip nicht uneingeschränkt. Das Persönlichkeitsrecht des Steuerschuldners S könnte unverhältnismäßig beeinträchtigt werden, wenn seine Erklärungen, die er im Besteuerungsverfahren abgeben mußte, zur Strafverfolgung verwendet werden dürfen.

---

437 Reiß S. 248 ff. und HansOLG Hamburg wistra 1996, 241.

1. Argumente für die Verhältnismäßigkeit des Eingriffs

Die Gefahr der Selbstbezichtigung sollte nach Wisser[438] nicht zu hoch eingeschätzt werden, da der Steuerpflichtige im allgemeinen erkenne, wann eine derartige Gefahr besteht und sich entsprechend verhalte. Er sei sich über die Bedeutung seiner Aussagen im Klaren[439].

Nach der Rechtsprechung des BVerfG gibt es kein ausnahmsloses Gebot, daß niemand in einem Verfahren zu einer strafrechtlich belastenden Mitwirkung gezwungen werden dürfe[440]. Art. 2 I GG schreibe keinen lückenlosen Schutz gegen staatlichen Zwang zur Selbstbezichtigung ohne Rücksicht darauf vor, ob schutzwürdige Belange Dritter beeinträchtigt werden[441]. Handelt es sich bei einer erzwungenen Aussage um Auskünfte zur Erfüllung eines berechtigten Informationsbedürfnisses, sind nach dem *Gemeinschuldnerbeschluß* des BVerfG die staatlichen Interessen[442] und die des Straftäters gegeneinander abzuwägen[443]. Bei dieser Abwägung kann z.B. auch das Erfordernis der gleichmäßigen Erfassung aller Steuerpflichtigen nach Art. 3 I GG zu beachten sein. Aus diesem Grund sei es sachlich gerechtfertigt, daß die Steuerpflichtigen zur wahrheitsgemäßen Aussage verpflichtet sind ohne Rücksicht darauf, ob hierdurch Straftaten oder Ordnungswidrigkeiten aufgedeckt werden. Zumindest nach älterer Rechtsprechung des BGH[444] besteht eine Erklärungspflicht hinsichtlich der Herkunft von Gewinnen auch dann, wenn mit deren Herkunft eine Untreue offenbart würde. Die weitere (Steuer-)Straftat könne nicht straflos bleiben, da sich der Täter selbst in die Zwangslage gebracht habe.

Soweit es sich hierbei um Steuerstraftaten handelt, kann der Betroffene regelmäßig durch Selbstanzeige Strafbefreiung erlangen. Tritt ein Ausschlußgrund nach § 371 II AO ein oder kann der Selbstanzeigende die hinterzogenen Steuern nicht fristgerecht nachzahlen, könnte die Beeinträchtigung seines Persönlichkeitsrechts

---

438 Wisser in Klein § 393 1. (S. 1643).

439 Verweis auf Rogall ZRP 1975, 278 – dieser krit. zur Neufassung.

440 Wisser in Klein § 393 3 d) (S. 1646) mit Verweis auf Rüster (wistra 1988, 50) und BVerfG 55, 144, 150; 56, 37, 41 ff.

441 BVerfG, 2. Senat, Beschl. vom 21.4.1988 – 2 BvR 330/88 (wistra 1988, 302).

442 Und evtl. bestehende Interessen Dritter.

443 Gemeinschuldnerbeschluß, s.o. Fn. 423.

444 BGH Urt. v. 18.10.1956, BStBl. II 1957, 121 (123). Vgl. dazu noch HansOLG Hamburg wistra 1996, 240 – Verweis auf BGH. Nach den Grundsätzen der Güter- und Pflichtenabwägung dürfe der Täter nicht straflos bleiben, da er sich selbst in diese Zwangslage gebracht habe.

noch verhältnismäßig sein, wenn seine unter Strafandrohung erzwungenen Aussagen in einem Strafverfahren gegen ihn verwendet werden.

2. *Stellungnahme und Argumente für die Unverhältnismäßigkeit des Eingriffs*

a) *Stellungnahme zum Argument Wissers*

Dem Argument Wissers, daß ein Steuerpflichtiger im allgemeinen die Bedeutung seiner in der Steuererklärung enthaltenen Angaben kenne, muß entgegengehalten werden, daß es auf die Kenntnis des Steuerpflichtigen nicht ankommt. Selbst wenn der Steuerpflichtige den Konflikt mit dem Nemo-tenetur-Grundsatz erkennt, kann ihn die Strafandrohung des § 370 I AO dazu bewegen, selbstbelastende Erklärungen abzugeben. Eine für ihn „ungefährliche" Lösung des Konflikts gibt es nicht. Entweder er gibt weiterhin falsche Erklärungen ab und riskiert, dafür bestraft zu werden oder er hält sich an seine Steuererklärungspflicht und deckt evtl. Tatsachen auf, die zu seiner Bestrafung führen können.

b) *Stellungnahme zum Argument der Selbstherbeiführung der Zwangslage*

Wenn das Argument, daß der Steuerhinterzieher die Zwangslage selbst herbeigeführt hat, ausschlaggebend sein sollte, bestünde das Nemo-tenetur-Prinzip im Ergebnis nicht. Beim Schutz vor Selbstbezichtigung geht es nur um den Schutz des an Straftaten (oder Ordnungswidrigkeiten) Beteiligten. Straftäter haben sich immer selbst zuzuschreiben, daß sie in die Zwangslage gekommen sind, Aussagen machen zu müssen, die zu ihrer Bestrafung beitragen können. Gäbe es Gründe, die dafür sprechen, daß der Beteiligte nicht selbst seinen Tatbeitrag zu verantworten und die „Zwangslage" damit nicht selbst verursacht hat, wäre der Beteiligte wegen fehlender Rechtswidrigkeit, Schuld oder wegen eines Strafaufhebungs- oder -ausschließungsgrundes nicht strafbar und befände sich noch nicht einmal in einer Zwangslage. Der Beteiligte kann sich also nur dann in einer Zwangslage befinden, wenn er die Tatbeteiligung selbst zu verantworten hat. Das Argument, daß der Beteiligte die Zwangslage selbst verursacht hat, kann daher nicht verwendet werden, ohne ganz auf das Nemo-tenetur-Prinzip zu verzichten.

c) *Abwägungsprozeß*

Zutreffend ist, daß kein uneingeschränkter Schutz vor Selbstbezichtigung besteht. Wenn von dem Beteiligten verlangt wird, daß er wahrheitsgemäße Angaben macht, selbst wenn diese ein strafrechtlich relevantes Verhalten betreffen, muß aber auf andere Weise dafür gesorgt werden, daß die erzwungenen Aussagen nicht zu einer Bestrafung führen können. Die Erkenntnisse dürfen dann zumindest nicht zu Beweiszwecken verwendet werden[445]. Das Persönlichkeitsrecht des Gemeinschuldners wäre unverhältnismäßig beeinträchtigt, wenn seine unter Zwang abgegebene Selbstbezichtigung der Verwertung für eine Strafverfolgung zugeführt würden. „Der bloße Umstand, daß dem Gemeinschuldner im Interesse seiner Gläubiger eine uneingeschränkte Aussagepflicht zuzumuten ist, rechtfertigt nicht, daß er zugleich zu seiner Strafverfolgung beitragen muß und daß die Strafverfolgungsbehörden weitergehende Möglichkeiten erlangen als in anderen Fällen der Strafverfolgung[446]". Hat ein Steuerhinterzieher nicht (mehr) die Möglichkeit, über § 371 III AO straffrei zu werden, muß zumindest ein Beweisverwertungsverbot eingreifen, um den Eingriff in sein Persönlichkeitsrecht zu rechtfertigen.

Dies gilt jedenfalls, solange die *konkrete* Gefahr besteht, sich selbst einer Straftat zu bezichtigen. Alleine die theoretische Möglichkeit, daß ein Finanzbeamter aufgrund der korrekten Angaben genauere Nachforschungen betreibt und er daher auf die Steuerhinterziehung stoßen könnte, genügt nicht. Das Problem, daß aufgrund einer nach der Steuererklärung durchgeführten genauen Überprüfung der Angaben und der Besteuerungsgrundlage des Anzeigenden weitere Steuerstraftaten entdeckt werden, bleibt damit bestehen. Das Nemo-tenetur-Prinzip schützt nicht schon vor der Gefährdung, daß die erzwungenen Angaben in irgendeiner Weise zur Verurteilung des Steuerhinterziehers beitragen. Die Berücksichtigung mittelbarer bzw. abstrakter Gefahren würde das Verhältnismäßigkeitsprinzip verletzen. Mit dem Erfordernis der konkreten Gefahr können jene Fälle von der Privilegierung ausgenommen werden, „in denen der Steuerschuldner durch seine Angaben keinen hinreichenden Anfangsverdacht in Bezug auf seine vorangegangene Steuerstraftat setzen muß[447]". Eine ausufernde Anwendung der Privilegierung kann damit versagt werden, wenn „lediglich eine abstrakte, nach dem normalen Verlauf der Dinge zu vernachlässigende Gefahr zur Selbstbelastung besteht[448]". Bei konkreter Gefahr muß der Steuerhinterzieher aber auf die eine oder andere Art geschützt werden.

Es besteht also Bedarf für einen Schutz des Steuerhinterziehers, der über den der §§ 30, 393 AO hinausgeht. Ob Steuerhinterzieher nach der geltenden Rechtslage umfassend vor dem Zwang geschützt werden, sich durch eigene Angaben einer konkreten Gefahr der Strafverfolgung auszusetzen, kann nicht ohne nähere Aus-

---

445 S.o. Fn. 423.

446 Gemeinschuldnerbeschluß S. 51 siehe Fn. 423.

447 Berthold S. 78.

448 Berthold S. 78.

legung der betreffenden Normen[449] bestimmt werden. Scheidet eine Lösung durch Auslegung bzw. richterliche Rechtsfortbildung der entsprechenden Vorschriften aus, würde ein betroffener Steuerhinterzieher unverhältnismäßig in seinem Persönlichkeitsrecht beeinträchtigt. Die AO wäre dann in dieser Hinsicht verfassungswidrig und müßte vom Gesetzgeber neu geregelt werden.

3. Zwischenergebnis

Das Nemo-tenetur-Prinzip bietet zwar keinen umfassenden Schutz vor einer Selbstbelastung. Im Ergebnis muß aber sichergestellt werden, daß der Steuerpflichtige nicht dazu gezwungen werden kann, Beweise gegen sich zu liefern, die in einem Strafverfahren gegen ihn verwendet werden können. Ansonsten würde sein Persönlichkeitsrecht unverhältnismäßig beeinträchtigt.

Weder aus dem Steuergeheimnis noch aus dem Wortlaut der Vorschriften über das Verhältnis zwischen Besteuerungsverfahren und Steuerstrafverfahren läßt sich entnehmen, daß der Steuerhinterzieher ausreichend vor einem Selbstbezichtigungszwang geschützt ist. Jedenfalls läßt sich ohne genauere Auslegung nicht feststellen, ob ein Steuerschuldner auch dann zur Abgabe einer wahrheitsgemäßen Steuererklärung verpflichtet bleibt, wenn er sich darin einer Steuerstraftat konkret bezichtigen würde und ob eine solche Erklärung in einem Steuerstrafverfahren gegen ihn verwendet werden kann. Kann keine befriedigende Lösung über die Gesetzesauslegung gefunden werden, muß eine neue rechtliche Lösung über eine Gesetzesänderung (bzw. über Rechtsfortbildung durch Richterrecht) gefunden werden.

V. Lösung über Gesetzesauslegung

Vorerst muß untersucht werden, ob eine Lösung des Konflikts durch verfassungskonforme Auslegung der betroffenen Normen (der AO) gefunden werden kann. Solange der Konflikt durch Auslegung entschärft werden kann, muß sich der Steuerhinterzieher in der Konfliktsituation der gesetzlichen Regelung entsprechend verhalten. Bei dieser Lösung über die Auslegung der AO muß nicht danach unterschieden, ob die Steuererklärung abgegeben wurde oder nicht. Es muß lediglich geklärt werden, ob sich der Steuerpflichtige rechtskonform verhalten hat. Gab er die Steuererklärung ab, obwohl er sich in der Erklärung einer Steuerstraftat bezichtigte, könnte ihm entgegengehalten werden, daß er nicht zur

449 Z.B. § 370 I und § 371 III AO.

Abgabe der Steuererklärung verpflichtet war oder daß die Nichtabgabe zumindest nicht mit Strafe bedroht ist. Gab er die Steuererklärung dagegen nicht ab, könnte ihm entgegnet werden, daß er sie hätte abgeben müssen, er aber über § 371 III straffrei geworden wäre oder zumindest ein BVV zu seinem Schutze gegolten hätte. Daher muß nur geprüft werden, ob der Konflikt auf irgendeinem Wege durch Auslegung gelöst werden kann. Es muß sowohl § 370 I als auch § 371 III als auch § 393 I und II AO ausgelegt werden.

1. Lösung über die Nichtbestrafung der ersten Tat bzw. über ein BVV

Hat ein Steuerhinterzieher aufgrund der Strafandrohung des § 370 I AO eine wahre und vollständige Steuererklärung abgegeben, in der er sich faktisch einer vorangegangenen Steuerhinterziehung bezichtigt, könnte die Steuerhinterziehung im Ergebnis nicht zu einer Bestrafung führen oder zumindest ein Verbot dahingehend eingreifen, daß seine erzwungenen Angaben zur Bestrafung beitragen.

a) BVV

Aus § 393 AO kann (wie bereits oben[450] erwähnt wurde) kein Verwertungsverbot für Steuerstraftaten abgeleitet werden. Andere Normen, aus denen ein Beweisverwertungsverbot abgeleitet werden könnte, bieten sich nicht an.

b) Auslegung des § 371 III AO

Einen anderen Ansatz, den Konflikt zu lösen, stellt der Weg über die Auslegung des § 371 III AO dar. Dieser sieht kein Beweisverwertungsverbot, sondern einen persönlichen Strafaufhebungsgrund für den Selbstanzeigenden vor. Bei Steuerstraftaten kann der Beteiligte über die Selbstanzeige Straffreiheit erlangen. Die Hinweise auf die Steuerstraftaten können nämlich als Selbstanzeige i.S.d. § 371 AO gewertet werden. Der Steuerhinterzieher wird dann zwar trotzdem dazu gezwungen, selbstbelastende Angaben zu machen, er kann dann aber zumindest straffrei werden, wenn kein Ausschlußgrund nach § 371 II AO eingetreten ist und er die zu seinen Gunsten hinterzogenen Steuern nachzahlt. Unter diesen Umständen wird das Persönlichkeitsrecht des Steuerhinterziehers nicht unverhältnismäßig beeinträchtigt, wenn von ihm verlangt wird, weiterhin korrekte Steuererklärungen abzugeben.

Der Konflikt zwischen der Steuererklärungspflicht und dem Schutz vor Selbstbezichtigung tritt aber jedenfalls dann auf, wenn der Steuerhinterzieher nicht im-

---

450 S.o. S. 142 f. (Das Verwertungsverbot des § 393 II AO).

stande ist, die hinterzogenen Steuern nachzuzahlen oder wenn ein Ausschlußgrund i.S.d. § 371 II AO eingetreten ist. Ist ihm der Weg zur Straffreiheit über die Selbstanzeige nicht eröffnet, muß der Steuerschuldner Erklärungen abgeben, die nach den Regeln der AO in einem Steuerstrafverfahren gegen ihn verwendet werden können. In dem genannten Konfliktfall[451] könnte daher aus verfassungsrechtlicher Sicht geboten sein, § 371 III AO dahingehend auszulegen, daß auch für den Täter die Nachzahlungspflicht entfällt, der sich unter Strafandrohung des § 370 I AO einer Steuerhinterziehung bezichtigt hat, aber aufgrund seiner Mittellosigkeit die hinterzogenen Steuern nicht nachzahlen kann. Bei der Frage nach der Auslegung kommt es auf die Klärung des Gesetzeszwecks schon gar nicht an, wenn der Wortlaut der Auslegung entgegen steht.

(1) Die Wortlautgrenze

Im folgenden sollen verschiedene Auslegungen auf die Vereinbarkeit mit dem Wortlaut des § 371 III AO untersucht werden. Zunächst wird zu der Auslegung Stellung genommen, daß keine Nachzahlungspflicht eintritt, wenn der Selbstanzeigende zahlungsunfähig ist und sich infolgedessen in der beschriebenen Konfliktlage befindet.

Aus dem Wortlaut des § 371 III AO läßt sich zumindest nicht entnehmen, daß auch dann Straffreiheit gewährt werden muß, wenn der Steuerpflichtige zur Abgabe seiner Steuererklärung verpflichtet ist, obwohl die Gefahr der Selbstbezichtigung besteht und er zur Nachzahlung der Steuern nicht imstande ist, aber den finanziellen Nutzen aus der Steuerhinterziehung ziehen konnte. Dem Wortlaut nach kommt es eben gerade darauf an, daß der Täter nachzahlt, wenn er die Steuern zu seinen Gunsten hinterzog. Ob der Gesetzeswortlaut jedoch auch einer Auslegung dahingehend entgegensteht, daß bei einem zahlungsunfähigen Steuerhinterzieher von dem Nachzahlungserfordernis abgesehen werden kann, muß ermittelt werden. Da nur auf die Begünstigung und nicht auf andere Kriterien abgestellt wird, widerspricht eine Auslegung, die auf den Konfliktfall abstellt, schon dem Wortlaut. Die Frage, ob sich der Steuerhinterzieher unter Strafandrohung seiner Straftat bezichtigen muß, hat mit der Frage, ob er durch die Tat begünstigt wurde, nichts zu tun.

Die Auslegung, daß nur Zahlungsfähige auch nachzahlen müssen ohne dabei darauf abzustellen, ob die beschriebene Konfliktlage besteht, könnte dagegen mit dem Wortlaut des § 371 III AO vereinbar sein. § 371 III AO könnte so ausgelegt werden, daß nur der noch in vollem Umfang Zahlungsfähige vom Nachzahlungs-

[451] S.o. S. 139 f. (Problemstellung).

erfordernis erfaßt wird. Ob jemand zahlungsfähig ist, ist jedoch nicht gleichbedeutend damit, ob er noch den Vorteil aus der Steuerhinterziehung hat. Es kann durchaus der Fall eintreten, daß die Begünstigung aus der Hinterziehung nicht mehr besteht, der Beteiligte aber trotzdem nicht zahlungsunfähig ist. Der Wortlaut läßt daher keine Auslegung zu, die auf die Zahlungsfähigkeit abstellt.

Gerade noch in Einklang mit dem Wortlaut könnte aber die Auslegung stehen, daß die Nachzahlungsfrist nur eintritt, wenn der erlangte finanzielle Vorteil aus der Tat noch vorhanden ist. Begünstigter i.S.d. § 371 III AO wäre dann nur der Beteiligte, der *immer noch* durch die Tat begünstigt ist. Mit diesem Verständnis des Merkmals „zu seinen Gunsten" könnte man zu einer mit dem Nemo-tenetur-Prinzip übereinstimmenden Auslegung kommen, da jedenfalls der zahlungsunfähige Täter oder Beteiligte auch nicht nachzahlungspflichtig wäre. Allerdings würde auch derjenige Zahlungsfähige ohne Nachzahlung Straffreiheit erlangen, der zwar den finanziellen Nutzen aus der Tat zog, über diesen aber nicht mehr verfügen kann. Der Täter hat die Steuern immerhin im Zeitpunkt der Tatbegehung zu seinen Gunsten hinterzogen, wenn er (auch nur) bei Tatbegehung über den wirtschaftlichen Nutzen verfügen konnte. Muß er aber auch bei Erstattung der Selbstanzeige noch über den Vorteil verfügen? Schon in Abschnitt E. wurde herausgearbeitet, daß es grundsätzlich darauf ankommt, ob der Beteiligte zu irgendeinem Zeitpunkt Begünstigter war. Allerdings ergibt sich dies aus teleologischen und systematischen Gesichtspunkten und noch nicht alleine aus dem Wortlaut. Der Wortlaut ist nicht eindeutig, also offen für die weite Auslegung.

Die grammatische Auslegung ist also nur dahingehend zulässig, daß derjenige Täter nicht begünstigt ist, der über den finanziellen Vorteil aus der Tat nicht mehr verfügen kann. Darunter fällt dann auch derjenige, der insgesamt nicht mehr zahlungsfähig ist. Auf die Konfliktlage kommt es dabei jedoch nicht an. Diese Auslegung ist nicht unbedingt die naheliegendste, sie bewegt sich aber immer noch im Rahmen des möglichen Wortsinns.

(2) Sinn und Zweck der Selbstanzeige als Grenze der Auslegung

Die weite Auslegung, daß nur die Steuern nachzuzahlen sind, über die der Beteiligte noch verfügen kann, könnte mit dem Sinn und Zweck der Selbstanzeige unvereinbar sein. Mit der Auslegung, daß derjenige Beteiligte nicht nachzahlungspflichtig ist, der nicht mehr über die hinterzogenen Steuern verfügt, kann das Ergebnis eintreten, daß alle Beteiligten nach § 371 III AO straffrei werden können, ohne daß das Erfolgsunrecht der Tat beseitigt wird. Von Steuerhinterziehern würde nicht verlangt, daß sie ihren Anteil an der Beute einsetzen, wenn sie nicht mehr über ihn verfügen können. Dies würde dem der Selbstanzeige zugrundeliegenden Wiedergutmachungsgedanken widersprechen. Außerdem würde eine solche Auslegung Mißbrauchsgestaltungen provozieren. Das Ergebnis, daß von einem ursprünglich Begünstigten nicht die anteilige Beseitigung des Erfolgsunrechts verlangt wird, obwohl er dazu finanziell in der Lage wäre, widerspricht somit insgesamt der strafrechtlichen Natur der Selbstanzeige, insbesondere dem Wiedergutmachungsgedanken.

Diese Auslegung widerspricht auch dem fiskalischen Ansatz, da der Staat unter Strafandrohung sein Ziel, möglichst alle ihm zustehenden Steuereinnahmen zu bekommen, am besten durchsetzen kann. Würde bei der Bestimmung des Sinn und Zwecks der Selbstanzeige dagegen allein auf den Anreiz zur Offenlegung unbekannter Steuerquellen abgestellt, könnte auf die Nachzahlung in allen Fällen verzichtet werden, da das Ziel auch ohne die Nachzahlung erreicht werden kann. Daß das nicht Sinn und Zweck des § 371 III AO sein kann, wurde bereits in Abschnitt B. festgestellt[452]. Verfügt der Selbstanzeigende noch über Vermögen, das er zur Nachzahlung einsetzen kann, soll es nach § 371 III AO vor allem darauf ankommen, daß dieses Vermögen eingesetzt wird, wenn der Selbstanzeigende an der Beute beteiligt wurde. In diesem Fall soll eine Steuerquelle aufgetan werden, deren zu versteuernder Gewinn auch abgeschöpft werden soll[453]. Wenn der Beteiligte Vorteile erlangte, die den Schaden des Fiskus verkörpern, müssen diese auch abgeschöpft werden.

Wie bereits oben festgestellt wurde, gibt es keinen einheitlichen Sinn und Zweck der Selbstanzeige. Zweck des Gesetzes ist neben strafrechtlichen Zielen auch, dem Steuerpflichtigen die Rückkehr zur Steuerehrlichkeit zu ermöglichen[454] und dadurch verfassungsrechtlichen Vorgaben Rechnung zu tragen. Die Selbstanzeige ist aus verfassungsrechtlicher Sicht nicht nur erlaubt, sondern sogar geboten. Dieses Gebot trägt seinen Teil zur Begründung der Selbstanzeige bei[455]. Eine Einschränkung der strafrechtlichen oder fiskalischen Zielsetzung (die in den vorangehenden Absätzen festgestellt wurde) könnte demnach aus verfassungsrechtlicher Sicht erforderlich sein und dabei nicht den Sinn und Zweck der Selbstanzeige verändern, sondern gerade die vielfältigen Aspekte widerspiegeln, die das Institut Selbstanzeige ausmachen. Durch die Auslegung, daß der Beteiligte nur in der Höhe nachzahlen muß (um straffrei zu werden), in der er noch über die hinterzogenen Steuern verfügen kann, könnte der Konflikt mit dem Nemo-tenetur-

452 S.o. S. 14 (Mittelweg).

453 S.o. Abschnitt C.

454 Joecks § 371 Rn. 26.

455 Wenn die verfassungsrechtlichen Aspekte auch nicht den primären Sinn und Zweck der Selbstanzeige ausmachen, vgl. dazu Abschnitt B., S. 6 f.

Prinzip entschärft werden[456]. Ob dies auch bedeutet, daß die Auslegung mit dem (auch) verfassungsrechtlichen Sinn und Zweck der Selbstanzeige vereinbar ist, hängt davon ab, welche verfassungsrechtlichen Ziele § 371 III AO tatsächlich verfolgt. Sinn der Selbstanzeige ist auch, daß dem Steuerstraftäter die Rückkehr zur Steuerehrlichkeit ermöglicht wird.

Bestünde der Sinn auch darin, in der aufgezeigten Konfliktsituation Straffreiheit zu gewähren, wäre der Konflikt anders gelöst worden. In § 371 III AO (oder in § 393 II AO) hätte darauf abgestellt werden können, daß dem Steuerhinterzieher die Möglichkeit der strafbefreienden Selbstanzeige nicht verwehrt werden darf, wenn er unter Strafandrohung dazu angehalten wird, sich einer Steuerhinterziehung zu bezichtigen. Z.B. hätte festgehalten werden können, daß ein Steuerhinterzieher, der sich in dieser Konfliktsituation befindet, unabhängig von seiner Zahlungsfähigkeit auch ohne Nachzahlung straffrei werden kann. Mit der in Frage stehenden Auslegung werden aber nicht nur Steuerschuldner von der Nachzahlungspflicht befreit, die sich in einer Konfliktsituation befinden, sondern auch zahlungsfähige Steuerhinterzieher, die auch durch Nachzahlung der hinterzogenen Steuern straffrei hätten werden können.

Die hier in Frage stehende Auslegung berücksichtigt zwar auch die verfassungsrechtlichen Vorgaben, geht jedoch auf Kosten der anderen Ziele der Selbstanzeige. Hätte der Gesetzgeber die Konfliktsituation erkannt und sie lösen wollen, wäre er dazu aufgerufen gewesen, die verschiedenen Ziele nur insoweit einzuschränken, als sie anderen Zielen der Selbstanzeige dienen. Er hätte insbesondere eine engere Ausnahme von der Nachzahlungspflicht regeln können. Die hier diskutierte Auslegung würde aber Ausnahmen vom Nachzahlungserfordernis machen, ohne dabei andere Ziele der Selbstanzeige zu verfolgen.

Zusammenfassend läßt sich feststellen, daß § 371 III AO zwar verfassungsrechtliche Ziele verfolgt, aber nicht den Zweck, bei Konflikt mit dem Nemo-tenetur-Prinzip auch Ausnahmen von der Zahlungspflicht zuzulassen. Es widerspricht dem Gesetzeszweck der Selbstanzeige, daß jeder nicht mehr Begünstigte alleine durch die Erstattung der Selbstanzeige straffrei werden kann und dafür nicht die hinterzogenen Steuern nachzahlen muß, über die verfügen konnte. Gegen diese Auslegung spricht sowohl der fiskalische, steuerpolitische, strafrechtliche als auch der verfassungsrechtliche Sinn und Zweck des § 371 III AO.

---

456 S.o. S. 150 ff. (Wortlautgrenze).

(3) Systematische Auslegung

Bei der Prüfung, ob der Konflikt durch Auslegung des § 393 II AO gelöst werden kann, wurde ermittelt, daß bei dem Zwang, Steuerstraftaten zu offenbaren, nicht der Weg über ein BVV beschritten werden kann. Folgt daraus aber auch, daß als Lösung des Konflikts nur die Auslegung des § 393 I 2 AO oder ein ähnlicher Weg, bei dem die Erfüllung der Steuererklärungspflicht bei Selbstbezichtigungsgefahr nicht erzwungen wird, und nicht der Weg über die Selbstanzeige in Frage kommt? Die Systematik der AO könnte jedenfalls dafür sprechen, daß der Konflikt weder über § 393 II AO noch über § 371 III AO, sondern über § 393 I 2 AO zu lösen ist. Einer solchen Systematik könnte ein Strafausschließungsgrund am ehesten entsprechen.

Um eine abschließende Entscheidung treffen zu können, muß verdeutlicht werden, warum für Steuerstraftaten ein Zwangsmittelverbot, für Nichtsteuerstraftaten dagegen ein BVV besteht. Über ein BVV wäre ein Steuerstraftäter wegen der Doppelzuständigkeit der Finanzbehörde nicht ausreichend geschützt. Da die Finanzbehörde selbst gegen den Steuerstraftäter ermittelt, würde ein BVV nur wenig Sinn machen, es wäre schwer durchzusetzen. Ein Finanzbeamter, der mit dem Besteuerungsverfahren gegen den Steuerhinterzieher vertraut ist, kann sein Wissen bei der strafrechtlichen Ermittlung nicht ignorieren. Daher soll der Steuerhinterzieher schon nicht dazu gezwungen werden können, sich einer Steuerstraftat zu bezichtigen. Für Nichtsteuerstraftaten soll aber ein Zwang zur Offenbarung bestehen bleiben, da ansonsten die Besteuerung nicht effektiv durchgeführt werden kann. Im Gegensatz zu den Steuerstraftaten genügt hier ein BVV, da die Finanzbehörde nicht für die Strafverfolgung zuständig ist. Wenn es der Systematik bzw. dem gesetzgeberischen Willen entsprechen würde, alle Steuerstraftaten über § 393 I 2 AO zu regeln, käme eine Lösung über die Auslegung des § 371 III AO schon nicht in Betracht.

Der Konflikt zwischen der Strafandrohung des § 370 I AO und dem Nemo-tenetur-Prinzip betrifft nur die Offenbarung von Steuerstraftaten. Die Offenbarung von Steuerstraftaten soll nach der Systematik des § 393 AO nicht erzwungen werden können, auch nicht durch Strafandrohung. Wenn die erzwungene Offenbarung im Ergebnis aber zur Straffreiheit führt, hat der Steuerhinterzieher zwar die Steuerhinterziehung aufgedeckt, er ist aber nicht dazu gezwungen worden, Angaben zu machen, die zu seiner Bestrafung führen können. Diese Ausgangslage kann aber auch dann bestehen, wenn zugunsten eines Steuerhinterziehers das Zwangsmittelverbot des § 393 I 2 AO eingreift. Zwangsmittel sind jedoch auch dann verboten, wenn der Täter nach § 371 III AO straffrei werden kann. Dies läßt auf den systematischen Ansatz des Gesetzgebers schließen, daß der Konflikt zwischen der Erfüllung steuerlicher Pflichten und dem Nemo-tenetur-Prinzip nicht über § 371 III AO, sondern über § 393 I und II AO gelöst werden soll. Auf die Möglichkeit, durch Selbstanzeige straffrei zu werden, wird bei der Frage, ob das Zwangsmittelverbot eingreift, nicht abgestellt[457]. Vielmehr soll der Täter auch dann nicht zur Abgabe belastender Aussagen gezwungen werden, wenn er über die Selbstanzeige straffrei werden könnte.

(4) Zwischenergebnis zur Lösung über die Auslegung des § 371 III AO

Die Kollision der Strafandrohung des § 370 I AO mit dem Nemo-tenetur-Prinzip kann durch Auslegung der Selbstanzeigevorschriften selbst dann nicht völlig vermieden werden, wenn man den Sinn und Zweck der Selbstanzeige auch in der Umsetzung verfassungsrechtlicher Vorgaben sieht. Gegen die Lösung über die Auslegung der Selbstanzeige spricht grundlegend auch die Systematik der AO.

c) Zwischenergebnis zur Lösung über die Nichtbestrafung der ersten Tat bzw. über ein BVV

Durch Auslegung kann der Konflikt nicht dahingehend gelöst werden, daß der Steuerhinterzieher nicht für die Steuerhinterziehung bestraft wird oder zumindest ein BVV zu seinen Gunsten eingreift, wenn er die belastende Steuererklärung abgibt.

2. Lösung über Nichtbestrafung der zweiten Tat

a) Lösung über die Auslegung des § 393 I 2 AO

Bei der Auslegung des § 371 III AO wurde das Ergebnis ermittelt, daß die Systematik des § 393 AO für eine Lösung über § 393 I 2 AO sprechen könnte. Streck und Spratschek sind jedenfalls der Auffassung, daß sich aus dem *Gemeinschuldnerbeschluß*[458] und dem darin angesprochenen Schutz vor Selbstbezichtigung auch die Lösung des Konflikts der steuerrechtlichen Erklärungspflicht mit dem Nemo-tenetur-Prinzip ergebe[459]. Die Lücke der AO sei dadurch zu schließen, daß § 393 I 2,3 AO erweiternd ausgelegt wird und so im Ergebnis für neue Veranlagungszeiträume keine Erklärungspflicht besteht.

---

457 Samson a.a.O.

458 S.o. Fn. 423.

459 Streck/Spratschek wistra 1998, 342.

Die in Frage stehende Konfliktlösung über § 393 I 2,3 AO muß sich jedoch auch an der Systematik und dem Wortlaut des § 393 AO messen lassen. Die gesetzgeberische Entscheidung, daß Zwangsmittel nicht angewendet werden dürfen, wenn sich der Steuerpflichtige einer Steuerstraftat bezichtigen würde, muß auf die Problematik, daß Steuerpflichtige auch durch die Strafandrohung des § 370 I AO zur belastenden Aussage gezwungen werden, übertragen werden. Dem Verbot, Zwangsmittel i.S.d. § 328 AO anzuwenden, entspricht ein Verbot, dem Steuerpflichtigen Strafe anzudrohen. Ein solches Verbot kann z.B. durch einen Strafausschließungsgrund oder auch das von Streck und Spratschek vorgeschlagene Schweigerecht realisiert werden.

Durch Auslegung kann ein solcher Strafausschließungsgrund oder auch ein Schweigerecht des Steuerhinterziehers jedoch nicht ermittelt werden. Dem steht bereits der insoweit eindeutige Wortlaut des § 393 I 2 AO entgegen, der sich ausdrücklich nur auf Zwangsmittel i.S.d. § 329 AO und nicht allgemein auf die Anwendung von Zwang bezieht[460]. Der Konflikt kann daher entgegen der Meinung Strecks und Spratscheks nicht über die Auslegung des § 393 I 2 AO gelöst werden.

b) Lösung über die Auslegung des § 370 I AO

Kohlmann[461], Grezesch[462] und das HansOLG Hamburg[463] kommen auch zu dem Ergebnis, daß eine Bestrafung nach § 370 I AO nicht auf einer erzwungenen Aussage beruhen darf, egal ob der Zwang durch ein Zwangsmittel i.S.d. § 328 AO oder durch Androhung von Kriminalstrafe ausgeübt wird. Aus dem *Gemeinschuldnerbeschluß*[464] folgern sie, daß in den Fällen, in denen der Steuerhinterzieher durch die Erfüllung seiner Steuererklärungspflicht seine vorausgegangene (durch Unterlassen verwirkte) Steuerhinterziehung offenbaren würde, die strafbewehrte Steuererklärungspflicht ende, sobald und soweit das Steuerstrafverfahren eingeleitet sei[465]. Ihre Lösung des Konflikts zwischen dem Nemo-tenetur-

---

460 S.o. S. 142 (Das Zwangsmittelverbot des 393 I 2 AO).

461 Kohlmann a.a.O.

462 Noch weitergehend bezüglich Erklärungspflichten für Besteuerungszeiträume, die dem strafbewehrten Zeitraum folgen, zutr. Grezesch DStR 1997, 1275.

463 wistra 1996, 239, 241.

464 S.o. Fn. 423.

465 Auf die Einleitung des Strafverfahrens muß es nicht ankommen. Relevant ist lediglich, ob sich der Steuerpflichtige bereits strafbar gemacht hat, evtl. auch, ob er nicht mehr strafbefreiend zurücktreten kann. Er kann sich aber auch schon vor Einleitung eines Strafverfahrens strafbar gemacht haben. Dann ist er auch vor einem Selbstbezichtigungszwang zu schützen.

Prinzip und der strafbewehrten Steuererklärungspflicht besteht in einer einschränkenden Auslegung des § 370 I AO, genauer gesagt in der einschränkenden Auslegung des ungeschriebenen Tatbestandsmerkmals der Unzumutbarkeit[466].

(1) Eignung der Lösung aufgrund des Abwägungsprozesses

Auch die Rechtspflicht zur Offenbarung steuerlich erheblicher Tatsachen finde ihre Grenze an der Unzumutbarkeit normgemäßen Verhaltens. Nach Kohlmann[467] sei die Erfüllung der Erklärungspflicht unzumutbar, wenn durch die Offenbarung billigenswerte Interessen des Steuerhinterziehers gefährdet würden. Zwischen dem Interesse des Steuerhinterziehers und dem durch § 370 I Nr. 2 AO geschützten Rechtsgut müsse eine an ethischen Maßstäben orientierte Abwägung erfolgen[468].

Beispiel 33: Der Steuerpflichtige S hinterzieht ESt im VZ 01. In seiner Steuererklärung für den VZ 02 würde er sich der Hinterziehung von ESt im VZ 01 bezichtigen, wenn er eine wahre und vollständige Steuererklärung abgeben würde. Er gibt daher für den VZ 02 keine wahrheitsgemäße Steuererklärung ab. Bis zur Beurteilung durch das Strafgericht gab er keine Selbstanzeige ab, da er davon ausging, nur straffrei zu werden, wenn er die hinterzogenen Steuern nachzahlen würde, wozu er nicht imstande ist.

Lsg.: S gab für den VZ 02 keine vollständige Steuererklärung ab, obwohl er dazu nach den Steuergesetzen (§ 149 I 1 AO i.V.m. den Einzelsteuergesetzen oder § 149 II AO) verpflichtet war. Trotzdem hätte er den Tatbestand der Steuerhinterziehung nicht erfüllt, wenn ihm die Abgabe der Steuererklärung im Hinblick auf die besonderen Umstände unzumutbar war. Würde von S unter Strafandrohung verlangt, eine Steuererklärung abzugeben, in der er sich einer Straftat bezichtigt, wäre er dazu gezwungen, den Strafverfolgungsbehörden verwertbares Beweismaterial gegen sich zu liefern. Daher war es ihm nicht zumutbar, eine wahrheitsgemäße und vollständige Steuererklärung für den VZ 02 abzugeben. S wird daher für seine zweite Steuerunehrlichkeit nicht nach § 370 I AO bestraft. Der Konflikt zwischen der Strafandrohung des § 370 I und dem Nemo-tenetur-Prinzip kann zumindest in diesem Beispielsfall über die Auslegung des ungeschriebenen Tatbestandsmerkmals der Unzumutbarkeit gelöst werden.

Diese Meinung könnte auch den Anforderungen des *Gemeinschuldnerbeschlusses* genügen. Nach Auffassung des BVerfG ist bei der Frage, ob der Straftäter

---

466 Näheres dazu unten S. 158 (Grammatische Auslegung).

467 Kohlmann § 370 Rn. 82.

468 Kohlmann § 370 Rn. 83.

durch Strafandrohung zu einer selbstbelastenden Aussage gezwungen werden kann, zwischen den Interessen des Straftäters, sich nicht einer eigenen Tat bezichtigen zu müssen, und einem berechtigten Informationsinteresses des Opfers oder eines Dritten abzuwägen. Mit der Lösung über die Auslegung des Tatbestandsmerkmals der Unzumutbarkeit könnte eine solche Abwägung ermöglicht werden. Über diesen Lösungsansatz wird beachtet, daß das Nemo-tenetur-Prinzip nicht uneingeschränkt gilt, sondern auch ein staatliches Interesse an der Offenlegung der Steuerquellen besteht. Es ist daher denkbar, daß in gewissen Fällen vom Steuerpflichtigen weiterhin unter Strafandrohung verlangt wird, eine wahre und vollständige Steuererklärung abzugeben.

Den verfassungsrechtlichen Anforderungen wird eine Lösung des Konflikts aber nur gerecht, wenn das Nemo-tenetur-Prinzip auf irgendeine Weise berücksichtigt wird. Wenn nicht die Erklärungspflicht entfällt, muß zumindest ein BVV eingreifen[469]. Ein solches kann durch Auslegung jedoch nicht ermittelt werden[470]. Daher kann nur dann eine Konfliktlösung gefunden werden, wenn die Zumutbarkeit der Erklärungspflicht entfällt. Muß in bestimmten Fällen die Zumutbarkeit der Erklärungspflicht bejaht werden, kann der Konflikt nicht umfassend über die Auslegung des § 370 I AO entschärft werden.

(2) Grammatische Auslegung

Aus dem Text des § 370 I AO läßt sich nicht entnehmen, daß abzuwägen ist, ob der Steuerhinterzieher zur Abgabe der belastenden Steuererklärung durch Strafandrohung gezwungen werden kann. Nach allgemeiner Meinung wird bei Unterlassensdelikten im Tatbestand auch das ungeschriebene Merkmal der Unzumutbarkeit normgemäßen Verhaltens geprüft. An dieser Stelle kann die vom BVerfG angesprochene Abwägung stattfinden. Nach grammatischer Auslegung kann daher eine Lösung des Konflikts über § 370 I AO gefunden werden. Selbst das Auslegungsergebnis, daß in allen Konfliktfällen die Steuererklärungspflicht entfällt, ist mit dem Wortlaut des § 370 I AO vereinbar.

(3) Argument „Kein neues Unrecht“

Für die Lösung über § 370 I AO könnte sprechen, daß der Steuerhinterzieher, der aufgrund der Gefahr, sich selbst zu bezichtigen, keine vollständige Steuererklärung abgibt, kein neues Unrecht geschaffen hat und daher auch nicht erklärungspflichtig sein soll. Liegt der Konflikt lediglich darin, daß ein Steuerpflichtiger

469 Vgl. z.B. Fn. 423 (Gemeinschuldnerbeschluß).

470 S.o. S. 142 f. (Das Verwertungsverbot des 393 II AO).

keine wahren und vollständigen USt-Voranmeldungen abgibt und er am Ende des VZ die falschen Angaben bei seiner USt-Erklärung wiederholt, um nicht die Steuerhinterziehung zu offenbaren, die er durch die Abgabe der falschen Voranmeldungen verwirklichte, begeht der Steuerpflichtige u.U. kein neues Unrecht. Wenn die Steuerhinterziehung jedoch in einem vergangenen VZ stattfand und der Steuerhinterzieher sich in einer späteren Steuererklärung der Steuerhinterziehung bezichtigen würde, wird ein weiterer Steueranspruch des Staates verletzt und damit neues Unrecht geschaffen. Unter diesem Gesichtspunkt könnte sich ein Lösungsweg besser eignen, der zu keiner Bestrafung für die erste Steuerhinterziehung führt oder ein Beweisverwertungsverbot für die erzwungene Aussage vorsieht, da Sinn und Zweck des Tatbestands der Steuerhinterziehung gerade im Schutz des staatlichen Steueranspruchs durch Strafandrohung liegen.

Allerdings ist die oben[471] bereits aufgezeigte Systematik der AO zu beachten. Auch das Zwangsmittelverbot fördert die Schaffung neuen Unrechts. Da dies in § 393 I 2 AO in Kauf genommen wird, spricht dieser Umstand alleine nicht gegen die Unzumutbarkeit der Erfüllung der Steuererklärungspflicht.

(4) Prävention / Mißbrauchsmöglichkeiten

Fällt die strafrechtliche Sanktion bei Mißachtung der Steuererklärungspflicht weg, erfährt der Fiskus in der Regel nicht von seinem Steueranspruch, weder von dem die Steuerhinterziehung betreffenden noch von späteren. Vorteil dieses Lösungswegs ist lediglich, daß der Hinterzieher weiterhin (für die erste Steuerhinterziehung) bestraft wird, falls die Strafverfolgungsbehörden von der Hinterziehung erfahren. Die Strafandrohung besteht jedoch nur für die vergangene, nicht aber für weitere Steuerstraftaten. Diese Lösung kann also den Steuerhinterzieher auch nicht davor abschrecken, weitere Steuerhinterziehungen zu begehen. Im Gegenteil, der Täter kann zu der Erkenntnis gelangen, daß jetzt „so oder so alles egal" ist und er jetzt mit gutem Gewissen weiterhin keine Steuererklärung abgeben kann. Dadurch, daß der strafrechtliche Schutz des Steueranspruchs nach einmaliger Hinterziehung in Zukunft entfällt, wird der Steuerhinterzieher nicht nur dazu ermutigt, auch weiterhin falsche Steuererklärungen abzugeben, es ergeben sich auch Mißbrauchsmöglichkeiten für Steuerhinterzieher.

---

471 S.o. S. 154 ff. (Systematische Auslegung).

Variante zu Beispiel 33: Der Steuerpflichtige S gibt nicht nur für den VZ 02 keine wahrheitsgemäße Steuererklärung ab, sondern auch für die VZ 03 bis 08[472].

Lsg.: Auch in der Variante könnte es für S unzumutbar sein, eine wahre und vollständige Steuererklärung abzugeben. Im Vergleich zum Ausgangsfall muß dem staatlichen Anspruch auf seine Steuergelder jedoch mehr Gewicht im Abwägungsprozeß beigemessen werden, da der Steuerpflichtige über Jahre hinweg weniger Steuern zahlt, als er tatsächlich schuldet. Der Schaden des Fiskus kann in solchen Konstellationen weitaus höher ausfallen. Würde dem Steuerpflichtigen für die gesamten VZ nach 01 keine Strafe angedroht, hätte das Gesetz eine Mißbrauchsmöglichkeit für unehrliche Steuerpflichtige eröffnet. Zwar kann von einem Steuerhinterzieher nicht verlangt werden, daß er in seiner Steuererklärung verwertbare Beweise gegen sich den Strafverfolgungsbehörden liefert, die Erfüllung der Steuererklärungspflicht kann aber trotzdem zumutbar sein, wenn ansonsten das fiskalische Interesse zu stark beeinträchtigt wird[473].

Auch in diesem Fall muß aber der Vergleich zu § 393 I 2 AO gezogen werden. Nach § 393 I 2 AO kann S selbst im VZ 08 nicht zur Abgabe seiner Steuererklärung gezwungen werden, da er sich der Steuerhinterziehung bezichtigen würde. Nach der Systematik der AO könnte daher die strafbewehrte Pflicht zur Abgabe der Steuererklärung entfallen. Wenn entschieden wird, daß bei Mißbrauchsfällen (oder bei der Schaffung neuen Unrechts) die Strafandrohung weiter besteht, würde der Steuerhinterzieher somit weiterhin zur Selbstbezichtigung gezwungen und damit auf diesem Wege das Zwangsmittelverbot ausgehebelt. Diese Auslegung würde also eine Einschränkung des Zwangsmittelverbots bedeuten und somit zumindest die Grenzen der systematischen Auslegung verlassen. Gegen die Strafandrohung durch § 370 I AO spricht also auch, daß der Sinn eines Zwangsmittelverbots nach § 393 I 2 AO ausgehöhlt würde, wenn die Strafandrohung bestehen bliebe.

---

472 Vgl. Beispiel bei Joecks Rn. 38 zu § 393: Der umsatzsteuerpflichtige Unternehmer unterläßt es, eine Umsatzsteuervoranmeldung abzugeben. Dadurch begeht er eine Steuerhinterziehung. Bis zur Verjährung der durch das Unterlassen der Voranmeldung begangenen Steuerhinterziehung bräuchte er straflos keine Erklärungen zur Umsatzsteuer anzugeben, da das Nichterfüllen der Erklärungspflicht nicht mehr strafbar wäre (da seine Erklärungspflicht nicht mehr bestünde).

473 Vgl. Fn. 423 (Gemeinschuldnerbeschluß).

(5) Keine Straffreiheit der anderen Beteiligten

An der Lösung über die Erweiterung der Selbstanzeige bemängelt Rüping[474], daß die Selbstanzeige des Teilnehmers nur ihm, nicht aber den anderen Tätern (evtl. Haupttätern) Straffreiheit verschafft. Das Bewußtsein, einen anderen Beteiligten auszuliefern, werde oft als Hemmnis wirken, eine Selbstanzeige zu erstatten[475]. Dies könnte für einen Lösungsansatz über § 370 I AO sprechen. Das Nemo-tenetur-Prinzip erfordert aber nur, daß der Straftäter nicht dazu gezwungen werden darf, sich selbst einer Straftat zu bezichtigen. Es schützt dagegen nicht davor, Erklärungen abzugeben, in denen Straftaten anderer offengelegt werden.

Der Umstand, daß nur der Selbstanzeigende selbst straffrei werden kann, muß jedoch auch als Argument für die Erweiterung der Selbstanzeigeregelung verstanden werden. Bei dieser Lösung wird nämlich nur derjenige straffrei, der selbst das Handlungs- und Erfolgsunrecht (anteilig) beseitigt. Dies entspricht – im Gegensatz zu einer Lösung, bei der auch die anderen Beteiligten straffrei werden – dem Wiedergutmachungsgedanken.

Beispiel 34: Der Steuerpflichtige A hinterzieht ESt. Ein befreundeter Steuerfachgehilfe G hilft ihm bei der Formulierung der falschen Steuererklärung und erhält dafür ein Drittel der hinterzogenen Steuern. A hätte durch die Abgabe einer Selbstanzeige nicht Straffreiheit nach § 371 III AO erlangen können, da ihm die dazu notwendigen finanziellen Mittel fehlen. Im darauffolgenden VZ steht A vor dem Problem, daß er erneut verpflichtet ist, eine korrekte Steuererklärung abzugeben. In einer solchen Steuererklärung würde er jedoch die vorangegangene Steuerhinterziehung aufdecken. Daher gibt er auch für den auf die Steuerhinterziehung folgenden VZ eine falsche Steuererklärung ab. Auch bei der Formulierung der zweiten falschen Steuererklärung hilft G gegen Beteiligung an der „Beute". Weder A noch G erstatten Selbstanzeige.

Lsg.: Wäre es A unzumutbar gewesen, eine wahrheitsgemäße Steuererklärung abzugeben, nachdem er eine Steuerhinterziehung begangen hat, läge keine Haupttat vor, an der sich der Beteiligte G beteiligen kann. Auch G könnte für die Beihilfe zur zweiten Steuerunehrlichkeit wegen fehlender Haupttat nicht bestraft werden, obwohl er sich nicht in einem Konflikt zwischen einer strafbewehrten Pflicht zur Abgabe einer Steuererklärung und einer Selbstbelastung befand.

---

474 Rüping/Kopp NStZ 1997, 533.

475 A.A. Klos NJW 1996, 2236, 2237, der davon ausgeht, daß zwischen den Betroffenen eine Absprache erfolgt. Verweis bei Rüping Fn. 34.

Aus verfassungsrechtlicher Sicht ist diese Privilegierung des Beteiligten nicht erforderlich[476] und daher unverhältnismäßig. Ein Beteiligter, der Steuern auch zu eigenen Gunsten hinterzieht, kann durchaus strafwürdig sein.

Auch hier ist der Vergleich zur Systematik des § 393 I 2 AO zu ziehen. Beim Zwangsmittelverbot ist lediglich die Frage betroffen, ob der Steuererklärungspflichtige zu belastenden Aussagen gezwungen werden kann. Trotz des Zwangsmittelverbots können Beteiligte aber bestraft werden, wenn die Strafverfolgungsbehörden von der Steuerhinterziehung erfahren. Bei § 370 I AO stellt sich dagegen die Frage, ob eine rechtswidrige Haupttat vorliegt. Ohne Haupttat können auch Beteiligte auf keinen Fall bestraft werden. Diese Lösung des Konflikts, der durch die Strafandrohung des § 370 I AO entsteht, steht mit der gesetzgeberischen Regelung des Zwangsmittelverbots in § 393 I 2 AO nicht in Einklang. Wie bereits oben festgestellt wurde, entspricht der Systematik der AO eine Lösung des Konflikts über einen Strafausschließungsgrund am ehesten[477].

Die Systematik der AO und insbesondere das Problem der Strafbarkeit der Beteiligten sprechen somit dagegen, daß alle Konfliktfälle über die Auslegung des § 370 I AO stattfinden.

(6) Zwischenergebnis

Zwar kann in manchen Fällen über die Auslegung des § 370 I AO ein billiges Ergebnis erreicht werden[478], grundsätzlich eignet sich der Weg über das ungeschriebene Tatbestandsmerkmal der Unzumutbarkeit nicht zur Konfliktlösung. Die Lösung über die einschränkende Auslegung § 370 I AO bietet keinen Anreiz zur Rückkehr zur Steuerehrlichkeit, sondern verleitet den Steuerhinterzieher dazu, weiterhin keine korrekten Steuererklärungen abzugeben. Indem bei zahlungsunfähigen Steuerhinterziehern die Nichtabgabe der Steuererklärung nicht unter Strafe gestellt würde, wenn sie in der Erklärung die vorangehende Steuerhinterziehung aufdeckten, würden Mißbrauchsmöglichkeiten geschaffen und die Bestrafung von Tathelfern verbaut. Durch die gesetzgeberische Entscheidung, ein Zwangsmittelverbot und nicht ein BVV oder ein Offenbarungsverbot gegenüber den Strafverfolgungsbehörden einzuführen oder die Selbstanzeigevorschriften zu erweitern, sollte auch nicht der gesetzgeberische Wille zum Ausdruck gebracht werden, daß die Mißbrauchsmöglichkeiten bzw. die Nichtbestrafung von Teilnehmern geduldet werden soll.

---

476 Berthold S. 97 ff. (ausführlicher zur Problematik Bestrafung der Beteiligten).

477 S.o. S. 154 ff. (Systematische Auslegung).

478 S.o. S. 156 ff.

Das ungeschriebene Merkmal der Unzumutbarkeit kann nicht so ausgelegt werden, daß die Abgabe der Steuererklärung in jedem Fall für den Steuerhinterzieher unzumutbar war.

c) *Auslegung des § 35 StGB: Entschuldigungsgrund*

Jedenfalls solange nicht geklärt ist, ob eine Verwertungsverbot greift, will Joecks den Konflikt über die Schuldfrage über § 35 StGB lösen[479]. Die Gefahr, daß der Steuerhinterzieher mit Abgabe einer vollständigen Steuererklärung sich einer Steuerstraftat bezichtigt und ihm deswegen Freiheitsstrafe droht, kann grundsätzlich als Gefahr für Freiheit i.S.d. § 35 StGB gesehen werden. Problematisch an diesem Ansatz ist dagegen, daß trotz Vorliegens der Voraussetzungen des § 35 I 1 StGB die Taten, mit denen der Täter seine gefährdete Freiheit schützen will, in aller Regel nach § 35 I 2 StGB nicht entschuldigt[480] sein werden, da nach § 35 I 2 Alt. 1 StGB eine Tatbegehung nicht entschuldigt wird, wenn der Täter die Gefahr selbst verursacht hat.

Von dem Steuerhinterzieher wird unter Strafandrohung verlangt, unabhängig davon eine Steuererklärung abzugeben, ob er sich damit einer vorangehenden Steuererklärung bezichtigt oder nicht. Nach § 370 I AO droht für eine Steuerhinterziehung eine Freiheitsstrafe. Mit der h.M. ist unter Gefahrverursachung in diesem Sinne nicht lediglich die Herbeiführung der Gefahr, sondern die pflichtwidrige Verursachung der Notstandssituation selbst zu verstehen. Dies bedeutet, daß er sowohl die Gefahr für seine Rechtsgüter als auch den Ausschluß aller anderen Rettungsmöglichkeiten pflichtwidrig verursacht haben muß[481].

Der Steuerhinterzieher hat selbst die Gefahr für seine Freiheit geschaffen, indem er die Steuerhinterziehung beging. Er müßte sich aber auch selbst pflichtwidrig die Möglichkeit genommen haben, über die Selbstanzeige straffrei zu werden. Zumindest den (noch) liquiden Steuerpflichtigen trifft die Pflicht, daß er genügend Geld beiseite schafft, um später über eine Selbstanzeige und Nachzahlung straffrei werden zu können. Verfügt er anderweitig über sein Vermögen mit der Folge, daß er zahlungsunfähig wird, hat er sich die Rettungsmöglichkeit, über § 371 III AO straffrei zu werden, selbst abgeschnitten. Hatte der Steuerpflichtige dagegen schon im Zeitpunkt der Steuerhinterziehung nicht genügend Geld, um die hinterzogenen Steuern an den Fiskus abzuführen, verursachte er bereits durch

---

479 § 393 Rn. 39.

480 Vgl. Lenckner in Schönke/Schröder § 35 Rn. 9.

481 RGSt 36, 341; 72, 249; BGH ROW 1958, 34; Hirsch in LK Rn. 50; Strathenwerth Rn. 11; Rudolphi in SK § 35 Rn. 16.

die Steuerhinterziehung alleine pflichtwidrig die Notwehrsituation. Eine Konfliktlösung über § 35 StGB scheidet daher regelmäßig aus.

An dem Lösungsansatz über § 35 StGB hat Hellmann auch kritisiert, daß eine Verletzung der steuer- und strafrechtlichen Erklärungspflicht ohne Folgen bleibe. Diese Entlastung sei aber nicht interessengerecht, da die Suspendierung der Erklärungspflicht dem Steuerpflichtigen somit ermögliche, seine steuerrechtliche Erklärungspflicht letztendlich folgenlos zu versäumen[482]. Nach Hellmann müsse vielmehr ein Weg gefunden werden, über den die Realisierung des Steueranspruchs gesichert werde.

d) Auslegung weiterer Gesetze

Daß eine Lösung über die Auslegung der §§ 371 III und 393 I und II AO nicht gefunden werden kann, wurde bereits oben erörtert. Andere Gesetze bieten sich zur Konfliktlösung nicht an.

e) Zwischenergebnis zur Lösung über die Nichtbestrafung der zweiten Tat

Dem Nemo-tenetur-Prinzip kann dadurch Rechnung getragen werden, daß ein Steuerhinterzieher nicht bestraft wird, wenn er eine falsche oder unvollständige Steuererklärung abgibt, um sich nicht in seiner Steuererklärung einer vorangehenden Steuerhinterziehung zu bezichtigen. Dieses Ergebnis kann in manchen Fällen dadurch entstehen, daß es dem Steuerpflichtigen unzumutbar[483] ist, eine korrekte Steuererklärung abzugeben und daher nicht nach § 370 I AO bestraft werden kann. Grundsätzlich bietet sich der Weg über die Auslegung des § 370 I AO jedoch zur Konfliktlösung nicht an. Ebenso eignet sich § 35 StGB nicht zu einer umfassenden Behebung des Konflikts.

3. Zwischenergebnis zur Auslegung

Über Auslegung der existierenden Regelungen kann keine geeignete umfassende Lösung gefunden werden. Der Konflikt zwischen dem Nemo-tenetur-Prinzip und der Strafandrohung des § 370 I AO, der z.B. dann auftritt, wenn ein Steuerhinterzieher unter Strafe dazu angehalten wird, sich einer früheren Steuerhinterziehung zu bezichtigen und ihm die finanziellen Mittel fehlen, um die hinterzogenen Steuern nachzuzahlen, kann weder durch Auslegung des § 371 III AO noch des

482 S.o. Fn. 430.

483 Unzumutbarkeit als ungeschriebenes Tatbestandsmerkmal des § 370 I AO s.o. S. 156 ff.

§ 370 I AO grundsätzlich behoben werden[484]. Insoweit steht die AO nicht im Einklang mit Verfassungsrecht.

Verfassungswidrig in dieser Hinsicht ist § 393 I 2 AO, da er einerseits zum Ausdruck bringt, daß der Konflikt in seinen Regelungsbereich fällt, andererseits aber keine Lösung des Konfliktfalls vorsieht. Der Systematik der AO entsprechend müßte § 393 I 2 AO auch einen Strafausschließungsgrund beinhalten. Die Bestrafung des Steuerhinterziehers beruht eigentlich auf § 370 I AO, nicht auf § 393 I 2 AO. Da letzterer aber keinen Strafausschließungsgrund enthält, wird dem Steuerhinterzieher keine Möglichkeit geboten, dem Konflikt zu entgehen.

Der Gesetzgeber ist daher aufgerufen, eine gesetzliche Neuregelung zu schaffen, dabei aber nicht an die Systematik des § 393 I 2 AO gebunden. Er kann auch der AO eine in dieser Hinsicht neue Systematik zugrunde legen und Lösungswege über § 370 I AO; § 393 II AO; § 371 III AO; § 35 StGB usw. in Betracht ziehen.

VI. Neuregelung durch den Gesetzgeber

1. Ausgangslage

Durch Auslegung können einige, jedoch nicht alle Fallkonstellationen gelöst werden, in denen sich ein Steuerhinterzieher mit der Erfüllung seiner strafbewehrten Steuererklärungspflicht einer vorangegangenen Steuerhinterziehung bezichtigen würde[485]. Gab der Steuerhinterzieher eine belastende Steuererklärung ab, muß die AO nach Art. 100 I 1 GG vorgelegt[486] und vom BVerfG festgestellt werden, daß die AO[487] in dieser Hinsicht verfassungswidrig ist und der Gesetzgeber eine Neuregelung erlassen muß. Zumindest für diese Konstellation besteht der Bedarf einer Neuregelung.

Der Gesetzgeber muß jedoch auf eine Entscheidung des BVerfG, daß die AO nicht den Anforderungen der AO entspricht, nicht warten. Bei der Neuregelung muß er sich entscheiden, wie er den Konflikt zwischen der Strafandrohung und

---

484 Es kann auch anstatt auf die Zahlungsunfähigkeit auf einen Ausschlußgrund nach § 371 II AO abgestellt werden.

485 S.o. S. 162 (Zwischenergebnis).

486 Eine Lösung des Konflikts über Rechtsfortbildung durch Richterrecht scheidet auch aus, da eine Lösung innerhalb der Systematik der AO nicht zur Lösung aller Konfliktfälle in Frage kommt. Lösungen, mit denen alle Verletzungen des Nemo-tenetur-Prinzips behoben werden könnten, würden gegen die Systematik der §§ 393, 371 AO verstoßen, vgl. oben S. 125, 154 f. (Systematische Auslegung).

487 Genauer: § 393 I 2 AO, da er nicht alle Fälle regelt, die in seinen Regelungsbereich fallen.

dem Nemo-tenetur-Prinzip entschärft. Einige Lösungsmöglichkeiten wurden bereits oben[488] bei der Frage, ob der Konflikt über Auslegung gelöst werden kann, angesprochen. Dem Gesetzgeber bleibt auch die Möglichkeit, eine gesetzliche Lösung außerhalb der bereits bestehenden Regelungen bzw. der ihnen zugrundeliegenden Systematik zu erlassen. Daher kann er den Konflikt auch anders als über die Einführung eines Strafausschließungsgrundes (oder Aussageverweigerungsrechts bzw. eines anderen Lösungsweges, der der Systematik des § 393 I 2 AO entspricht) angehen.

Die zu schaffende Neuregelung soll nicht nur den Fall betreffen, daß der Steuerhinterzieher die belastende Steuererklärung abgab. Vielmehr soll grundsätzlich geklärt werden, ob der Konflikt dahingehend gelöst wird, daß die Strafandrohung für das Nichtbeachten der Erklärungspflicht des Steuerhinterziehers einschränkt und er damit nicht gezwungen wird, sich selbst zu belasten oder ob die Strafandrohung weiterhin bestehen soll, die aus der Erklärung gewonnene Kenntnis aber nicht zur Bestrafung des Steuerhinterziehers beiträgt. Kurz gesagt, es soll entschieden werden, ob die Nichterfüllung der Steuererklärungspflicht bestraft werden kann, wenn sich der Steuerhinterzieher in der beschriebenen Konfliktsituation befindet.

Um dem Nemo-tenetur-Prinzip gerecht zu werden, können beide Wege beschritten werden. Es darf eben nur keine Situation entstehen, in der der Steuerpflichtige unter Strafandrohung dazu verpflichtet ist, sich selbst einer Straftat zu bezichtigen. D.h., eine der beiden „an sich verwirklichten" Straftaten (oder auch mehrere mit der ursprünglich begangenen Tat zusammenhängende Steuerhinterziehungen) wird nicht geahndet. Die gesetzliche Neuregelung muß dem Steuerhinterzieher jedoch nicht die Wahl lassen, sich für den einen oder anderen Lösungsweg zu entscheiden. Dem Nemo-tenetur-Prinzip ist bereits dadurch ausreichend Beachtung geschenkt, daß dem Steuerpflichtigen ein Lösungsweg zur Verfügung steht.

Bevor die grundsätzliche Frage geklärt wird, ob sich der Weg über das Festhalten an der strafbewehrten Steuererklärungspflicht besser eignet als der über die Nichtbestrafung, sollen die einzelnen Varianten der beiden Lösungswege dargestellt werden.

2. *Darstellung der einzelnen Lösungswege*

Wird an der strafbewehrten Steuererklärungspflicht festgehalten, kann eine Lösung entweder über die Erweiterung des § 371 III AO (Selbstanzeige), die Rege-

---

488 S.o. S. 148 ff. (Lösung über Gesetzesauslegung).

lung eines sonstigen Strafaufhebungsgrundes oder über die Einführung eines BVV gefunden werden[489].

Soll die Nichtabgabe der Steuererklärung, in der eine vorangehende Steuerhinterziehung offengelegt würde, nicht bestraft werden, muß entweder das Verhalten tatbestandslos gestellt oder ein Rechtfertigungs-, Entschuldigungs- oder Strafausschließungsgrund eingeführt werden. Die Frage, wie der Konflikt vom Gesetzgeber zu lösen ist, wird lediglich von Berthold behandelt[490]. Er diskutiert mehrere Lösungsvarianten und favorisiert letztendlich die Lösung über einen persönlichen Strafausschließungsgrund in § 370 AO[491].

Lösungen auf Tatbestandsebene

Auf der Tatbestandsebene diskutiert Berthold die Aufhebung des Tatbestands des § 370 I AO[492] und den Fortfall der Erklärungspflicht bei Selbstbezichtigungsgefahr[493]. Außerdem könnte die Lösung in einer eingeschränkten Erklärungspflicht liegen[494].

Lösungen auf der Rechtswidrigkeitsebene

Die Rechtswidrigkeit könnte aufgrund eines Aussageverweigerungsrechts oder eines sonstigen Rechtfertigungsgrunds entfallen, wenn der Steuerhinterzieher keine vollständige Steuererklärung abgibt, um seine vorangegangene Tat nicht zu offenbaren.

Lösungen auf der Schuldebene

Die Erfüllung der Steuererklärungspflicht könnte dem Steuerhinterzieher nicht zumutbar sein. Der Konflikt könnte dann über einen Entschuldigungsgrund gelöst werden.

---

489 Siehe dazu genauer unten S. 180 ff.

490 Berthold S. 71 ff.

491 Berthold S. 106.

492 Berthold S. 71.

493 Berthold S. 91 i.E. ablehnend, da Strafbarkeitslücken zugunsten von Teilnehmern entstehen.

494 Eine nur teilweise vollständige bzw. richtige Erklärung könnte abgegeben werden müssen, um eine Schätzung zu ermöglichen; vgl. Rogall ZRP 1975, 281; Ulsenheimer GA 1972, 1; LG Duisburg NJW 1969, 1261; Brenner BB 1978, 910.

Lösungen auf der „vierten Ebene"

Berthold will das Nemo-tenetur-Prinzip dadurch umgesetzt wissen, daß der Steuerstraftäter über einen persönlichen Strafaufhebungsgrund vor Bestrafung geschützt wird. Ein solcher Strafaufhebungsgrund müsse in § 370 AO de lege ferenda geschaffen werden[495].

Strafzumessung

Letztendlich könnte auch eine Lösung über einen § 157 StGB vergleichbaren Strafmilderungsgrund gefunden werden[496].

3. Eingrenzen der Lösungswege

Die aufgezählten Lösungsvarianten müssen weiter eingegrenzt werden, um die geeignetste zu finden. Dazu muß erneut der Ursprung des Konflikts betrachtet werden. Das Nebeneinander von Besteuerungs- und Strafverfahren wird in § 393 AO behandelt, der hier besprochene Konflikt dabei jedoch nicht geregelt. Es liegt daher auf der Hand, zuerst über eine Erweiterung des § 393 I 2 und II AO nachzudenken. Soll die Lösung über eine Erweiterung des § 393 I 2 AO erfolgen, muß ein Aussageverweigerungsrecht, ein Entschuldigungsgrund oder ein Strafausschließungsgrund eingeführt werden. Mit der Erweiterung des § 393 II AO würde dagegen ein BVV eingeführt.

Im folgenden soll zuerst geklärt werden, ob der Weg über ein Aussageverweigerungsrecht beschritten werden kann. Danach wird eine grundsätzliche Unterscheidung zwischen der Lösung über die Nichtbestrafung der zweiten Tat und über das Festhalten an der strafbewehrten Erklärungspflicht vorgenommen.

Gibt ein Steuerpflichtiger keine Steuererklärung ab, da er sich auf ein Aussageverweigerungsrecht berufen kann, hat er entweder schon den Tatbestand der Steuerhinterziehung nicht erfüllt oder die Handlung war zwar tatbestandsmäßig, aber gerechtfertigt.

a) Argument rechtswidrige Haupttat

Die Fragen, ob der Steuerhinterzieher, der sich in dem oben beschriebenen Konflikt befindet und keine selbstbelastende Steuererklärung abgibt, überhaupt steu-

---

495 Berthold S. 106 ff.

496 Auch mit dem Ansatz über § 35 StGB (vgl. § 35 I 2 HS 2 und II StGB) besteht die Möglichkeit, den Konflikt über die Strafzumessung zu lösen bzw. zumindest abzuschwächen.

ererklärungspflichtig ist, den Tatbestand der Steuerhinterziehung erfüllt und eine rechtswidrige Steuerhinterziehung begeht, werden hier nicht getrennt behandelt, da sich die Argumente gegen die Lösungsvarianten auf der Ebene der Erklärungspflicht, des Tatbestands der Steuerhinterziehung und der Rechtswidrigkeit gleichen. Zur Einschränkung der möglichen Lösungswege wird daher zuerst geklärt, ob die erneute Steuerunehrlichkeit überhaupt eine rechtswidrige Haupttat darstellt.

Der Steuerhinterzieher hat eine weitere rechtswidrige Haupttat und damit neues Unrecht begangen, wenn er erneut den Tatbestand des § 370 I AO erfüllt hat und seine Tat nicht gerechtfertigt ist[497]. Steht eine Handlung im Konflikt mit anderen strafrechtlich geschützten Interessen, kann ein Rechtfertigungsgrund eingeführt oder eine Einschränkung auf der Tatbestandsebene vorgenommen werden, wenn die Handlung von der Rechtsordnung gedeckt sein soll. Voraussetzung für die Normierung einer Tatbestandseinschränkung oder eines Rechtfertigungsgrundes ist, daß mit der Handlung deutlich überwiegende Interessen durchgesetzt werden[498] und sie daher sozial nützlich ist. Ist sie dagegen nicht sozial nützlich und werden keine überwiegenden Interessen verfolgt, ist noch zu klären, ob die rechtswidrige Tat auch schuldhaft begangen wurde. Schuldhaft ist die Tat begangen, wenn sie dem Täter auch persönlich vorwerfbar ist. „Grundlage des Schuldprinzips ist die Fähigkeit des Menschen, sich zwischen Recht und Unrecht zu entscheiden. Nur wenn diese Entscheidungsfreiheit existiert, hat es Sinn, einen Schuldvorwurf gegen den Täter zu erheben[499]“. Die Gründe, die die Schuld entfallen lassen, werden vielfach auf die Unzumutbarkeit normgemäßen Verhaltens zurückgeführt[500].

Der Gesetzgeber muß bei der gesetzlichen Neuregelung entscheiden, ob er das Verhalten des Steuerhinterziehers, der erneut eine falsche oder unvollständige Steuererklärung abgibt, als rechtmäßiges oder unrechtmäßiges Handeln normiert. Dabei hat er jedoch grundsätzlich kein Ermessen. Er muß vielmehr klären, ob das Verhalten des Täters als sozial nützlich oder schädlich und damit als rechtswidrig einzustufen ist. Im hier aufgezeigten Konfliktfall fehlt gerade die soziale Nützlichkeit. Das Interesse des Straftäters kann nicht grundsätzlich höher bewertet werden als das Interesse des Staates, seine Steuereinnahmen durch eine effektive Strafverfolgung zu schützen. Es stellt sich lediglich die Frage, ob der Täter die Freiheit hatte, zwischen erlaubtem und verbotenem Verhalten zu entscheiden und

---

497 Näheres zur Rechtswidrigkeit vgl. Wessels/Beulke S. 88 f.

498 So zumindest beim rechtfertigenden Notstand, vgl. Roxin S. 827.

499 Siehe vorangehende Fn.

500 Roxin S. 729 f.

ihm ein persönlicher Vorwurf gemacht werden kann. Daß das Verhalten des Steuerhinterziehers, der erneut keine wahre und vollständige Steuererklärung abgibt, nicht im Einklang mit der Rechtsordnung steht, zeigt sich gerade dann, wenn der Täter mehrere Steuererklärungen nicht ordnungsgemäß abgibt, nur um die erste Steuerhinterziehung nicht aufzudecken. Diese Konstellation, daß eine Steuerhinterziehung, die evtl. schon mehrere Jahre zurücklag, mit einer ordnungsgemäßen Steuererklärung offenbart würde, kann sich aber z.B. aufgrund des Bilanzzusammenhangs leicht ergeben. Es kann sich dann höchstens die Frage stellen, ob es dem Steuerhinterzieher zumutbar war, eine wahre und vollständige Steuererklärung abzugeben. Diese Frage ist aber erst auf der Schuldebene zu klären.

Gegen die Lösung „unterhalb" der Schuldebene spricht auch, daß mit ihnen die Strafbarkeit von Beteiligten per se ausscheidet, ohne darauf abzustellen, aus welchen Gründen sie sich an der Tat beteiligten. Zur Klärung, ob sie ihr Verhalten strafrechtlich sanktioniert werden soll, müßte aber beispielsweise darauf abgestellt werden, ob auch sie sich in einer Zwangslage befanden oder ob sie sich beteiligten, um den Haupttäter vor einer Selbstbelastung zu schützen.

Beispiel 35: Der Steuerpflichtige S beging im VZ 01 eine Steuerhinterziehung. Um diese Steuererklärung nicht zu offenbaren, gab er im VZ 02 erneut eine unvollständige Steuererklärung ab. An dieser Hinterziehung leistete B Beihilfe aus eigenem finanziellen Interesse. S hätte zwar Selbstanzeige erstattet, die hinterzogenen Steuern des VZ 01 aber aufgrund seiner Mittellosigkeit nicht nachzahlen können.

Lsg.: Über die Strafbarkeit des S bestehen aufgrund des Konflikts mit dem Nemo-tenetur-Prinzip Zweifel. Wird der Konflikt entweder über die Tatbestands- oder Rechtswidrigkeitsebene gelöst, beging S schon keine rechtswidrige Haupttat, an der sich B hätte beteiligen können. Der Beteiligte B befand sich aber in keiner Zwangslage. Da er sich aus eigenen finanziellen Interessen an der Steuerunehrlichkeit beteiligte, bestehen an seiner Strafwürdigkeit – im Gegensatz zu der des Selbstanzeigenden – keine Zweifel.

Das Interesse des Täters, sich nicht selbst einer Straftat bezichtigen zu müssen, überwiegt das Interesse des Staates, seinen Steueranspruch durch Strafandrohung effektiv zu schützen, nicht wesentlich. Der Steuerhinterzieher hatte aber u.U. nicht die Freiheit, sich zwischen rechtmäßigem und unrechtmäßigem Verhalten zu entscheiden. Zur Lösung des Konflikts bleibt daher der Weg über einen Entschuldigungsgrund, die „vierte Ebene"[501] und die prozessualen Lösungen[502]. Die

---

501 Strafaufhebungs- oder Strafausschließungsgrund.

Lösungen auf der Tatbestands- und Rechtswidrigkeitsebene scheiden dagegen aus.

b) Auswirkungen des Nemo-tenetur-Prinzips auf die bereits begangene bzw. auf die folgende Steuerhinterziehung

Im folgenden soll geklärt werden, ob sich das Nemo-tenetur-Prinzip auf die erste Steuerhinterziehung auswirken soll oder erst auf die Frage, ob der Betroffene für die Nichtabgabe der folgenden Steuererklärung bestraft werden kann.

(1) Allgemeines zur Unterscheidung der verschiedenen Lösungswege

Das Nemo-tenetur-Prinzip kann dadurch beachtet werden, daß der Steuerhinterzieher dazu verpflichtet bleibt, eine korrekte Steuererklärung abzugeben, selbst wenn er dadurch die bereits begangene Steuerhinterziehung offenlegt. Der Zwang zur Selbstbezichtigung wird über diesen Ansatz zwar aufrechterhalten, er führt aber nicht zur Bestrafung für die erste Tat. Dies kann entweder dadurch realisiert werden, daß ein persönlicher Strafaufhebungsgrund (z.B. über die Erweiterung des § 371 III AO) oder ein BVV eingeführt wird. Den verfassungsrechtlichen Anforderungen kann aber auch dadurch entsprochen werden, daß der Steuerhinterzieher für eine der ersten Steuerhinterziehung folgende Hinterziehung nicht bestraft wird. Dies kann durch einen Entschuldigungs- oder Strafausschließungsgrund realisiert werden.

Die eigentliche Aussage des Nemo-tenetur-Prinzips, daß niemand dazu gezwungen werden soll, sich einer Straftat zu bezichtigen, läßt die Vermutung zu, daß der Steuerhinterzieher nicht dazu gezwungen werden kann, eine selbstbelastende Steuererklärung abzugeben und er daher nicht für Steuerhinterziehungen bestraft werden kann, die der ersten Hinterziehung folgen. Ob dieser Weg dem Gesetzgeber zu empfehlen ist, soll erörtert werden.

(2) Ausgangslage

Für die Straffreiheit bezüglich der zweiten Tat könnte außerdem sprechen, daß er sich vor bzw. bei der Begehung der späteren (der ersten Steuerhinterziehung folgenden) Tat im Interessenkonflikt befindet und sich dieser Konflikt daher auf die Entscheidung auswirkt, ob der Täter eine weitere Tat begeht. Der Konflikt besteht jedoch gerade darin, daß die erste Tat offenbart würde und der Steuerhinterzieher faktisch zur Erstattung einer Selbstanzeige gezwungen wird. Daher kann die Problematik ebenso der Selbstanzeige (und der Frage, ob Straffreiheit für die

502 BVV und Aussageverweigerungsrecht.

erste Steuerhinterziehung gewährt werden soll) zugeordnet werden. Die Ausgangslage spricht also nicht eindeutig für den einen oder den anderen Lösungsweg.

(3) Anreiz kein Unrecht bzw. kein neues Unrecht zu begehen

Gegen den Lösungsweg, der die Nichtbestrafung der Steuerhinterziehungen vorsieht, die begangen werden, um die erste Hinterziehung nicht zu offenbaren, spricht, daß er den Täter dazu ermutigt, sich erneut steuerunehrlich zu verhalten[503] und neues Unrecht zu begehen. Der andere Lösungsweg (Erweiterung der Selbstanzeige oder Einführung eines BVV) verlangt dagegen vom Steuerhinterzieher, zur Steuerehrlichkeit zurückzukehren und fördert damit kein neues Unrecht.

Andererseits könnte die Lösung, die nicht an der strafbewehrten Pflicht zur Abgabe der Steuererklärung festhält, zwar nicht vor der Begehung der zweiten Hinterziehung, dafür aber vor der ersten Steuerhinterziehung abschrecken. Mit dieser Lösung bleibt die Begehung der ersten Steuerhinterziehung nämlich strafbar. Ein Steuerhinterzieher kann daher nicht darauf vertrauen, daß er auch dann straffrei wird, wenn er nicht nachzahlen kann. Diese Tatsache würde dann einen Vorteil darstellen, wenn die Lösung, die weitere Steuerhinterziehung nicht bestrafen will, keine Abschreckung vor der Begehung der ersten Steuerhinterziehung bietet.

Vor der ersten Tat steht der Steuerpflichtige noch nicht in einem Konflikt. Von ihm wird unter Strafandrohung nach § 370 I AO verlangt, daß er seiner Steuererklärungspflicht nachkommt. Dabei wird er nicht in jedem Fall über § 371 III AO straffrei. Wenn ein Ausschlußgrund nach § 371 II AO eintritt oder er die hinterzogenen Steuern nicht nachzahlen kann, wird er nicht straffrei. Zwar würden diese Gründe (nach der einen Lösung) der Straffreiheit dann nicht entgegenstehen, wenn der Steuerpflichtige unter Strafandrohung zur Abgabe einer Steuererklärung für einen darauffolgenden VZ gezwungen wird, in der er sich der vorangegangenen Steuerhinterziehung bezichtigen würde. Der Steuerpflichtige kann sich aber nicht sicher sein, daß seine Steuerhinterziehung solange nicht entdeckt wird, bis er in die beschriebene Konfliktsituation gerät. Daher besteht eine Abschreckung vor der ersten Tat nach beiden Lösungswegen. Es muß aber zusätzlich ein Anreiz zur Rückkehr zur Steuerehrlichkeit geschaffen und vor der Begehung weiteren Unrecht abgeschreckt werden, wenn bereits die erste Tat begangen wurde. Dies gelingt nur mit der Lösung, die an der strafbewehrten Pflicht zur Abgabe der Steuererklärung festhält.

---

503 S.o. S. 158 (Argument „Kein neues Unrecht").

An den Lösungswegen, die die Erklärungspflicht des Steuerhinterziehers entfallen lassen oder die zumindest das Nichterfüllen der Erklärungspflicht nicht mehr unter Strafe stellen, kritisiert Joecks, daß ein Steuerhinterzieher im Ergebnis nach einmaliger Hinterziehung keine weiteren Steuererklärungen abgeben muß, in denen er sich der vorangegangenen Tat bezichtigen würde[504]. Die Aufgabe der Strafandrohung für solche Steuerhinterziehungen „hätte die merkwürdige Konsequenz, daß der umsatzsteuerpflichtige Unternehmer bis zur Verjährung der durch das Unterlassen der Voranmeldung begangenen Steuerhinterziehung straflos keine Erklärungen abzugeben hätte"[505].

Da die strafbewehrte Steuererklärungspflicht nur dann entfällt, wenn der Steuerhinterzieher zahlungsunfähig ist, stellt sich aber nicht primär das Problem, daß mit dieser Lösung Mißbrauch betrieben werden kann. Mißbrauch droht nur in Fällen, in denen ein Steuerhinterzieher dadurch „zahlungsunfähig" wird, daß er sein Vermögen auf einen Strohmann überträgt. Das Merkwürdige an diesem Ergebnis ist aber jedenfalls, daß der Steuerhinterzieher dazu animiert wird, aufgrund einer einmaligen Steuerhinterziehung u.U. jahrelang neues Unrecht zu begehen.

(4) Fiskalisches Interesse

Hellmann will bei der Lösung des Interessenkonflikts auch beachtet wissen, daß der Steuerhinterzieher steuerlich nicht besser gestellt werde; es solle im Ergebnis erreicht werden, daß der Steuerpflichtige seine Steuererklärungspflicht trotz des Konflikts nicht folgenlos versäumen kann[506].

Ob das fiskalische Interesse überhaupt als Argument beim Vergleich der verschiedenen Lösungswege herangezogen werden kann, erscheint aber fraglich. Der Konflikt besteht ja gerade, da der Steuerhinterzieher aufgrund seiner Zahlungsunfähigkeit das fiskalische Interesse nicht befriedigen kann. Andererseits kann bei der Frage, welcher Lösungsweg sich besser eignet, auch darauf abgestellt werden, ob sie die Inanspruchnahme anderer Beteiligter ermöglicht.

Nach beiden Lösungswegen können Beteiligte für die hinterzogenen Steuern nach § 71 AO in Anspruch genommen werden, da der Beteiligte auch dann bestraft werden kann, wenn der Lösungsweg gewählt wird, daß der Haupttäter über einen Strafausschließungsgrund straffrei wird. Allerdings stellt sich bei letztgenanntem Weg das Problem, daß die Steuerstraftat nicht offengelegt werden muß.

---

504 S.o. S. 158 ff. und Joecks § 393 Rn. 38.

505 Joecks § 393 Rn. 38.

506 In HHSp AO Rn. 29.

Der Fiskus erfährt u.U. nichts von der Steuerstraftat und kann daher auch nicht eine Inanspruchnahme Dritter erwägen. Wenn dem Täter die Möglichkeit eingeräumt wird, steuererhebliche Tatsachen nicht anzugeben, kann der Fiskus schon nicht ermitteln, in welcher Höhe Steuern hinterzogen wurden und wen er dafür in Anspruch nehmen kann. Mit der Lösung, die an der strafbewehrten Steuererklärungspflicht festhält, fällt es dagegen leichter, die Höhe der hinterzogenen Steuern zu errechnen und Beteiligte z.B. nach § 71 AO in Anspruch zu nehmen.

(5) Risiko des Selbstanzeigenden bei Nichtvorlage einer konkreten Selbstbezichtigungsgefahr

(a) Keine konkrete Gefahr

Eine „Schwachstelle" an der Lösung über die Erweiterung der Selbstanzeigemöglichkeiten will Berthold entdeckt haben. Danach trage der Selbstanzeigende das Risiko, daß ihm nach seiner Selbstanzeige vom entscheidenden Gericht vorgehalten wird, es läge kein ausreichend konkretes Risiko der Selbstbezichtigung vor[507]. Wenn aufgrund der korrekten Steuererklärung des Steuerhinterziehers nur die entfernte Gefahr besteht, daß die Tat entdeckt wird, die Tat aber trotzdem aufgedeckt wird, muß nicht Straffreiheit gewährt werden[508].

Zur Abgabe der Steuererklärung ist der Steuerpflichtige aber auch nach den Lösungen verpflichtet, die im Konfliktfall nicht an der Steuererklärungspflicht festhalten, da diese auch nur bei konkreter Gefahr schützen. Der Steuerhinterzieher trägt also mit jedem Lösungsansatz mittelbar zu seiner eigenen Bestrafung bei. Dies ist jedoch auch nur konsequent, nachdem festgestellt wurde, daß nur der Schutz bei konkreter Selbstbezichtigungsgefahr verhältnismäßig ist[509].

(b) Irrtum

Berücksichtigt werden muß auch der Fall, daß ein Steuerhinterzieher zu genaue Angaben macht und daraufhin die Tat entdeckt wird, obwohl er weniger Angaben hätte machen können und trotzdem keine Steuerhinterziehung begangen hätte. Ihm kann entgegengehalten werden, daß schon überhaupt keine Gefahr der Selbstbezichtigung bestand. Da er aber die Lage falsch einschätzte, machte er zu genaue Angaben, die ihn konkret gefährdeten.

---

507 Berthold S. 80.

508 S.o. S. 146 f. (Abwägungsprozeß).

509 S.o. S. 146 f. (Abwägungsprozeß).

Ein Irrtum des Anzeigeerstatters über die objektiven Voraussetzungen der Selbstanzeige ist nach überwiegender Meinung unbeachtlich[510]. Daher würde nach Erweiterung des § 371 III AO ein Irrtum über die Zwangslage auch nicht gegen die Bestrafung des Anzeigenden sprechen. Das Verhalten des Steuerhinterziehers ist strafwürdig, da er schuldhaft eine Steuerhinterziehung beging. Trotz Selbstanzeige kann er nicht straffrei werden, da er die hinterzogenen Steuern nicht nachzahlen kann und mangels Selbstbezichtigungsgefahr auch keine Ausnahme von der Nachzahlungspflicht erforderlich ist. Dieser Umstand veranlaßt Berthold dazu, den Weg über die Erweiterung der Selbstanzeige abzulehnen.

Das Risiko, daß dem Steuerhinterzieher vorgehalten wird, er habe sich nicht in einer Konfliktsituation befunden, besteht bei allen Lösungswegen. Folgenschwer ist ein Irrtum für den Steuerhinterzieher jedoch nur, wenn der Konflikt über die Erweiterung des § 371 III AO, die Einführung eines sonstigen Strafaufhebungsgrundes oder eines BVV gelöst wird, also bei den Lösungen, bei denen er seine Straftat offenbart. Bei diesen Lösungswegen kann der Fall eintreten, daß die Offenbarung der Tat zur Bestrafung des Steuerhinterziehers führt, wenn das Gericht zu dem Ergebnis kommt, er habe sich in keiner Konfliktsituation befunden und daß sein Irrtum über die Konfliktsituation unbeachtlich sei. Der Steuerhinterzieher kann diesem Problem dadurch entgehen, daß er nur solche Angaben macht, die nach den Steuergesetzen erforderlich sind. Ihm kann dann nicht entgegengehalten werden, er habe seine Steuerhinterziehung nicht offenbaren müssen. Gibt er dagegen weitere Tatsachen preis, zu deren Offenbarung er nicht durch Strafandrohung gezwungen wurde, ist das Nemo-tenetur-Prinzip mangels Zwanges zur Aussage nicht einschlägig. Die Tatsache, daß er dann aufgrund eigener Angaben für die Steuerhinterziehung bestraft wird, stellt also kein verfassungsrechtliches Problem dar.

Berthold ist beizupflichten, daß die irrige Annahme des Steuerhinterziehers, er sei zur Abgabe einer Steuererklärung verpflichtet, die auf seine Steuerhinterziehung schließen läßt, fatale Folgen haben kann[511]. Hätten in Wahrheit weniger konkrete Angaben ausgereicht, um die Steuererklärungspflicht zu erfüllen, wären die Angaben des Steuerhinterziehers „freiwillig" gemacht worden. Folge dieses Irrtums ist, daß er aufgrund eigener Angaben, zu denen er sich verpflichtet fühlte, einer Straftat überführt werden kann. Dieser Irrtum ist zwar folgenschwer, aber dennoch ist das Ergebnis, daß der Steuerhinterzieher bestraft wird, sachgerecht. Er ging lediglich von Tatsachen aus, die einen verfassungsrechtlichen Konflikt auslösen würden. Für den Steuerhinterzieher hat dies den unangenehmen Effekt,

---

510 BGH DB 1978, 2155; Berthold S. 80 mit Verweis auf BGH BB 1978, 698.

511 Berthold S. 81.

daß er darauf achten muß, nur die Angaben zu machen, zu denen er verpflichtet ist. Gegen eine Lösung, die an der Steuererklärungspflicht des Steuerhinterziehers festhält, spricht dieser Umstand jedoch nicht.

Mit einer Lösung, die nicht an der strafbewehrten Steuererklärungspflicht festhält, kann dieser Fall nicht eintreten. Ein Steuerhinterzieher, der irrig von einer konkreten Gefahr ausgeht, macht keine Angaben, obwohl er sie hätte machen müssen. Wenn er keine Angaben macht, hat er aber jedenfalls nicht mit eigenen Angaben zu seiner Bestrafung beigetragen. Dafür begeht er aber eine weitere Straftat. Die Lösungen, die von der strafbewehrten Erklärungspflicht absehen, sind daher nicht zu bevorzugen. In anderen Irrtumsfällen erweist sich der Weg über die Nichtbestrafung weiterer Steuerhinterziehungen sogar als nachteilhaft: Macht ein Steuerhinterzieher Angaben, da er dachte, er setze sich keiner Gefahr aus, kann sein Irrtum auch nicht berücksichtigt werden. Die offenbarte Tatsache kann aber verwertet werden. Mit der Lösung, die an der strafbewehrten Erklärungspflicht festhält, tritt dagegen das Ergebnis ein, daß er nicht verfolgt wird. Grund dafür ist, daß seine Angaben als Selbstanzeige gewertet werden müssen, obwohl er die konkrete Selbstbezichtigungsgefahr nicht erkannte.

(c) Zwischenergebnis

Bei den Lösungen, die vom Steuerhinterzieher erfordern, daß er eine korrekte Steuererklärung abgibt, die belastenden Angaben aber nicht zu seiner Bestrafung führen dürfen, bestehen zwar Unsicherheiten für den Steuerhinterzieher. Gibt der Steuerhinterzieher Erklärungen ab, die keine konkrete Selbstbezichtigungsgefahr entstehen lassen, erfährt er im Ergebnis keinen Schutz mit den Lösungen, die die strafbewehrten Steuererklärungspflicht beibehält. Allerdings erfährt der Steuerhinterzieher auch über die anderen möglichen Lösungswege keinen Schutz.

Irrt sich ein Steuerhinterzieher über die Konkretheit der Selbstbezichtigungsgefahr, kann dies schwere Folgen für ihn haben. Aber auch die Lösung über das Beibehalten der strafbewehrten Steuererklärungspflicht erweist sich in Irrtumsfällen nicht als vorzugswürdig.

Wenn Berthold an der Lösung über die Erweiterung des § 371 III AO kritisiert, daß der Steuerhinterzieher das Risiko zu tragen habe, ob eine konkrete Selbstbezichtigungsgefahr besteht[512], verkennt er, daß sich dieses Problem bei jedem Lösungsansatz stellt. Dasselbe gilt für die Irrtumsproblematik. Dabei hat Berthold nicht erkannt, daß Irrtümer bei der Lösung, die die strafbewehrte Erklärungspflicht aufgibt, noch schwerwiegendere Folgen haben können als z.B. bei dem

512 S.o. S. 174 ff. (Keine konkrete Gefahr) und Berthold S. 80.

Weg über die Erweiterung der Selbstanzeige[513]. Selbst wenn ein gewisses Restrisiko bei dem Selbstanzeigenden verbleibt, stellt diese Tatsache entgegen der Meinung Bertholds kein gewichtiges Argument gegen die Tauglichkeit dieser Lösung dar. Durch das Nemo-tenetur-Prinzip soll ja gerade nur der Steuerhinterzieher privilegiert werden, der sich in einem konkreten Konflikt befand, nicht bereits derjenige, der sich in einem solchem nur glaubte. Es treten höchstens praktische Probleme auf, da es für den Steuerhinterzieher schwer erkennbar sein kann, ob er sich in einem Konflikt befindet. Dieses Risiko hat er aber zu tragen, da er sich selbst in diese Situation brachte.

(6) Die Glaubhaftmachung der Selbstbezichtigungsgefahr

(a) Die Anforderungen an die Glaubhaftmachung

Bei den Lösungswegen, die den Steuerstraftäter für die Steuerhinterziehung, die er beging, nicht bestrafen wollen, um eine vorhergehende Steuererklärung nicht zu offenbaren, stellt sich folgendes praktisches Problem: Bereits vor Einleitung eines Strafverfahrens kann der Steuerhinterzieher einer Aufforderung, seine Steuererklärung abzugeben (auch einer Zwangsmittelanwendung) entgegenhalten, er würde sich einer Steuerstraftat bezichtigen (§ 393 I 2 AO). Diesen Einwand könnte die Besteuerungsbehörde ungeprüft hinzunehmen haben. Darauf, daß der Steuerhinterzieher tatsächlich eine Tat beging oder zumindest tatsächlich ein Strafverfahren eingeleitet worden wäre, wenn der wahre Sachverhalt bekannt geworden wäre, kann es nicht ankommen. Ansonsten müßte der Steuerpflichtige Hinweise dafür liefern, daß er eine Straftat begangen hat. Davor soll er jedoch gerade geschützt werden.

Beispiel 36: S gibt keine USt-Voranmeldung ab. Später wird er aufgefordert, eine USt-Jahreserklärung abzugeben. Dieser Aufforderung kommt S unter Hinweis darauf nicht nach, daß er sich in seiner Steuererklärung einer zuvor begangenen Steuerstraftat bezichtigen würde. Kann S dafür bestraft werden, daß er seine Steuererklärung nicht abgab, oder muß seine Behauptung, daß er sich einer Steuerstraftat bezichtigen würde, ungeprüft hingenommen werden?

Lsg.: Wenn die Finanzbehörde nicht entdeckt hat, daß der Steuerstraftäter keine USt-Voranmeldung abgegeben hat, kann von ihm auch nicht verlangt werden, daß er Hinweise auf seine Tat liefert. Die Behörde kann nach dem Einwand des Steuerhinterziehers, daß er sich einer Steuerstraftat bezichtigen würde, nicht den

513 S.o. S. 174 ff. (Irrtum).

Nachweis verlangen, daß die Gefahr der Selbstbezichtigung tatsächlich besteht. Sie kann den Steuerhinterzieher lediglich dazu auffordern, seine Behauptung glaubhaft zu machen[514] und ihn unter Eid aussagen lassen (vgl. § 56 S. 2 StPO). Einer Glaubhaftmachung bedarf es aber nicht, wenn sie eine Selbstbelastung bedeutet[515]. Daher muß die Behörde die Behauptungen des Steuerhinterziehers u.U. hinnehmen und kann ihn dann höchstens unter Eid aussagen lassen, daß er davon ausgeht, er würde sich einer Straftat bezichtigen[516]. S kann daher auch für die Nichtabgabe der USt-Jahreserklärung nicht bestraft werden, ohne daß er Beweise für das Bestehen der Konfliktlage liefern muß.

(b) Mißbrauchsmöglichkeiten

Wenn wie bei der Aussageverweigerung nach § 55 StPO an eine solche Glaubhaftmachung nur geringe Anforderungen zu stellen sind, werden Mißbrauchsmöglichkeiten geschaffen, da der Steuerpflichtige leicht vorspiegeln kann, er müßte eine Steuerstraftat offenbaren. Diese Mißbrauchsmöglichkeiten könnten evtl. dadurch vermieden werden, daß der Steuerhinterzieher nur für den Fall nicht für die weitere Steuerhinterziehung bestraft wird, wenn er nicht über § 371 III AO straffrei werden kann. Dann könnte vom Steuerhinterzieher zumindest verlangt werden, daß er sich auf seine Zahlungsunfähigkeit berufen muß. Wenn er bei tatsächlicher Zahlungsunfähigkeit vorspiegelt, er habe eine Steuerstraftat begangen, mißbraucht der Steuerpflichtige zwar die eingeführte Regelung. Solche Mißbrauchsfälle könnten jedoch hinzunehmen sein, da der Fiskus bei Zahlungsunfähigkeit des Steuerpflichtigen finanziell keine Nachteile erleidet, wenn der Steuerpflichtige keine Steuererklärung abgibt.

Allerdings können mit der Regelung, daß die weiteren Steuerunehrlichkeiten nicht bestraft werden sollen, auch zahlungsfähige Steuerhinterzieher dazu ermuntert werden, Zahlungsunfähigkeit vorzuspiegeln. Wird an der Steuererklärungspflicht nicht festgehalten, müssen nicht alle Einnahmequellen offengelegt werden. Ein Steuerhinterzieher, der keine Steuererklärung abgeben muß, kann u.U. seine Zahlungsunfähigkeit besser vorspiegeln. Er kann sich z.B. darauf berufen, daß er sich mit den angeforderten umfangreichen Nachweisen zur Zahlungsunfähigkeit belasten würde.

---

514 Vgl. Senge in Erbs/Kohlhaas § 393 Rn. 5 zu den Voraussetzungen des Zwangsmittelverbots nach § 393 I 2 AO.

515 BGH StV 1987, 328 f.; ähnlich Engelhardt in HHSp § 393 Rn. 76; Kohlmann § 393 I 2 Rn. 52; Kleinknecht § 56 Rn. 3.

516 Vgl. Kleinknecht § 56 Rn. 2 mit weiteren Verweisen.

Zur Verhinderung von Mißbrauchsfällen bietet sich daher der Lösungsweg an, der an der Steuererklärungspflicht festhält und das Nemo-tenetur-Prinzip dadurch beachtet, daß ein BVV zugunsten des Steuerhinterziehers eingreift oder er über einen Strafaufhebungsgrund für die erste Steuerhinterziehung nicht bestraft wird.

(c) Zwischenergebnis

Bei den Lösungen, die nicht die Offenbarung der ersten Steuerstraftat erfordern, können keine hohen Anforderungen an den Nachweis gestellt werden, daß ein Konflikt mit dem Nemo-tenetur-Prinzip besteht. Da dieser Umstand Mißbrauchsmöglichkeiten eröffnet, sind die Lösungen zu bevorzugen, die an der strafbewehrten Erklärungspflicht festhalten.

(7) Zusammenfassung der Gegenüberstellung der verschiedenen Lösungsansätze

Die von Berthold angesprochene Problematik, daß ein Steuerhinterzieher das Risiko trage, ob eine konkrete Gefahr vorliegt und daß ein Irrtum über die objektiven Bedingungen der Selbstanzeige unbeachtlich ist, sprechen entgegen der Meinung Bertholds für den Lösungsweg, bei dem an der strafbewehrten Erklärungspflicht festgehalten wird[517]. Die Lösungen über die Nichtbestrafung der Steuerhinterziehungen, die zur Verdeckung der ersten begangen werden, eignen sich dagegen nicht zur Konfliktlösung, da mit ihnen neues Unrecht geschaffen und der Täter nicht zur Rückkehr zur Steuerehrlichkeit animiert wird. Außerdem spricht gegen diesen Lösungsweg, daß vom Steuerhinterzieher nicht der Beweis verlangt werden kann, daß die Gefahr der Selbstbezichtigung besteht. Da er gerade davor geschützt werden soll, Beweise liefern zu müssen, die zu seiner Bestrafung beitragen, kann von ihm nur verlangt werden, die Selbstbezichtigungsgefahr glaubhaft zu machen. Da an den Beweis geringe Anforderungen zu stellen sind, werden Mißbrauchsmöglichkeiten geschaffen.

Es bleiben daher nur die Lösungswege über die Erweiterung der Selbstanzeige, die Einführung eines sonstigen Strafaufhebungsgrundes und die Schaffung eines BVV zu diskutieren.

517 S.o. S. 174 ff. (Keine konkrete Gefahr).

c) *Die einzelnen, an der strafbewehrten Erklärungspflicht festhaltenden Lösungen*

(1) *Vergleich Selbstanzeige / sonstiger Strafaufhebungsgrund*

Der Gesetzgeber könnte das Nemo-tenetur-Prinzip sowohl durch Erweiterung des § 371 III AO als auch durch Einführung eines sonstigen Strafaufhebungsgrundes umsetzen.

Berthold lehnte die Lösung über die Selbstanzeige ab, da der primär fiskalische Sinn und Zweck der Selbstanzeige nicht erreicht werden könne[518]. Wie jedoch bereits bei der Auslegung des § 371 III AO angedeutet wurde, kann eine Konfliktlösung mit dem Telos der Selbstanzeige vereinbar sein[519]. Der Gesetzgeber könnte sich ansonsten auch dazu entscheiden, den Telos der Selbstanzeige zu erweitern und mehr auf die Umsetzung verfassungsrechtlicher Prinzipien setzen. Dadurch könnte dem Steuerhinterzieher die Möglichkeit geschaffen werden, zur Steuerehrlichkeit zurückzukehren. Die geltende Systematik der AO spricht zwar gegen die Erweiterung der Selbstanzeige, sollte aber nicht beibehalten werden[520]. Das Argument Bertholds kann daher nicht gegen die Erweiterung der Selbstanzeige verwendet werden. Es muß also kein anderer Strafaufhebungsgrund als § 371 AO eingeführt werden.

Für die Erweiterung der Selbstanzeigeregelung spricht weiterhin, daß die belastende Steuererklärung faktisch eine Selbstanzeige darstellen kann. Wenn der Weg über einen Strafaufhebungsgrund gegangen werden soll, muß dies über § 371 AO geschehen, um nicht eine Zersplitterung der Selbstanzeigeregelung zu verursachen. Allerdings stellt nicht jede Steuererklärung, in der irgendeine Gefahr geschaffen wird, daß die Steuerhinterziehung entdeckt wird, eine Selbstanzeige dar. Selbst wenn die Erklärung auf die Tat schließen läßt, kann die Steuererklärung nicht als Selbstanzeige gewertet werden, solange sie nicht den Anforderungen einer ordnungsgemäßen Selbstanzeige entspricht.

Eine Selbstanzeige muß nicht als solche bezeichnet werden[521]. Es muß sich lediglich aus den Umständen ergeben, daß der Steuerpflichtige seine falschen Angaben korrigieren will. Dafür genügt nicht, daß lediglich Hinweise dafür geliefert werden, daß frühere Angaben nicht ordnungsgemäß abgegeben wurden. Vielmehr müssen die Angaben den Anforderungen genügen, die an die ursprüngliche Er-

---

518 Berthold zur Schaffung eines persönlichen Strafaufhebungsgrundes in § 370 AO S. 87 ff.

519 Solange der Wiedergutmachungsgedanke nur soweit eingeschränkt wird, als es aus verfassungsrechtlicher Sicht erforderlich ist, s.o. S. 151 ff. (Sinn und Zweck ...).

520 S.o. S. 151 ff. (Sinn und Zweck ...).

521 Siehe z.B. Joecks § 371 Rn. 66; Kohlmann § 371 Rn. 53.

klärung gestellt werden. Es reicht aber aus, daß das FA nach Erhalt der Erklärung in der Lage ist, den Sachverhalt ohne die weitere gutwillige Mitarbeit des Steuerpflichtigen aufzuklären[522]. Die Anzeige muß jedoch nicht alle Angaben enthalten, die das FA benötigt, um die Veranlagung auf der Stelle durchzuführen. Das Erfordernis einer gewissen Aufklärungsarbeit durch das FA ist dabei unschädlich[523]. Bereits die Angaben über die richtigen Besteuerungsgrundlagen genügen den Anforderungen[524]. Z.B. bedeutet nach der neueren Rechtsprechung des BGH bereits die Abgabe einer Jahreserklärung die Anzeige der Steuerhinterziehung, die durch das Unterlassen der Abgabe einer Voranmeldung begangen wurde[525].

Alleine die Gefahr, daß die Finanzbehörde aufgrund einer korrekten Angabe einen Verdacht schöpft, muß daher noch keine Selbstbezichtigung darstellen. Wenn der Steuerpflichtige korrekte Angaben für einen Veranlagungszeitraum abgibt und sich damit der *konkreten* Gefahr der Offenbarung einer Straftat aussetzt, hat er mit der korrekten Steuererklärung zwingend eine wirksame Selbstanzeige erstattet. Konkret ist die Gefahr aber nur, wenn genügend Anhaltspunkte vorliegen, die das steuerliche Fehlverhalten des Steuerhinterziehers verdeutlichen. Da im Ergebnis Schutz durch das Nemo-tenetur-Prinzip immer dann gewährt werden soll, wenn sich ein Steuerhinterzieher der konkreten Gefahr einer Selbstbezichtigung aussetzt und seine belastende Steuererklärung dann faktisch eine Selbstanzeige darstellt, bietet sich die Lösung über die Erweiterung des § 371 III AO eher an als die Einführung eines sonstigen Strafaufhebungsgrundes.

Die Erweiterung der Selbstanzeigevorschrift muß also weiterhin in Betracht gezogen werden. Diskutiert werden kann lediglich, ob sich der Lösungsweg über ein BVV noch besser eignet als der über die Erweiterung des § 371 III AO.

---

522 BGH DStR 1966, 150 ff.

523 Vgl. Joecks § 370 Rn. 52.

524 Joecks § 371 Rn. 66; vgl. dazu auch Theil BB 1983, 1277; Kohlmann § 371 Rn. 51; Leise in LDC § 371 Rn. 18.

525 BGH, Urt. v. 19.3.1991 – 5 StR 516/90, NJW 1991, 2844, 2846 = wistra 1991, 223, 225, insoweit in BGHSt 37, 340 nicht abgedruckt; BGH, Beschl. v. 13.10.1998 – 5 StR 392/98 = StV 1999, 27. Mit Ablauf des VZ ist die Aufgliederung der USt nach Monaten oder Kalendervierteljahren entbehrlich (Joecks § 371 Rn. 69). Dies gilt auch im Hinblick auf eine Berichtigungserklärung i.S.v. § 371 AO.

(2) *Vergleich BVV / Selbstanzeige*

(a) *Argumente gegen Selbstanzeige / für BVV*

Die Lösung über die Erweiterung der Selbstanzeigevorschriften könnte über das Ziel hinausschießen. Der Erklärungspflichtige soll nach dem Nemo-tenetur-Prinzip lediglich vor der Zwangslage bewahrt werden, sich selbst einer Straftat bezichtigen zu müssen. Es erfordert jedoch nicht, daß der Straftäter unbedingt straffrei wird. Über die Erweiterung der Selbstanzeigevorschriften würde man jedoch genau zu diesem Ergebnis kommen. Mit der Selbstanzeige kann nämlich nicht darauf abgestellt werden, ob die Behörde auch ohne die Anzeige auf anderem Wege die Steuerstraftat entdeckt hätte. Diese Gefahr, daß der Steuerstraftäter Straffreiheit bereits dadurch erlangt, daß er seiner Erklärungspflicht nachträglich nachkommt, obwohl die Behörde auch auf anderem Wege von der Tat erfahren hätte, stellt sich dagegen nicht bei der Einführung eines BVV. Selbst wenn dem BVV Fernwirkung beigemessen wird, muß mit der Lösung über das BVV nicht unbedingt Straffreiheit eintreten. Dieses Argument spricht dafür, daß sich das BVV am besten dazu eignet, sowohl die Interessen des Steuerpflichtigen als auch das fiskalische Interesse des Staates zu berücksichtigen. Es entspricht auch (dem Grunde nach) dem *Gemeinschuldnerbeschluß*[526] des BVerfG, wonach ein BVV zugunsten des Straftäters eingreifen, die Strafverfolgung und die Aufklärung der Tat mit anderen Beweismitteln dadurch jedoch nicht verhindert werden soll[527].

(b) *Argumente gegen BVV / für Selbstanzeige*

Berthold[528], Schröder[529] und Streck[530] weisen darauf hin, daß der Steuerhinterzieher nur dann dem Nemo-tenetur-Prinzip entsprechend geschützt wird, wenn dem BVV Fernwirkung zukommt. Das BVerfG habe entschieden, das Problem über ein BVV zu lösen. Dabei sei jedoch übersehen worden, daß dieser Schutz nicht ausreiche. Insbesondere seien die Umgehungsmöglichkeiten des Schutzes vor Selbstbelastung nicht behandelt worden[531]. Nach der Entscheidung des BVerfG sei es nicht (ausdrücklich) ausgeschlossen, daß Dritte als Zeugen vernommen werden, die die Aussage des Steuerpflichtigen kennen. Dürfen Aussagen des Steuerhinterziehers nicht verwertet werden, kann sich die Strafverfolgungs-

---

526 S.o. Fn. 423.

527 Rüster S. 62.

528 Berthold S. 10.

529 Schröder/Muuss 6045 E.

530 Streck StV 1981, 363.

531 Berthold S. 10 f.

behörde z.B. an die Bank des Steuerhinterziehers wenden und Informationen über den Steuerhinterzieher einfordern[532]. Daß der Betroffene ein Konto bei der Bank führt, hat die Behörde jedoch erst durch die nicht verwertbare Aussage erfahren.

Hat die Staatsanwaltschaft von der Steuerstraftat erfahren, ist sie nicht unbedingt auf die Aussage des Steuerhinterziehers angewiesen. Mit Kenntnis von der Tat fällt es ihr zumindest leichter, den Täter zu überführen. Das Verwertungsverbot kann auf diese Weise entwertet werden[533]. Die Gefahr, daß der Strafverfolgungsbehörde gerade aufgrund der Aussage des Steuerpflichtigen der Beweis gelingt, daß Steuern hinterzogen wurden, obwohl die Aussage selbst nicht als Beweismittel herangezogen wurde, stellt einen klaren Nachteil der Lösung über das BVV dar. Selbst wenn das BVV auch mit Fernwirkung ausgestattet wird, droht dem Straftäter, faktisch aufgrund seiner Aussage verurteilt werden zu können.

Bei der Lösung über die Erweiterung der Selbstanzeige entsteht dieses Problem dagegen nicht. Wie im letzten geprüften Punkt festgestellt wurde, wird der Steuerhinterzieher mit der Regelung über die Selbstanzeige umfassend geschützt. Wenn in diesem Gliederungspunkt bemängelt wird, daß Fälle entstehen können, in denen die Bestrafung doch auf der Aussage des Straftäters beruhen, kann mit dem Weg über § 371 AO dagegen einem Straftäter Schutz vor einer Bestrafung gewährt werden, der nicht vom Nemo-tenetur-Prinzip gefordert wird.

Die angesprochenen Probleme, die mit der Einführung eines BVV entstünden, könnten evtl. dadurch umgangen werden, daß neben dem BVV ein Offenbarungsverbot eingeführt wird. An dieser Lösung ist aber problematisch, daß im Steuerstrafrecht ein Offenbarungsverbot kaum durchsetzbar wäre. In seiner abweichenden Meinung zum *Gemeinschuldnerbeschluß* vertrat Heußner die Auffassung, daß ein BVV alleine den Anforderungen des Nemo-tenetur-Prinzips nicht genügt[534]. Er sieht das Nemo-tenetur-Prinzip nur dann als umgesetzt an, wenn (dem Gemeinschuldner) nicht nur ein Verwertungsverbot, sondern zusätzlich ein Offenbarungsverbot gewährt werde. Demnach dürften die im außerstrafrechtlichen Verfahren gewonnenen Erkenntnisse schon gar nicht an die Strafverfolgungsorgane weitergeleitet werden. Bereits durch die Weiterleitung der bekanntgewordenen Tatsachen, die eine Straftat betreffen, an eine Strafverfolgungsbehörde werde das Persönlichkeitsrecht verletzt. Daher sei das Verwertungsverbot durch ein Verbot, die bekanntgewordenen Tatsachen einer anderen

---

532 Beispiel bei Schröder/Muuss 6045 E.

533 Streck StV 1981, 363.

534 BVerfGE 56, 52.

als der für das Konkursverfahren zuständigen Behörde zu offenbaren, zu ergänzen.

Daß die Weitergabe der belastenden Tatsachen das Persönlichkeitsrecht betrifft, ergibt sich daraus, daß dadurch zumindest die Gefahr der Strafverfolgung für den Offenbarenden geschaffen wird. Dabei kann auch nicht ausgeschlossen werden, daß die Strafverfolgungsorgane nach Kenntniserlangung strafermittelnde Maßnahmen einleiten, die sie ohne Kenntniserlangung nicht vorgenommen hätten. Zwischen den sich entgegenstehenden Interessen des Straftäters und dem Opfer muß ein verhältnismäßiger Ausgleich gefunden werden. Die Weitergabe der Tatsachen an die Strafverfolgungsbehörde ist jedoch nicht erforderlich[535]. Es genügt, wenn die für das Konkurs- bzw. das Besteuerungsverfahren zuständige Behörde in Kenntnis gesetzt wird, da die Tatsachen auch nur in diesen Verfahren verwendet werden dürfen. Eine Weiterleitung an eine Behörde, die die Tatsachen nicht verwerten dürfen, macht keinen Sinn und ist daher jedenfalls nicht erforderlich. Heußner fordert daher zu Recht, daß das Verwertungsverbot durch ein Offenbarungsverbot zu ergänzen ist.

Dieser Gedanke Heußners könnte – auf den Konflikt der Strafandrohung des § 370 I AO mit den Nemo-tenetur-Prinzip übertragen – gegen die Tauglichkeit der Lösung über das BVV sprechen. Die Möglichkeit, daß die eine Steuerstraftat betreffenden Tatsachen nur der Besteuerungsbehörde zukommen und gleichzeitig nicht der (Steuer-)Strafverfolgungsbehörde offenbart werden, besteht nicht, da keine strikte organisatorische und personelle Trennung zwischen den Besteuerungs- und den Strafverfolgungsbehörden besteht und daher nicht gewährt werden kann, daß die Steuerstrafverfolgungsbehörde keine Kenntnis von den belastenden Tatsachen erlangt[536]. Daher bietet sich im Steuerstrafrecht – zumindest solange an der personellen Verknüpfung zwischen Besteuerungs- und Steuer-

535 Vgl. Heußner S. 53.

536 Es gibt zwar eine innerbehördliche Trennung zwischen den Besteuerungs- und den Strafverfolgungsbehörden (z.B. BuStra in Niedersachsen und Nordrhein-Westfalen, FuSt in Berlin u.s.w.; vgl. auch Hellmann S. 133). Trotzdem besteht eine personelle und organisatorische Verknüpfung zwischen den Behörden, da sie einem FA angehören. Auch trotz der innerbehördlichen Trennung kann die Doppelzuständigkeit der Finanzbeamten nicht ausgeräumt werden. Die AO überträgt nämlich nicht nur den BuStra und den FA für Bußgeld- und Strafsachen Aufgaben und Befugnisse im Steuerstrafverfahren, sondern nach §§ 399 II, 402 II AO allen FA und Hauptzollämtern das Recht und die Pflicht, wegen Steuerstraftaten zu ermitteln und gewisse Strafverfolgungsmaßnahmen zu ergreifen. Jedenfalls in diesem Bereich findet eine personelle Verknüpfung beider Verfahren statt (Hellmann S. 347). §§ 399 II und 402 II AO verknüpfen in der Person des handelnden Beamten das Besteuerungs- und Steuerstrafverfahren (a.a.O., S. 359). Insbesondere beim Außenprüfungsverfahren wird diese Verknüpfung deutlich (a.a.O., S. 365).

strafverfolgungsbehörde festgehalten wird[537] – die Lösung über die Einführung eines BVV nicht an.

Nach erstatteter Selbstanzeige erfährt die Strafverfolgungsbehörde auch von der Straftat des Steuerhinterziehers. Der Steuerhinterzieher erfährt jedoch dadurch Schutz, daß er nach § 371 III AO aufgrund der Abgabe der belastenden Steuererklärung straffrei wird.

Zusammenfassend läßt sich also festhalten, daß die Lösung über das BVV (in Verbindung mit einem Offenbarungsverbot) für die AO nicht in Frage kommt, solange eine personelle Verknüpfung der Steuer- und Steuerstrafverfolgungsbehörde besteht. Das Nemo-tenetur-Prinzip kann bei dieser personellen Verknüpfung aber dadurch ausreichend beachtet werden, daß der Steuerstraftäter durch die belastende Steuererklärung straffrei wird, indem die Möglichkeiten der strafbefreienden Selbstanzeige nach § 371 III AO erweitert werden.

c) Strafmilderungsgrund

Der Konflikt zwischen der strafbewehrten Steuererklärungspflicht und dem Recht des Steuerhinterziehers, nicht selbst zu seiner Verurteilung beitragen zu müssen, könnte mit einem § 157 StGB vergleichbaren Strafmilderungsgrund gelöst werden. Die Zwangslage des Steuerhinterziehers und die des Zeugen[538] könnten ähnlich sein.

Für den Fall, daß ein Steuerhinterzieher seiner Steuererklärungspflicht nicht nachkommt, droht § 370 I AO Kriminalstrafe an. Verweigert ein Zeuge die Aussage, ohne ein Zeugnisverweigerungsrecht glaubhaft zu machen, kann er zwar nicht strafrechtlich verfolgt werden, da er keinen Straftatbestand erfüllt. Er kann aber nach § 70 StPO dazu durch Androhung von Ordnungsgeld / Ordnungshaft bzw. Beugehaft (§ 70 II StPO) gezwungen werden. Ein Zeuge kann aber nicht dazu gezwungen werden, sich selbst einer Straftat zu bezichtigen. Davor wird er

537 Diese personelle Verknüpfung soll aufrechterhalten werden, da das Fachwissen der Besteuerungsbehörde auch der Strafverfolgungsbehörde zukommen soll (vgl. Regierungsentwurf des AOStrafÄndG – BT-Drucks. V/1812, 21). Gerade aus diesem Grund wurde dem Finanzamt auch Kompetenzen einer Strafverfolgungsbehörde eingeräumt. Die (allg.) Staatsanwaltschaft kann mangels Fachwissen nicht zur Steuerstrafverfolgung eingesetzt werden. Nach der geltenden Regelung besitzt die Strafverfolgungsbehörde zumindest Sachverstand, insbes. die BuStra u.ä. Daher muß darüber nachgedacht werden, ob die Strafverfolgung inner- oder außerbehördlich von den Besteuerungsbehörden losgelöst und ausschließlich der Bustra oder einer Steuerkriminalpolizei übertragen werden sollten. Vgl. dazu auch Hellmann S. 387 ff. Dabei stellt sich jedoch das Problem, daß auf die Strafverfolgungskompetenz der Prüfer, insbes. der Außenprüfer nicht verzichtet werden soll.

538 Bzw. des Sachverständigen, § 157 StGB.

durch Zeugnisverweigerungsrechte (z.B. § 55 StPO) geschützt. Für eine mit der des Steuerhinterziehers vergleichbare Zwangslage könnte höchstens der Umstand sprechen, daß bestimmte Verweigerungsrechte glaubhaft gemacht werden müssen[539] und sich der Zeuge dadurch einer Straftat indirekt belasten würde.

Selbst wenn mit § 157 StGB diese Zwangslage berücksichtigt werden soll, kann § 157 StGB nicht alleine betrachtet werden. Zur Lösung des Konflikts, in dem sich ein Zeuge befindet, der sich einer eigenen Straftat bezichtigen würde, muß § 55 StPO hinzugezogen werden. Der Strafmilderungsgrund alleine würde verfassungsrechtlichen Anforderungen nicht genügen. Auf den hier zu lösenden Konflikt übertragen bedeutet das, daß ein Strafmilderungsgrund alleine nicht zur Lösung geeignet ist. Er könnte höchstens in Verbindung mit einem Aussageverweigerungsrecht des Steuerhinterziehers diskutiert werden[540]. Ein Verstoß gegen das Nemo-tenetur-Prinzip kann mit diesem Mittel lediglich abgeschwächt, nicht jedoch beseitigt werden.

4. Zwischenergebnis zur Neuregelung

1. Da die Lösungen „unterhalb" der Schuldebene ausscheiden, begeht der Steuerhinterzieher neues Unrecht, wenn er keine korrekte Steuererklärung abgibt, um damit die vorangegangene Tat nicht zu offenbaren. Würde der Gesetzgeber regeln, daß schon keine rechtswidrige Haupttat vorliegt, entstünden Probleme bei der Strafbarkeit von Beteiligten.
2. Der Lösungsweg, der nicht an der strafbewehrten Steuererklärungspflicht festhält, scheidet jedoch insgesamt aus, da kein Anreiz zur Rückkehr zur Steuerehrlichkeit geschaffen würde und ggf. Steuerhinterzieher sogar dazu ermutigt würden, neues Unrecht zu begehen.
3. Die Einführung eines BVV bietet sich zumindest solange nicht an, wie an der Doppelzuständigkeit der Finanzämter für das Besteuerungs- und das Steuerstrafverfahren festgehalten wird. Das Nemo-tenetur-Prinzip ist daher über die Erweiterung des § 371 III AO umzusetzen, indem im Konfliktfall auch ohne Nachzahlung Straffreiheit gewährt werden muß, wenn der Steuerhinterzieher zahlungsunfähig ist.

---

539 Vgl. § 56 StPO, § 386 ZPO.

540 Was aber aus den o.g. Gründen ausscheidet, siehe S. 156 (Lsg. über Auslegung des § 370 I AO).

VII. Ergebnis zu „Konflikt mit dem Nemo-tenetur-Prinzip“

1. Empfehlungen an den Gesetzgeber

Dem Gesetzgeber ist zu empfehlen, den Konflikt zwischen der Strafandrohung des § 370 I AO und dem Nemo-tenetur-Prinzip durch Erweiterung der Selbstanzeigevorschrift § 371 III AO zu beheben.

Berthold[541] diskutierte bereits die Erweiterung des § 371 III AO (die er im Ergebnis aber als Konfliktlösung ablehnte):

> „Ungeachtet der Einschränkung in Abs. 2 Nr. 1 a) und Abs. 3 dieser Vorschrift bleibt der Täter straffrei, wenn für ihn zur Zeit seiner Selbstanzeige die konkrete Gefahr bestand, sich in Erfüllung seiner Erklärungspflicht aus § 370 Abs. 1 AO selbst der angezeigten Steuerstraftat bezichtigen zu müssen.“

An diesem Formulierungsvorschlag ist jedoch auszusetzen, daß sich die Erklärungspflicht nicht aus § 370 I AO, sondern aus steuerrechtlichen Vorschriften ergibt. In § 370 I AO wird lediglich für die Nichterfüllung der Pflicht Strafe angedroht. Außerdem ist der Vorschlag Bertholds auch inhaltlich unvollständig. Es soll nicht bereits jeder Täter ungeachtet des Erfordernisses der Nachzahlung straffrei werden, wenn er sich in einer Steuererklärung einer eigenen Steuerstraftat bezichtigen muß. Nur für den Fall, daß der Steuerhinterzieher zahlungsunfähig ist, soll aus verfassungsrechtlichen Gründen auch ohne Nachzahlung der zu eigenen Gunsten hinterzogenen Steuern Straffreiheit gewährt werden. An dem Vorschlag Bertholds ist weiterhin auszusetzen, daß die Erweiterung des § 371 III AO nur Täter und nicht auch andere Beteiligte einbezieht.

Der Formulierungsvorschlag Bertholds muß daher abgeändert werden. Es empfiehlt sich eine der folgenden Formulierung angelehnte Gesetzeserweiterung:

> *Die Straffreiheit eines an einer Steuerstraftat Beteiligten tritt unabhängig von dem Erfordernis der Nachzahlung ein, wenn der Beteiligte zahlungsunfähig ist und nach § 370 I AO dazu gezwungen wird, seine Beteiligung in Erfüllung steuerrechtlicher Pflichten zu offenbaren.*

2. Empfehlungen an Steuerpflichtige

Solange der Gesetzgeber nicht reagiert, muß der Steuerhinterzieher, der sich in seiner Steuererklärung einer Steuerhinterziehung bezichtigen würde, unabhängig davon straffrei gestellt werden, ob er die belastende Steuererklärung abgibt oder nicht. Dies gilt zumindest solange ihm die Erfüllung der Steuererklärungspflicht

541 Berthold S. 77.

zumutbar ist (§ 370 I AO) und er aufgrund von Zahlungsunfähigkeit nicht über § 371 III AO straffrei werden kann.

Offenbart der Steuerhinterzieher seine Tat nicht und kommt er seiner Erklärungspflicht erneut nicht nach, um die vorangehende Tat zu verschweigen, kann er zwar nicht für die zweite Handlung (bzw. Unterlassen), wohl aber für die erste Tat bestraft werden. Dies setzt voraus, daß die Strafverfolgungsbehörde trotz des Verschweigens des Täters von der Tat erfährt. Die Bestrafung auch für die Steuerhinterziehung, die zur Verdeckung der ersten begangen wurde, würde gegen das Nemo-tenetur-Prinzip verstoßen. Der zuständige Richter, der diesen Konflikt erkennt, muß daher die AO nach § 100 I 1 GG vorlegen.

Entscheidet sich der Steuerhinterzieher dagegen für die Abgabe der belastenden Steuererklärung, geht er insgesamt straffrei aus, da die Bestrafung für die Steuerhinterziehung ebenfalls gegen das Nemo-tenetur-Prinzip verstoßen würde.

Ob sich der Steuerhinterzieher für oder gegen die Erfüllung der Erklärungspflicht entscheidet, mit der er die Beteiligung an seiner Vortat offenlegt, hat also Auswirkung auf seine Bestrafung. Befindet sich ein Steuerstraftäter in dem beschriebenen Konflikt, ist ihm nach der geltende Rechtslage (die keine Konfliktlösung vorsieht) auf jeden Fall zu raten, seine Straftat anzuzeigen, unabhängig davon, ob er zur Nachzahlung imstande ist. Der Steuerhinterzieher muß also zuerst klären, ob ihm die Erfüllung der Steuererklärungspflicht zumutbar ist. Ist ihm die Erfüllung unzumutbar, besteht schon mangels Strafandrohung kein Konflikt. Wird von ihm jedoch weiterhin die Abgabe der Steuererklärung unter Strafandrohung verlangt, soll er unabhängig von seiner Zahlungsfähigkeit Selbstanzeige erstatten. Für den Fall der Zahlungsunfähigkeit muß die AO nach Art. 100 I 1 GG als verfassungswidrig vorgelegt werden. Der Steuerhinterzieher kann dann nicht bestraft werden.

G. Ergebnis der Arbeit

Abschnitt B. (Allgemeine Auslegungskriterien):

1. *(Sinn und Zweck der Selbstanzeige:)* Der Sinn und Zweck der Selbstanzeige besteht primär in der Verfolgung strafrechtlicher Ziele. § 371 III AO läßt sich in das System des deutschen Strafrechts einordnen, das darauf beruht, daß bei Abwendung bzw. Wiedergutmachung des Schadens von einer Bestrafung des wiedergutmachenden Beteiligten abgesehen werden kann[542]. Allerdings können neben diesen strafrechtlichen Gesichtspunkten auch fiskalische, steuerpolitische und verfassungsrechtliche[543] Aspekte den Sinn und Zweck der Selbstanzeige mitbestimmen.

Da die vom Gesetzgeber gewählte Ausgestaltung der Selbstanzeigeregelung mit rein strafrechtlichen Gesichtspunkten erklärt werden kann, bedarf es einer außerstrafrechtlichen (evtl. nur ergänzenden bzw. zusätzlichen) Erklärung entgegen der Meinung einiger Autoren daher nicht[544]. Den außerstrafrechtlichen Gesichtspunkten kommt im Vergleich zu den strafrechtlichen Aspekten nur eine untergeordnete Rolle zu.

Diese Tatsache wirkt sich sowohl auf die teleologische als auch die systematische Auslegung des § 371 III AO aus. Da § 371 III AO keinen Fremdkörper im Strafrechtssystem darstellt, muß als Konsequenz die Auslegung umstrittener Tatbestandsmerkmale primär nach strafrechtlichen Kriterien erfolgen.

Abschnitt C. (Die Auslegung des Merkmals „zu seinen Gunsten")

2. *(Der Begünstigte i.S.d. § 371 III AO:)* Ein an der Steuerhinterziehung Beteiligter hat Steuern „zu seinen Gunsten" i.S.d. § 371 III AO hinterzogen, wenn er einen Vorteil erlangt hat, der den Steuervorteil zumindest teilweise verkörpert. Will dieser Beteiligte straffrei werden, muß er nach § 371 III AO nicht nur die Steuerhinterziehung anzeigen, sondern auch seinem konkreten, den Steuervorteil zumindest teilweise verkörpernden Vorteil entsprechend nachzahlen.

---

542 Vgl. dazu insbesondere auch die Rücktrittsregelungen.

543 Dem Steuerhinterzieher muß insbesondere dann die Rückkehr zur Steuerehrlichkeit ermöglicht werden, wenn seine Steuererklärungspflicht mit dem Nemo-tenetur-Prinzip kollidiert (vgl. oben Abschnitt F.).

544 S.o. S. 13.

3. *(H.M. ablehnen:)* Die Einteilung der h.M. in unmittelbaren und mittelbaren Vorteil hält der Verfasser nach der Aufstellung der maßgeblichen Kriterien nicht für passend. Diese Klassifizierung läßt nicht erkennen, welcher Sinn und Zweck der Selbstanzeige zugrunde liegt und warum sich der Gesetzgeber entschieden hat, daß nicht jeder Vorteil das Nachzahlungserfordernis auslöst.

4. *(Auswirkungen des Meinungsstreits zu Sinn und Zweck:)* Kein Ansatz zu Sinn und Zweck der Selbstanzeige spricht dafür, daß mit der h.M. eine Differenzierung zwischen unmittelbarem und mittelbarem Vorteil oder gar zwischen steuerlichen und sonstigen Vorteilen vorgenommen werden muß. Im Ergebnis ist nach allen Ansätzen zum Sinn und Zweck der Meinung zu folgen, die auf den Vorteil abstellt, der den Steuervorteil aus der Hinterziehung verkörpert. Auf den Meinungsstreit zum Sinn und Zweck kommt es daher im Ergebnis an dieser Stelle nicht an.

5. *(Relevanz des Meinungsstreits zur Frage, wer Begünstigter ist:)* Wenn die Unterscheidung nach der Unmittelbarkeit sich in den meisten Fällen im Endeffekt nicht anders auswirkt als die hier vorgeschlagene, sorgt sie jedoch zumindest für eine Verkomplizierung und trägt zum Unverständnis der Selbstanzeigevorschriften bei, da sie die Systematik und den Sinn und Zweck der Selbstanzeige nicht so deutlich erkennen läßt wie die Abgrenzung anhand der hier vorgeschlagenen Kriterien. Entscheidend ist, ob der Vorteil noch den Steuervorteil aus der Hinterziehung verkörpert, da dieser Vorteil zur Schadenswiedergutmachung eingesetzt werden muß.

Es gibt aber auch Fälle, in denen sich die unterschiedlichen Meinungen zu der Frage, wer Begünstigter i.S.d. § 371 III AO ist, auswirken. Der Meinungsstreit über die Auslegung des Merkmals der Begünstigung ist daher nicht rein theoretischer Natur und kann nicht dahingestellt bleiben.

Abschnitt D. (Begünstigung von Gesellschaftern)

6. Alleine die Begünstigung der Gesellschaft führt nicht zur Nachzahlungspflicht des hinterziehenden Gesellschafters. Die Nachzahlungspflicht tritt erst dann ein, wenn ein Gesellschafter einen *eigenen konkreten wirtschaftlichen Vorteil* erlangt hat (der den Steuervorteil verkörpert). Einen solchen Vorteil hat der Gesellschafter, wenn er wirtschaftlich über Gesellschaftsvermögen verfügen kann, das zumindest teilweise die hinterzogenen Steuern verkörpert und nicht bereits, wenn nur das Gesellschaftsvermögen erhöht wurde. Dies liegt an der Trennung zwischen dem Privatvermögen der Gesellschafter und dem Gesellschaftsvermögen, das der Gesamthand bzw. der juristischen Person zusteht.

7. Wirtschaftliche Verfügungsmacht über die hinterzogenen Steuern entsteht dadurch, daß ein Gesellschafter die hinterzogenen Steuern in sein Privatvermögen überführt oder daß er die Steuern selbständig entnehmen kann, einen durchsetzbaren Zahlungsanspruch auf Gesellschaftsvermögen hat, das die hinterzogenen Steuern verkörpert oder die Voraussetzungen für diesen Zahlungsanspruch selbst herbeiführen kann.

8. Bei der Frage, ob der Gesellschafter Gesellschaftsvermögen entnommen hat oder entnehmen kann, das die hinterzogenen Steuern widerspiegelt, muß auf den Einzelfall abgestellt werden. Dabei kommt es u.a. auf gesetzliche und vertragliche gewinnabhängige und -unabhängige Entnahmerechte und andere Zahlungsansprüche des Gesellschafters gegen die Gesellschaft an, die bei den einzelnen Gesellschaftsformen bestehen können.

Außerdem kann der Zeitpunkt der Steuerhinterziehung und der Zeitpunkt der strafrechtlichen Bewertung (vor bzw. nach Ablauf des VZ / Reservenbildung / Gewinnfeststellung / Gewinnverwendungsbeschluß / Gewinnverteilung) von Bedeutung sein.

Abschnitt E. (Die Höhe der Nachzahlungspflicht)

9. Die Beteiligten müssen nur ihrem *eigenen Vorteil entsprechend* nachzahlen, um nach § 371 III AO straffrei zu werden.

10. Eine Art Gesamtschuld der Beteiligten würde dazu führen, daß die gesamten hinterzogenen Steuern nachgezahlt werden müssen, bevor ein Beteiligter über § 371 III AO straffrei werden kann, selbst wenn dieser zu keinem Zeitpunkt über die gesamten hinterzogenen Steuern wirtschaftlich verfügen konnte. Diese Auslegung entspricht jedoch nicht dem strafrechtlichen Charakter der Selbstanzeige, insbesondere nicht dem Wiedergutmachungsgedanken, der u.a. auch besagt, daß primär die Beute zur Wiedergutmachung einzusetzen ist[545]. Selbst der außerstrafrechtliche Ansatz zu Sinn und Zweck der Selbstanzeige, insbesondere die Anreiztheorie[546], spricht nicht für eine Art Gesamtschuld unter den Beteiligten, wenn es um die Beurteilung deren Strafbarkeit geht.

Auch die systematische Auslegung führt zu keinem anderen Ergebnis. Daß die an der Steuerhinterziehung Beteiligten nach § 71 AO gesamtschuldnerisch für die hinterzogenen Steuern einzustehen haben, hat keinen Einfluß auf die strafrechtliche Bewertung der Beteiligten. Bei § 71 AO geht es lediglich um die steuerrecht-

545 S.o. S. 128 ff. (Einsatz der Beute).

546 Anreiz zur Offenlegung dem Fiskus bislang unbekannter Steuerquellen.

liche Haftung. Die Frage, unter welchen Voraussetzungen ein Selbstanzeigender Straffreiheit erlangen kann, hat nichts mit der steuerrechtlichen Haftung des Steuerhinterziehers zu tun.

11. Zwar kann mit dem hier gewählten Ansatz das Ergebnis entstehen, daß nicht der ganze Schaden behoben wird. Dafür ist aber zugunsten der Beteiligten gesichert, daß der Fiskus nicht mehr bekommt, als ihm nach Steuerrecht zusteht. Der noch nicht wiedergutgemachte Schaden kann immer noch (z.B. über die Haftung der Beteiligten nach § 71 AO) behoben werden[547]. Dies entspricht insbesondere dem Wiedergutmachungsgedanken, nach dem nur der Vorteil des Selbstanzeigenden, der den Schaden des Fiskus verkörpert, eingesetzt werden muß. Primär soll der Beteiligte nicht im Besitz seiner Beute bleiben dürfen und die Beute zur Schadenswiedergutmachung eingesetzt werden. Dies beinhaltet auch, daß der Beteiligte nicht mehr als sein Erlangtes einzusetzen hat und gerade nicht gesamtschuldnerisch für die gesamten hinterzogenen Steuern einzustehen hat.

12. Der Beteilige, der zeitweise über die gesamten hinterzogenen Steuern verfügen kann, muß grundsätzlich die gesamten hinterzogenen Steuern nachzahlen, um straffrei zu werden. Dies gilt nicht, wenn ein anderer, mittelbar Begünstigter auch Selbstanzeige erstattet. Die Nachzahlungspflicht wird dann unter den Anzeigenden aufgeteilt.

13. Für die Vorteilsvermittler und den Beteiligten, der selbst nur mittelbar begünstigt ist, ergibt sich folgende Situation: Erstattet der Begünstigte Selbstanzeige, der den Vorteil vermittelt hat, muß er den gesamten hinterzogenen Betrag entrichten. Hat er bereits bezahlt und kann der mittelbar Begünstigte noch rechtzeitig Selbstanzeige erstatten, wird er ohne Nachzahlung straffrei. Ist jedoch ein Ausschlußgrund nach § 371 II AO eingetreten, wird der Beteiligte aufgrund seiner Beteiligung nach § 371 III AO bestraft, muß aber u.U. nicht den Betrag herausgeben, den er für seine Beteiligung erhielt.

Hat der Vorteilsvermittler noch nicht (vollständig) gezahlt, muß der mittelbar Begünstigte seinen Vorteil einsetzen, um straffrei zu werden. Der Vorteilsvermittler wird insoweit von seiner Nachzahlungspflicht befreit.

---

547 Dies hat zwar nichts mit strafrechtlichen Überlegungen zu tun. Trotzdem kann es mit in den Abwägungsprozeß einfließen. – Vgl. teleologische Auslegung im weiteren Sinne, S. 15 (Teleologische Auslegung im weiteren Sinne).

Abschnitt F. (Auswirkungen des Nemo-tenetur-Prinzips auf das Nachzahlungserfordernis)

14. Dem Gesetzgeber ist zu empfehlen, den Konflikt zwischen der Strafandrohung des § 370 I AO und dem Nemo-tenetur-Prinzip durch eine an die folgende Formulierung angelehnte Erweiterung der Selbstanzeigevorschrift § 371 III AO zu beheben:

Die Straffreiheit eines an einer Steuerstraftat Beteiligten tritt unabhängig von dem Erfordernis der Nachzahlung ein, wenn der Beteiligte zahlungsunfähig ist und nach § 370 I AO dazu gezwungen wird, seine Beteiligung in Erfüllung steuerrechtlicher Pflichten zu offenbaren.

15. Der Gesetzgeber muß spätestens dann eine gesetzliche Neuregelung erlassen, wenn ein Fachgericht über einen Fall zu entscheiden hat, der einen solchen Konflikt beinhaltet, sich das Gericht für die Vorlage nach Art. 100 GG entscheidet und das BVerfG die Verfassungswidrigkeit der AO (§ 393 I 2 AO) feststellt.

16. Solange der Gesetzgeber nicht reagiert, muß der Steuerhinterzieher, der sich in seiner Steuererklärung einer Steuerhinterziehung bezichtigen würde, unabhängig davon straffrei gestellt werden, ob er die belastende Steuererklärung abgibt oder nicht. Dies gilt zumindest solange ihm die Erfüllung der Steuererklärungspflicht nach § 370 I zumutbar ist und er aufgrund von Zahlungsunfähigkeit nicht über § 371 III AO straffrei werden kann.

17. Wird vom Steuerhinterzieher die Abgabe der selbstbelastenden Steuererklärung unter Strafandrohung erzwungen, muß er unabhängig von seiner Zahlungsfähigkeit davor geschützt werden, daß seine erzwungene Steuererklärung zu einer Bestrafung beiträgt. Kann der Steuerhinterzieher die hinterzogenen Steuern nachzahlen, wird er nach § 371 III AO frei. Für den Fall der Zahlungsunfähigkeit muß die AO nach Art. 100 I 1 GG als verfassungswidrig vorgelegt werden. Der Steuerhinterzieher kann dann nicht bestraft werden.

18. Das Nemo-tenetur-Prinzip bietet keinen umfassenden Schutz vor einer Selbstbelastung. Ein Schutz des Steuerhinterziehers vor der strafbewehrten Pflicht, wahre und vollständige Steuererklärungen abzugeben, wenn er sich damit einer früheren Steuerstraftat bezichtigt, läßt sich aus §§ 30, 393 AO nicht in jedem Fall ableiten.

Im Ergebnis muß aber sichergestellt werden, daß der Steuerpflichtige nicht dazu gezwungen werden kann, Beweise gegen sich zu liefern, die in einem Strafverfahren gegen ihn verwendet werden können. Ansonsten würde sein Persönlichkeitsrecht unverhältnismäßig beeinträchtigt. Einen solchen Schutz gewährt die AO aber nicht.

19. Verfassungswidrig ist § 393 I 2 AO, da er einerseits zum Ausdruck bringt, daß der Konflikt in seinen Regelungsbereich fällt, andererseits aber keine Lösung des Konfliktfalls vorsieht. Der Systematik der AO entsprechend müßte § 393 I 2 AO auch einen Strafausschließungsgrund beinhalten. Die Bestrafung des Steuerhinterziehers beruht eigentlich auf § 370 I AO, nicht auf § 393 I 2 AO. Da letzterer aber keinen Strafausschließungsgrund enthält, wird dem Steuerhinterzieher keine Möglichkeit geboten, dem Konflikt zu entgehen.

20. Wenn der Steuerhinterzieher nicht wußte, daß ihm die Erfüllung der Steuererklärungspflicht unzumutbar ist und er daher eine belastende Steuererklärung abgab, muß das Gericht nicht nach Art. 100 I GG vorlegen. Die Unkenntnis des Steuerhinterziehers ist nicht von Bedeutung, da eben gerade keine Konfliktsituation vorliegt und dieser Irrtum des Täters nach den allgemeinen Irrtumsregeln unbeachtlich ist.

Literaturverzeichnis

Baumann, Wolfgang: Die Einmann-Personengesellschaft, BB 1998, 225

Baumbach, Klaus / Hopt, Adolf: Handelsgesetzbuch, 29. Aufl., München 1995

Baumbach, Klaus / Hueck, Alfred: GmbH-Gesetz, 16. Aufl., München 1996

Bender, Peter: Das Zoll- und Verbrauchsteuerstrafrecht mit Verfahrensrecht, 7. Aufl., Stand Juni 1998 (9. EL), Regensburg/Bonn

Berthold, Volker: Der Zwang zur Selbstbezichtigung aus § 370 Abs. 1 AO und der Grundsatz des nemo tenetur, Kiel 1993

Bilsdorfer, Peter: Aktuelle Probleme der Selbstanzeige, wistra 1984, 93, 131

– Der Nachzahlungspflichtige bei Steuerverkürzungen, BB 1981, 490

Bonner Kommentar zum Grundgesetz, Stand Dezember 1999 (93. EL) (zit.: BK-Bearbeiter)

Brenner, Karl: Zum Auskunftsverweigerungsrecht des Steuerpflichtigen bei der Betriebsprüfung, BB 1978, 910

– Schwerpunkt der Selbstanzeige nach § 371 AO, ZfZ 1979, 140

Breyer, Jörg: Der Inhalt der strafbefreienden Selbstanzeige, Dissertation Greifswald 1996

Bringewat, Peter: Der „Staatssäckel als Kriterium der Gesetzesauslegung?, JZ 1980, 349

Claussen, Carsten P.: Die Rückstellungsbildung aus wirtschaftlichen Gründen – Besprechung der Entscheidung BGH DB 1991, 962; ZGR 1992, 261

Dumke, Wolfgang: Zur Nachentrichtungspflicht für hinterzogene Steuern bei der strafbefreienden Selbstanzeige, BB 1981, 117

Erbs, Georg / Kohlhaas, Max: Strafrechtliche Nebengesetze, Band 1, 5. Aufl., Stand Mai 2000 (136. EL), München

Franzen, Klaus: Selbstanzeige und Nachzahlung fremder Steuern (§ 371 Abs. 3 AO), DStR 1983, 323

Franzen, Klaus / Gaast-De Haan, Brigitte / Joecks, Wolfgang: Steuerstrafrecht, 4. Aufl., München 1996

Frees, Christian-Peter: Die steuerrechtliche Selbstanzeige, zur kriminalpolitischen Zweckmäßigkeit des § 371 AO, 1991

Göggerle, Werner: Inwieweit werden Steuerhinterziehungen durch Vertretungsorgane zu ihren Gunsten i.S.d. § 371 Abs. 3 AO begangen. Zugleich ein Beitrag zum Urteil des BGH vom 4.7.1979 – 3 StR 130/79, GmbHR 1980, S. 173

Göggerle, Werner / Müller, Lutz: Fallkommentar zum Steuerstraf- und Steuerordnungswidrigkeitenrecht, 2. Aufl., Pfaffenweiler 1987

Grezesch, Wolf: Steuererklärungspflichten im Strafverfahren, DStR 1997, 1273

Hellmann, Uwe: Das Neben-Strafverfahren der Abgabenordnung, Potsdam 1994

Heußner: TA Abweichende Meinung zum Beschluß des Ersten Senats vom 13. Januar 1981 – 1 BvR 116/77 –, BVerfGE 56, 52

Heymann, Ernst: Handelsgesetzbuch (Band 2), 2. Aufl., Berlin, New York 1996 (zit.: Bearbeiter in Heymann)

Holper, Peter: Die steuerrechtliche Selbstanzeige – ein Sonderfall des Rücktritts vom vollendeten Delikt, Dissertation Würzburg 1981

Hommelhoff, Peter: Auszahlungsanspruch und Ergebnisverwendungsbeschluß in der GmbH, FS für Rowedder, 1994, 171

Hübschmann, Walter / Hepp, Ernst / Spitaler, Armin: Kommentar zur Abgabenordnung und Finanzgerichtsordnung, Stand April 2000 (164. EL); Stand 1985 (113. EL) (zit.: HHSp Aufl.)

Hüffer, Uwe: Aktiengesetz, 4. Aufl., München 1999

Jakob, Wolfgang: Einkommensteuer, 2. Aufl., München 1996

Joecks, Wolfgang: Anm. zu BGH Urt. v. 19.2.1985 – 5 StR 798/84, wistra 1985, 151

– Haftung des Steuerhinterziehers, wistra 1987, 248

– Praxis des Steuerstrafrechts, Greifswald 1997

Klein, Franz: Abgabenordnung, 6. Aufl., München 1998

Kleinknecht, Theodor / Meyer-Goßner, Lutz: Strafprozeßordnung, 44. Aufl., München 1999

Klos, Joachim: Die Selbstanzeige – Grundlagen und Praxisfragen des steuerstrafrechtlichen „Ablasses“, NJW 1996, 2336

Klunzinger, Eugen: Grundzüge des Gesellschaftsrechts, 11. Aufl., München 1999

Knobbe-Keuk, Brigitte: Bilanz- und Unternehmenssteuerrecht, 9. Aufl., Bonn 1993

Koch, Karl / Scholtz, Rolf-Dieter: Abgabenordnung, 5. Aufl., Köln 1996

Kohlmann, Günter: Steuerstrafrecht mit Ordnungswidrigkeitenrecht und Verfahrensrecht, 7. Aufl., Stand Dezember 1999 (27. EL), Köln

– Steuerstrafrecht in der Bewährung, wistra 1982, 2

Kratzsch, Dietrich: Die Schwierigkeiten im Umgang mit der Selbstanzeige, DStJG 6, 283

Lackner, Karl: Strafgesetzbuch, 23. Aufl., München 1999

Lampe, Ernst-Joachim: Anm. zu BGH Beschl. v. 29.9.1986 – 4StR 148/86, JR 1987, 384

Larenz, Karl / Canaris, Claus-Wilhelm: Methodenlehre der Rechtswissenschaft, 3. Aufl., München 1995

Leipziger Kommentar: Strafgesetzbuch, 2. Band, 10. Aufl., Berlin/New York 1985 (zit.: LK-Bearbeiter)

Leise, Hans / Dietz, Gottfried / Cratz, Egon: Steuerverfehlungen, Stand August 1998 (64. EL), Neuwied/Berlin

Löffler, Christian: Grund und Grenzen der steuerstrafrechtlichen Selbstanzeige, 1992

Maunz, Theodor / Dürig, Günther: Grundgesetz, Stand Oktober 1999 (36. EL)

Maurach, Reinhart / Zipf, Heinz: Strafrecht Allgemeiner Teil, Band 1: Grundlehren des Strafrechts und Aufbau der Straftat, 8. Aufl., Heidelberg 1992

Meine, Hans-Gerd: Die Nachzahlungspflicht des GmbH-Geschäftsführers bei der Selbstanzeige einer Steuerstraftat nach altem und neuem Recht, wistra 1983, 59

Palandt, Otto: Bürgerliches Gesetzbuch, 59. Aufl., München 2000

Paulus, Christoph: Die Gesellschaft bürgerlichen Rechts als Steuerschuldner am Beispiel des § 5 GewStG, DStR 1994, 544

Pfaff, Paul: Aktuelle Rechtsprobleme aus dem Steuerstraf- und Ordnungswidrigkeitenrecht, StBp 1984, 67

Rau, Günter / Dürrwächter, Erich / Flick, Hans / Geist, Reinhold: Kommentar zum Umsatzsteuergesetz, 8. Aufl., Stand April 2000 (101. EL)

Reiß, Wolfram: Besteuerungsverfahren und Strafverfahren, Bonn 1986

– Zwang zur Selbstbelastung nach der neuen Abgabenordnung, NJW 1977, 1436

– Anm. zu BGH, Urt. v. 4.7.1979 – 3 StR 130/79, NJW 1980, 1291

Rogall, Klaus: Die Mißachtung des Verbots der Selbstbelastung im geltenden und kommenden Abgabenrecht, ZRP 1975, 278

Roth, Günther / Altmeppen, Holger: Gesetz betreffend die Gesellschaften mit beschränkter Haftung, 3. Aufl., München 1997 (zit.: Bearbeiter in R/A)

Roxin, Claus: Strafrecht Allgemeiner Teil, Band 1: Grundlagen. Der Aufbau der Verbrechenslehre, 3. Aufl., München 1997

Rudolphi, Hans-Joachim / Horn, Eckhard / Günther, Hans-Ludwig / Samson, Erich: Systematischer Kommentar zum Strafgesetzbuch, 7. Aufl., Stand September 1999 (31. EL) (zit.: SK-Bearbeiter)

Rüpping, Hinrich / Kopp, Thomas: Steuerrechtliche Mitwirkungspflichten und strafrechtlicher Schutz vor Selbstbelastung, NStZ 1997, 533

Rüster, Susanne: Der Steuerpflichtige im Grenzbereich zwischen Besteuerungsverfahren und Strafverfahren, Berlin 1988

– Rechtsstaatliche Probleme im Grenzbereich zwischen Besteuerungsverfahren und Strafverfahren, wistra 1988, 49

Samson, Erich: Steuerhinterziehung und nemo tenetur, wistra 1988, 130ff.

Schmidt, Karsten: Gesellschaftsrecht, 3. Aufl., Hamburg 1997

Schönke, Adolf / Schröder, Horst: Strafgesetzbuch, 25. Aufl., München 1997

Schröder, Johannes /Muuss, Harro: Handbuch der steuerlichen Betriebsprüfung, Stand Mai 2000 (55. EL), Berlin

Schwarz, Bernhard: Kommentar zur Abgabenordnung, Stand Juni 2000 (91. EL), Freiburg i.Br.

Stratenwerth, Günter: Strafrecht Allgemeiner Teil I, Die Straftat, 3. Aufl., Berlin/Bonn/München 1982

Streck, Michael: Der Beschluß des Bundesverfassungsgerichts zum strafrechtlichen Verwertungsverbot bei Aussagen des Gemeinschuldners und seine Auswirkungen im Steuerstrafrecht, StV 1981, 362 ff.

Streck, Michael / Spatschek, Rainer: Steuerliche Mitwirkungspflicht trotz Strafverfahrens?, wistra 1998, 334

Theil, Clemens: Probleme beim Umgang mit der Selbstanzeige, BB 1983, 1274

Tilch, Horst: Deutsches Rechts-Lexikon, 2. Aufl., München 1992

Tipke, Klaus / Lang, Joachim: Steuerrecht, 16. Aufl., Köln 1998 (zit.: T/L)

Tröndle, Herbert / Fischer, Thomas: Strafgesetzbuch und Nebengesetze. 49. Aufl., München 1999

Ulmer, Peter: Anm. zu BGH Urt. v. 10.5.1976 – II ZR 180/74, BB 1976, 950

Ulsenheimer, Klaus: Zumutbarkeit normgemäßen Verhaltens bei Gefahr eigener Strafverfolgung, GA 1972, 1

Wahrig, Gerhard: Wörterbuch der deutschen Sprache, 1997

Wassmann, Hans: Die Selbstanzeige im Steuerrecht, Kommentar zu § 371 AO mit Rechtsprechungsanhang, 1. Aufl., 1991

– Zu den Voraussetzungen des § 371 Absatz 3 AO, ZfZ 1990, 40

Wessels, Johannes / Beulke, Werner: Strafrecht Allgemeiner Teil, 29. Aufl., Heidelberg 1999

Westphal, Marion: Die strafbefreiende Selbstanzeige im Steuerrecht: zum persönlichen Umfang der Sperrwirkung des § 371 Abs. 2 Nr. 1 a AO, München 1987

Wöhe, Günter: Die Handels- und Steuerbilanz, 3. Aufl., München 1996

Wrenger, Jens: Probleme der Selbstanzeige nach §§ 371, 378 Abs. 3 AO, DB 1987, 2325

Zippelius, Reinhold: Juristische Methodenlehre, 7. Aufl., München 1999

FSC
www.fsc.org
MIX
Papier | Fördert gute Waldnutzung
FSC® C083411

Kolibri 360 GmbH
Ferdinand-Jühlke-Straße 7
99095 Erfurt, Deutschland
produktsicherheit@kolibri360.de

Druck:
CPI Druckdienstleistungen GmbH
im Auftrag der
Kolibri 360 GmbH
Ferdinand-Jühlke-Str. 7
99095 Erfurt